National Crisis Management and Disaster Information

국가위기관리와 재난정보

이 연 지음

박영사

머리말
● PREFACE ●

현대 사회는 '글로벌 위험사회(Global Risk Society)'라고 할 정도로 지구촌 곳곳에서 테러나 사건·사고, 대형 재난 등이 일어나 세계 각국이 위기를 맞고 있다. 2016년 6월 24일 영국의 브렉시트(Brexit: 영국의 EU탈퇴) 발표에 이어 28일에는 터키 이스탄불 국제공항의 자폭테러, 그리고 7월 14일 프랑스의 니스 테러사건 등은 유럽을 혼란 속으로 몰아넣게 되었다. 일본도 2011년 3월 11일 동일본 대진재에 이어 2016년 4월 14일과 16일에 일어난 구마모토 대진재 등으로 일본열도가 위기를 맞이했다.

우리나라도 2014년 4월 16일 세월호 참사나 2015년 5월 메르스(중동호흡기증후군)의 창궐 등 국가적인 대형 재난으로 국민들이 엄청난 고통을 겪었다. 그 밖에도 2016년은 1월 6일 정초부터 북한이 제4차 핵실험을 실시하여 남북관계가 경색되게 되었고, 1월 23일에는 제주도의 폭설로 제주공항이 3일 동안이나 마비되는 등 재난으로 관광객들이 큰 불편을 겪었다.

최근에는 국가의 가장 중요한 관문이라고 할 수 있는 공항 관리에도 허점이 드러났다. 2016년 1월 29일 아침 7시 24분경, 베트남인이 인천공항 무인자동 출입국심사대문을 강제로 열고 불법으로 공항청사를 빠져나가는 일이 발생했다. 이보다 한 달 앞선 2015년 12월 21일에도 중국인 부부가 인천공항 면세구역에서 출국심사대를 몰래 빠져나와 국내로 잠입했다가 나흘 만에 체포됐다. 부산 김해공항에서도 2015년 11월 8일 오전 아시아나 항공기를 타고 사이판을 출발해 김해공항에 도착한 중국인 한 사람이 몰래 빠져나가기도 했다. 공항을 빠져나가는 것은 국경이 뚫리는 일로 국가안보상 중대한 위기가 아닐 수 없다. 만약 이들이 테러리스트였다면 우리는 속수무책으로 매우 심각한 위기에 직면했을 것이다. 그밖에도 최근에는 미세먼지나 지카 바이러스(Zika virus) 등이 우리 사회의 안전을 심각하게 위협하고 있다.

미국의 예일대학 명예교수인 찰스 페로우(Charles Perrow)는 2011년 3월 11일 동일본 대진재를 보고 '정상 사고(normal accident)'라고 규정하고, 이제 이러한 대형 사고는 언제 어디서나 일어날 수 있는 '보편적인 사고'라고 주장하고 있다. 페로우 교수의 주장처럼 이제 이러한 재난이나 사건 사고는 언제 어디서나 일어날 수 있는 보편적 현상이 되었다.

대형 재난은 국가경제에 직접적으로 막대한 영향을 끼친다. 실제로 지난 2011년 동일본 원전 폭발사고나 2016년 4월 구마모토 지진으로 일본경제가 휘청거리는 모습을 우리는 목도했다. 우리나라도 2013년에는 규모 2이상 지진이 아흔세 번(93번)이나 일어나 기상관측 사상 최다 지진발생 횟수를 기록했다. 그 중에는 규모 4.9, 5.1 등 중규모의 지진 발생도 포함되어, 우리나라도 결코 지진의 재난안전지대가 아니라는 것이 밝혀졌다. 실제로 우리나라는 매년 2조원 이상이나 거액의 금액을 국가재난피해에 지불하고 있다.

최근 선진국에서는 재난피해를 줄이기 위해 안전공학(safety engineering)을 방재시스템에 도입해서 이중 삼중으로 안전장치를 구축함과 동시에 재난정보를 철저하게 관리하고 있다. 안전공학은 원래 노동 현장이나 기계장치, 의학, 사회생활 등 안정성 문제에서 출발하였다. 그러나 최근에는 대형 재난이나 사건·사고 등 사회생활 안전 전반에 걸쳐서 안전성을 추구하는 공학의 한 분야로 자리 잡고 있다.

20세기 후반에 들어서면서 각종 기계나 기구, 컴퓨터 등을 통한 사회 안전시스템의 규모가 점점 확대되어 가고 있기 때문에 안전시스템에 구멍이 뚫리면 재난규모는 더욱 대형화된다. 대형 재난의 원인은 인간의 고의나 실수뿐만 아니라 분노, 보복, 전쟁, 테러 등 원한에 의한 것까지 실로 다양하며, 계속적으로 확대되고 있다. 선진국의 경우는 사회 안전시스템을 강화하기 위하여 판단력이 부족한 어린이나 청소년, 노약자, 정신질환자들에게 의무적인 치료교육과 함께 직종에 따라서는 일정기간 '사회 종사를 제한'조치 취함으로써 사고를 미연에 방지하기도 한다.

2016년 5월 16일 강남역에서 발생한 '묻지 마 살인사건'의 경우도 정신질환자의 여성혐오증에서 출발한 단순한 살인 사건이다. 2016년 5월 29일 '수락산 살인 사건' 등도 정신분열증 또는 정신질환자들의 우발적인 범행으로 보인다.

또한, 2016년 5월 28일 '구의 역 스크린도어 정비 도중 사망사건'이나 2016년 6월 1일 '남양주 지하철 공사 붕괴사고' 등은 우리 사회에 만연해 있는 '정상화에의 편견', 즉 '안전 불감증'을 여실히 보여주고 있다. 방재인간과학에서 가장 경계해야 할 태도가 '안전 불감증'이 빚어낸 '정상화(正常化)에의 편견(normalcy bias)'이다. 즉, '정상화에의 편견'은 재난이 발생했을 때 즉각적인 피난 행동을 저해하는 낙관적인 심리 상태를 말한다. 일본의 재난 사회학의 1인자인 도쿄대학 히로이 오사무(廣井脩) 교수는 재난발생 시 "사태의 심각성을 지각하지 못하고, 낙관적인 정보를 받아들여 위험경고를 부정하려고 하는 경향을 '정상화에의 편견'"이라고 했다. 다시 말해서 '설마', '우리는', '여기는', '이번은', '나는' 괜찮겠지 하는 '안전 불감증'을 말하는 것이다. 또, 한편으로는 대단한 사건이 일어났는데도 불구하고 지나치리만큼 심리상태를 안정시키기 위해 '사실이 아닐 것으로 부정 내지는 회피하려고 하는 의식'을 말하기도 한다. 이러한 심리 상태는 결국 재난정보에 둔감해지게 할 뿐만 아니라, 재난 피해를 더욱 더 크게 확산시킬 우려가 있다.

지난 세월호 참사 이후 허버트 윌리엄 하인리히(Herbert William Heinrich)가 주장한 재해 수치인 '1 : 29 : 300' 법칙이 주목을 받게 되었다. 즉, 대형 재난은 우연히, 갑자기 일어나는 것이 아니라, 재난발생 이전에 반드시 경미한 사고나 징조들이 여러 번 반복되어 나타난다는 것을 실증적으로 증명한 법칙이다. '설마. 사고가 일어나겠는가?', '대충 대충 하자', '다음에 고치지 뭐', '설마 괜찮겠지', 이런 생각들이 마침내 대형 사고를 불러일으키게 된다는 것이다. 사소한 조짐들이 당장은 위험하지 않더라도, 이들로 인한 사고발생 이정표는 점점 다가오고 있는데 우리 인간들은 전혀 낌새를 알아채지 못하고 모르고 있다는 사실이다. 세월호는 침몰하기 이전에 이미 여러 가지 위험한 사전 징조를 보였다는 사실이 속속 밝혀졌다. 우선, 출항 전 짙은 안개가 그 전조였다. 또, 두 번에 걸친 선체 개조, 그리고 승객 정원 늘리기나 과적 등이 그것이다. 즉, 대형 재난 발생은 예고된 수순에 따라 진행되고 있었다는 것이다.

재난도 이제까지는 홍수나 폭우 등 전통적인 재난에서 테러나 사건·사고 등 사회적인 재난에 이르기까지 다양하고 그 범위도 훨씬 더 크게 확대되고 있다. 따라서 이제부터라도 시급하게 방재능력을 훨씬 더 강화시키지 않는다면 대형 재난은 더 많이 일어날 것이다. 지진, 홍수 등의 재해요인이 미치는 외부 힘을 줄이기 위해 우리사회가 가지고 있는 재난의 취약성(vulnerability)을 보완해서 방재능력을 강화해야 한다. 방재는 가해력이 우리 사회에 미치는 피해와 혼란을 최대한 줄이는 작업이다. 일반적으로 방재의 대상은 피해 직후의 구명과 구원·구호 등 생활의 재건을 말한다. 그러나 이는 방재시스템의 일부에 지나지 않는다. 재난에 효율적으로 대응하기 위해서는 재난이 일어나기 이전부터 사전에 철저하게 준비하고 관리해야 한다.

재난피해를 완전히 예방한다는 것은 불가능하지만, 최첨단 ICT시스템으로 사전에 준비만 잘 한다면 대형 재난도 '큰 우려 없이' 그 피해를 사전에 최대한 줄일 수 있다. 2016년 4월 구마모토 지진의 경우도 1981년부터 강화된 내진설계에 의해서 건설된 주택들은 그 피해를 획기적으로 줄일 수 있었다. 또 한 가지는 대형 재난이 발생하면, 군부대나 경찰, 지방자치단체 등 방재당국이 직접 구조 활동에 참가하기까지는 상당한 시간이 걸린다. 즉, 재난정보가 두절되고 피해상황이 밝혀지지 않은 상황에서 「재난발생 후 72시간(골든타임)」 이내에 사실상 당국의 구조의 손길을 기대하기란 어려운 형편이다.

대체로 재난은 행정당국이나 관공서가 문을 닫았을 때 잘 일어난다. 그 이유로 우리 인간은 하루 24시간 중에 1/3인 8시간 정도를 일한다는 사실을 들 수 있다. 1주일 중 토·일을 제외하고 나면 5일밖에 근무하지 않는다. 많은 사람들은 관공서가 항상 업무를 본다고 생각하고 있지만, 실제로 지자체나 관공서의 업무 수행 시간은 1주일 168시간 중에 23.8%인 40시간밖에 근무하지 않는다. 따라서 행정당국이 업무를 보지 않는 시간대에 재난이 발생한다면 행정적인 초동대응도 그만큼 차질이 빚어질 수밖에 없다. 그 사이 서로 간에 의존할 수 있는 것이 이웃이나 친척, 지역 내의 공조활동이다. 재난 안전은 무엇보다도 이웃 간의 공조(共助)의식이 대단히 중요하다. 즉, 이웃 간에는 대화의 문을 열고 상호 네트워크가 이루어져야 한다. 이런 대화나 네트워크가 이어지는 지역이야말로 "재난에 강한 지역"이 된다. 따라서 공조(共助)의식을 높이기 위해서는 평소에도 지역주민들끼리 높은 수준의 방재의식을 공유함과 동시에 서로 간에 긴밀한 대화와 연대의식으로 묶어지는 것이 중요한 관건이다.

예를 들면, 2014년 11월 22일 저녁 12시 8분경 일본 나가노현(長野県) 북부지역 기타아즈미 군(北安曇郡)의 하쿠바무라(白馬村) 지진을 들 수 있다. 당시 하쿠바무라를 중심으로 매그니튜드 6.7의 지진이 일어났다. 진원 단층이 가까운 하쿠바무라 주변에서는 가옥이 집중적으로 무너져 재난 취약자 26명이 대피하지 못한 채로 매몰되었다. 그러나 평소 이웃 주민들 간의 철저한 공조활동 덕택에 한 명의 사망자도 없이 전원 구조되어 화제가 되었다. 이는 지역사회를 중심으로 철저한 공조 체계 덕분에 재난 피해를 줄일 수 있었음을 보여준 사례다.

재난을 100% 예방한다는 것은 불가능하지만, 첨단 과학기술의 도입으로 재난징조를 사전에 인지하여 예방할 수 있다. 또한, 재난발생 시는 신속한 재난정보 전달이 재난피해를 줄일 수 있는 가장 중요한 관건이다. 뿐만 아니라, 신속하고 정확한 재난정보로 재난피해를 최소화하기 위해서는 초동대응을 신속하게 해야 한다. 나아가서 우리나라의 사회구조도 재난에 강한 사회구조로 방재대응시스템을 훨씬 더 강화해야 한다. 일본의 경우는 2016년 4월에 니혼대학(日本大學)이 일본 최초로 위기관리학부(危機管理學部)를 신설하고 위기관리에 대한 체계적인 연구와 함께 인재 육성에도 힘을 쏟고 있는 상태다.

본서는 국가지도자나 경영자, 그리고 위기관리책임자는 물론, 방재 실무담당자에게 이르기까지 좋은 참고자료가 되리라고 본다. 나아가서 매일 매일 일상적인 위기 속에서 생활하고 있는 우리 국민들에게도 많은 도움이 되리라고 믿는다.

끝으로 수익 창출이 절체절명인데도 불구하고 국가위기라는 공익적인 사명감 때문에 재정적으로도 지원을 아끼지 않으신 박영사 안종만 회장님과 안상준 상무님, 그리고 유난히도 무더운 올여름 날씨에도 불구하고 세심하게 교정해 주신 배근하 선생님께 감사드린다. 또한, 그동안 한국재난정보미디어포럼 부회장으

로 봉사해 오신 서울시립대학 최성종 교수님을 비롯해, 포럼 집행이사님, 사무국
장 및 관계자 여러분들께도 지면을 통해 감사의 말씀을 드리고자 한다.

2016. 7. 25.
한국재난정보미디어포럼 회장 이 연 드림

차 례
• CONTENTS •

제1장 | 국가위기관리와 재난정보

제2장 3·11 동일본 대진재와 재난정보

제3장 | 동일본 대진재와 재난보도 사례연구

제4장 | 동일본 대진재로 본 NHK의 재난방송시스템

제5장 동일본대진재 당시 한국 언론의 재난보도 실태

제6장 김정일 국방위원장 사망과 언론보도

| 제7장 | 신속한 재난복구와 미래의 방재시스템 |

| 제8장 | 대형 재난발생 사례 연구 |

제9장 | 위기관리와 리더십

제10장 | 세계 지도자들의 눈물과 위기관리 리더십

국가위기관리와 재난정보

제1장 >>>

국가위기관리와 재난정보

제1절 국가재난과 방재과학

1. 국가재난과 정보관리

1) 재난과 안전공학

현대사회를 글로벌 위험사회(Global Risk Society)라고 부를 정도로 우리 주변에는 수많은 재난과 위험들이 도사리고 있다. 예일대학의 명예교수인 찰스 페로우(Charles Perrow)는 지난 2011년 3월 11일에 일어난 동일본 원전사고를 '정상 사고(normal accident)'라고 규정하고, 이제 이러한 대형 사고는 언제 어디에서나 일어날 수 있는 보편적인 사고라고 주장했다. 페로우의 주장처럼 이러한 대형 재난이나 사건 사고가 어디든지 일어날 수 있는 보편적인 사고라고 한다면, 우리는 더 안전한 사회를 구축하기 위해 재난정보를 철저하게 관리해야 할 것이다. 최근 선진국에서는 안전공학(safety engineering)을 방재시스템에 도입해서 이중 삼중으로 안전장치를 구축함과 동시에 철저한 재난정보 관리정책을 펴고 있다.[1] 안전공학은 원래 노동 현장이나 공업, 공구, 기계장치, 의학, 사회생활 등의 안정성 문제에서 출발하였다. 그러나 최근에는 대형 재난이나 사건, 사고, 재해 등 사회생활 안전 전반에 걸쳐서 재난을 예방하고 안전성을 추구하는 공학의 한 분야로 자리 잡고 있다.[2] 20세기 후반에 들어서면서 각종 기계나 기구, 컴퓨터 등 사회시스템의 규모가 점점 커지고 우리의 생활에 밀착하면서 재난과 함께 교통사고, 항공기사고, 원전사고 등의 규모 역시 대형화되어가는 추세에 있다. 이러한 대형 재난의 원인은 인간의 고의나 실수뿐만 아니라 분노, 보복, 전쟁, 테러 등 원한에 의한 것까지 복합적으로 확산되고 있다. 선진국의 경우는 대부분 청소년들을 건전하게 육성하기 위하여 판단력이 부족한 어린이나 청소년들에게는 일정한 의무교육 기간을 두고 직업이나 직종에 따라서는 '일을 할 수 없도록 제한해' 사고를 예방하기도 한다. 노약자나 정신이상자, 지체장애자, 재난약자, 정보약자 등이 사회 안전망이나 위험을 관리하는 작업에 종사하는 것을 제한하는 것도 건전한 안전사회를 구축한다는 측면에서는 일리가 있다고 본다. 물론 과도한 규제는 안전사회를 구축하는 데에 또 다른 장애가 될 수도 있기 때문에 신중할 필요는 있다. 일본에서는 1995년 한신대진재 이후 무라카미 요이치로(村上陽一郎)에 의해서『安全学』[3]이라는 개념이 본격적으로 논의되기도 했다. 재난이나 재해는 관련된 기업뿐만 아니라 우리 사회에 큰 손실을 가져오기 때문에 사용자나 노동자, 소비자, 그리고 제3의 이해관계자(stakeholder)들에 이르기까지 안전에 대한 인식을 크게 발전시켜 갈 필요가 있다.

2) 국가재난과 원전사고

우리가 목격했던 국가적인 재난 중에서도 가장 피해가 심각한 것이 원전 사

---

1) Vincenti, Walter G(1993), *What Engineers Know and How They Know It: Analytical Studies from Aeronautical History*, The Johns Hopkins University Press.

2) Jenkins, Rhys(1936), *Links in the History of Engineering and Technology from Tudor Times*. Ayer Publishing, p. 66.

3) 村上陽一郎(1998年),『安全学』, 青土社, p. 208.

고에 대한 피해다. 후쿠시마 원전 사고에서도 보았듯이 원자력발전소의 폭발은 인적 재난에 속하는 것이지만 자연 재난보다도 훨씬 더 피해가 더 크다고 하겠다. 자연 재난은 일정 기간 시간이 지나면 치유가 가능하지만, 원전 폭발의 경우는 그 피해도 클 뿐 아니라, 수백 년에 걸쳐 노력을 하더라도 완전히 복구하기가 어렵기 때문이다.

원자력과 관련된 세계 최초의 사고는 1945년 8월 21일 미국의 로스 알라모스 국립연구소(Los Alamos National Laboratory, LANL)에서 핵실험을 연구하던 학자가 플루토늄 코어 폭발로 목숨을 잃은 사고다. 그 후 1940년대부터 2010년대까지 약 40여 회의 크고 작은 원전사고가 일어났다. 그 중 대부분이 국제원자력평가척도(INES: International Nuclear Event Scale) 5단계(레벨5) 이하로 대체로 사업장 외부에 피해를 입히지 않은 원전 사고였다. 그러나 사업장 외부까지 영향을 미치는 5단계(레벨5) 이상의 사고들도 있었는데 나열하면 다음과 같다.

① 1952년 12월 12일 캐나다의 초크 리버 핵 연구소(Chalk River Nuclear Laboratories)의 사고가 첫 번째이다.

② 두 번째가 1957년 9월 29일 구 소련 남우랄 지역에서 일어난 키시틴 폭발사고(Уральский федеральный округ; Uralskiy federalniy okrug: Kyshtym disaster)로 높은 수준인 6단계(레벨 6)에 해당하는 참사였다.

③ 세 번째가 1957년 10월 10일 영국의 원드스케일 원자로 사고(Windscale fire)로서 5단계(레벨 5)에 해당하는 사고였다.[4]

④ 네 번째는 1979년 3월 28일 미국 펜실베이니아 주 스리마일 섬(Three Mile Island) 원전사고로 5단계(레벨 5)에 해당한다.

⑤ 다섯 번째가 너무나도 잘 알려진 1986년 4월 26일 러시아의 체르노빌 원전사고로 사상 최악인 7단계(레벨 7)를 기록하였다.

⑥ 여섯 번째가 1987년 9월 브라질에서 일어난 고이아니아 방사능 유출사고(Accidente radiológico de Goiânia)로 5단계(레벨 5)를 기록하였다.

⑦ 마지막으로 일곱 번째는 2011년 3월 11일 일본의 후쿠시마(福島) 제1원자

---

4) Kinlen LJ, Clarke K, Balkwill A(1993), *"Paternal preconceptional radiation exposure in the nuclear industry and leukaemia and non-Hodgkin's lymphoma in young people in Scotland"*.

력발전소의 폭발사고로 최악인 7단계(레벨 7)를 기록하였다.[5]

앞서 언급한 상당수의 원자력 관련 사고들이 사람의 실수(human error)에 의해서 일어났다. 따라서 작업원이나 종사자들의 잘못을 줄이고 실수가 사고로 이어지는 것을 막기 위해서 안전공학 및 인간공학, 나아가서는 방재인간과학 등의 연구가 필요하다. 특히, 원전사고를 극복하기 위해서는 무엇보다도 우선 예방과 대책, 훈련 등으로 계획적인 숙련 프로그램(routine work)을 지속적으로 반복하는 노력이 필요하다. 2016년 알파고와 이세돌의 대국에서도 보았듯이 인간의 주의력에는 한계가 있기 때문에 아무리 주의 깊고 신중한 사람이라 할지라도 피로와 착각 등으로 실수를 저지를 수 있다. 2014년 4월 16일 세월호의 참사에서 보더라도 인간이 재난 상황에서 반사적으로 재난에 대응하기 위해서는 평소의 반복적인 훈련 없이는 인위적 참사를 막는 데는 한계가 있어 보인다.

2. 재난안전과 방재과학

1) 재난과 방재인간과학(防災人間科學)

'방재인간과학'이란 야모리 카스야(矢守克也)가 주장한 새로운 학술적인 용어로 지금까지 방재연구의 주류를 형성했던 자연과학계의 영역과 이를 지탱하도록 곁을 지켜주는 비 자연과학계의 영역으로 나눌 수 있다. 자연과학계 영역으로는 지리학, 토목학, 기상학, 건축학 등이 있고, 비 자연과학계는 심리학, 경제학, 사회학, 언론학, 위기관리학, 정보학 등이 있다. 즉, 방재인간과학은 방재지식이나 방재기술의 개발이라는 방재연구 본연의 관심사와 함께 인간과 사회 등 비 자연적인 연구영역도 중요하게 고려하는 분야이다. 오늘날 우리가 살고 있는 사회에서 재난이 발생하는 방식을 고려한다면 위와 같이 학제적인 접근을 통해 종합적으로 재난에 대응하는 인간과학적인 방재연구가 절실하다고 할 것이다.[6]

---

5) 原子力災害対策本部(2011-06-07), 「原子力安全に関するIAEA閣僚会議に対する日本国政府の報告書について」(Report).

6) 矢守克也(2009), 『防災人間科学』, 東京大学出版部, pp. 20~21.

사회정치학자인 로버트 퍼트남(Robert David Putnam)에 의하면, 사회 자본(Social Capital)은 사회구성원들이 힘을 합쳐 공동 목표를 효율적으로 추구할 수 있게 하는 자본(의식)이라고 정의할 수 있다. 즉, 사회자본은 사회 구성원들 상호 간의 이익을 위해 조정과 협동을 촉진하는 규범, 신뢰, 네트워크이다. 사회 자본은 생산을 가능케 하는 물리적 자본이나 인적 자본과는 달리 인간관계 내에 존재하고 있다.[7] 그러면서도 사회 자본은 물리적 자본이나 인적 자본과 같이 생산 활동을 증가시킨다는 점에서는 공통점이 있다.[8] 또한, 사회 자본은 ① 정보 공유의 역할을 수행하여 공식·비공식 제도가 정확한 정보를 제공하게 하고, ② 개인의 상호작용으로 인해 구성원들 간의 신뢰를 회복하게 하는 조정 역할을 하며, ③ 집단적인 의사결정을 통해 재난에 공조(共助)하게 하는 중요한 역할을 수행한다.[9]

마지막으로 방재인간과학에서 가장 경계해야 할 태도가 '정상화(正常化)에의 편견(normalcy bias)'이다. 이는 재난이 발생했을 때 피난 행동을 저해하는 낙관적인 심리 상태를 말한다.[10] 일본의 재해 사회학의 1인자인 도쿄대학 히로이 오사무(廣井脩) 교수는 "사태의 절박성을 직접 지각하지 않는 사람들은 낙관적인 정보를 받아들여 위험을 경고하는 재난정보를 부정하려고 하는 경향이 있는데 이를 정상화에의 편견"[11]이라고 정의하고 있다. 다시 말해서 '설마', '우리는', '여기는', '이번은', '나는' 괜찮겠지 하는 생각으로 대피나 피난을 게을리 하는 마음을 말하는 것이다.[12] 또, 한편으로는 대단한 사건이 일어났는데도 불구하고 지나치리만큼 심리상태를 안정시키기 위해 '사실이 아닐 것으로 부정 내지는 회피하려고 하는 의식'을 말하기도 한다.[13] 이러한 심리 상태는 재난이 발생했을 때 재난정보

---

7) 中邨章·市川宏雄(2014), 『危機管理学』, 第一法規株式会社, pp. 196~197.

8) Putman R. David(1993), Making Democracy work: *Civic Traditions in Modern Italy*, Princeton: Princeton University Press.

9) Putman R. David(2000), Bowling Alone: *The Collapse Revival of American Community*, Simon & Schuster.

10) 矢守克也(2009), 「再論ー正常化の偏見」 『実験社会心理学研究』(第48卷, 第2号), 京都大学防災研究所, p. 140.

11) 井上裕之(2012), 「命令調を使った津波避難の呼びかけ」 『放送研究と調査』(3月号), NHK放送文化研究所, p. 24.

12) 中谷内一也(2012) 『リスクの社会心理学』, 有斐閣, p. 80.

13) Yamori Kastuya(2007), *Disaster risk sense in Japan and gaming approach to risk communication*,

에 둔감해지게 할 뿐만 아니라, 피난 행동을 취하는 것을 막아 그 피해를 더욱 더 확산시킬 위험성이 있다.

2) 하인리히의 법칙과 사사키 모델

(1) 재난발생과 하인리히의 법칙

미국 트래블러스 손해보험회사(Travelers Insurance Company) 기술조사부 부부장 허버트 윌리엄 하인리히(Herbert William Heinrich)는 1929년 11월 19일 「산업재해 예방: 과학적 접근(Industrial Accident Prevention: A Scientific Approach)」이라는 논문을 발표하였다. 그는 이 논문에서 공장에서 발생한 5천여 건의 노동 재해 피해자들과 상담한 내용을 통계학적으로 분석해서 법칙을 만들게 되는데, 여기에서 나타난 「재해」의 수치가 「1 : 29 : 300」이었다.[14] 그 내역 중에 ① 「중상(Major Incident)」 이상 큰 피해 건수가 1건 있으면, ② 그 뒤에는 29건의 「경상(Minor Incident)」을 동반하는 재해가 있으며, ③ 3백여 건의 비슷하지만 경미한 사고 등으로 「재난 직전(Near Misses)」의 잠재적인 부상자가 존재한다는 사실을 밝혀 낸 것이다(〈그림 1-1〉 참조). 즉, 대형 재난은 우연히, 갑자기 일어나는 것이 아니며, 재난발생 이전에 반드시 경미한 사고나 징조들이 반복된다는 것을 실증적으로 증명한 것이다. 이를 하인리히 법칙, 또는 1 : 29 : 300법칙이라고도 부른다. 이를 확률로 환산하면 재해가 발생하지 않을 사고(No-Injury Accident)의 확률은 90.9%, 경미한 재해(Minor Injury)의 발생 확률은 8.8%, 큰 재해(Major Injury)의 발생 확률은 0.3%(1/330)가 된다.[15]

International Journal of mass Emergency and Disaster, 25, 101~131.

14) H. W. Heinrich: Industrial accident prevention: *a scientific approach*. 4. Auflage. McGraw-Hill, 1959. zitiert In: John V. Grimaldi, Rollin H. Simonds: Safety management. R. D. Irwin, Homewood, Ill 1973, ISBN 0-256-01564-3, S. 211.

15) 宮城雅子(1986), 「Incident Reporting Systemについての試行的研究」『航空法務研究』(Vol. 16~17)有斐閣.

┃ 그림 1-1 ┃ 하인리히의 법칙

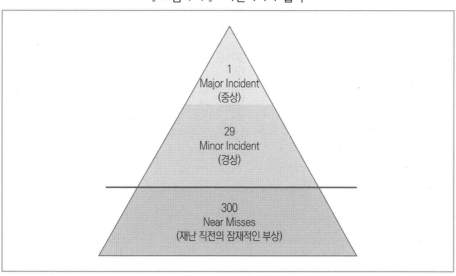

오늘날 하인리히 법칙은 노동현장에서의 재해뿐만 아니라, 각종 사건·사고
나 재난, 또는 사회적·경제적 위기와 관련된 법칙으로까지 확대되어 해석되고
있다. 다시 말해서 사소한 문제라도 면밀히 살펴 그 원인을 사전에 시정하면 대
형재난을 예방할 수 있지만, 이러한 징조를 무시하면 돌이킬 수 없는 대형사고로
이어질 수 있다는 것을 경고한 것이다. 이 논문으로 인해 하인리히는 1930년대
미국의 노동계에서 재난방지의 아버지로 불렸고 그의 책은 바이블이 되었다.16)

(2) 세월호 참사와 하인리히의 법칙

2014년 4월 16일 세월호 참사의 경우도 하인리히의 법칙이 관찰된 사례이다.
'설마. 사고가 일어나겠는가?', '대충 대충 하자', '다음에 고치지 뭐', '설마 괜찮겠
지', 이런 생각들이 마침내 대형 사고를 불러 온 원인이 된 것이다. 사소한 조짐들
은 당장은 위험하게 느껴지지 않는다. 하지만 사고발생 시간은 정해진 프로그램
(routine work)과 같이 다가오고 있음을 우리는 모르고 있었던 것이다. 사고 발생
후 세월호가 침몰하기 이전에 여러 가지 위험한 사전 징조를 안고 있었다는 사실

---

16) https://ja.wikipedia.org/wiki/ハインリッヒの法則

이 속속 밝혀졌다. 우선, 출항 전
짙은 안개가 그 전조였다. 또, 두
번에 걸친 선체개조, 그리고 승객
정원 늘리기나 과적 등이 그것이
다. 그 밖에도 갑자기 남서쪽으로
급회전한다든가, 대리선장의 투입
이나 2급 항해사의 운항 등등의
사전 징후들을 볼 수 있다. 타이타

┃ 사진 1-1 ┃ 세월호가 침몰한 지점 ⓒ 연합뉴스

닉호도 1912년 당시에는 세계에서 가장 크고 혁신적인 기술이 접목되어 있었던
배였지만, 첫 출항 때부터 하인리히의 법칙처럼 대서양에서 수많은 빙산들과 자잘
하게 충돌하는 징후가 있었던 것으로 밝혀졌다. 즉, 승선 인원 초과와 선박 설계
오류, 빙산 충돌에 대한 경고 무시, 과속과 선장의 과신 등이 복합적으로 얽혀서
승선한 2,208명 중 1,513명이 사망하는 사상 최대의 해난 사고가 일어난 것이다.

세월호의 경우는 지난 1993년 10월 10일 전북 부안군 위도 해상에서 침몰한
서해훼리호 사건과도 놀라울 만큼 똑같이 닮았다. 서해훼리호도 역시 출항 전에
파고가 높았고 돌풍이 예상되었다. 항해하기가 무리한 기상 상황이었지만 서해훼
리호는 출항을 강행했다. 서해훼리호도 적재화물을 기준보다 초과해 실은 상태였
다. 항해 중 큰 각도로 우회전하다가 전복됐다. 화물 및 정원 초과 등으로 복원력
이 크게 떨어져 전복된 사건이다.

1995년 삼풍백화점 붕괴사고 때도 마찬가지다. 이 건물은 지을 때부터 문제
가 많았는데, 옥상에는 76톤 가량의 물탱크 장치를 설치해 원래의 설계 하중에서
4배를 초과했고, 내구성을 위해 들어가야 할 철근은 무더기로 빠져 있었다. 이러
한 부실시공과 함께 허술한 공사 관리로 천장에 금이 가거나 옥상 바닥에 치명적
인 손상을 입는 등 숱한 사전 징후들이 많이 있었다.

2008년에 발생한 이천의 냉동 창고 화재참사에서도 하인리히 법칙은 여전히
증명되고 있다. 턱없이 부족한 현장 감독 인력과 감리시공사의 부실감독이 그 원
인이다. 또, 부실 용접 등으로 샌드위치 패널에 불이 옮겨 붙는 사고가 몇 번이나
일어났다. 그 밖에도 여러 번의 경고 신호가 있었음에도 불구하고 아무런 조치를

취하지 않아 40명이 한꺼번에 참사를 당하게 되었다.

마지막으로 1997년 IMF 금융 위기를 되짚어 보기로 하자. 선진국의 사교클럽이라고 부르는 OECD에 가입해 으쓱대던 사이에 외환 보유고가 갑자기 줄어들어 국가 부도 사태에 이르게 된다. 이런 국가적인 위기에 봉착하기 전부터 기업의 무리한 대출과 해외투자, 금융시장 불안정, 정경유착, 차입 경영, 금융 부실, 부패 관행 등으로 경제 전문가들과 소장학자들로부터 국가 위기에 대해서 수많은 경고가 있었지만, 당시 김영삼 정권은 '쓸데없는 소리'라며 이를 무시해버렸다. 결국, 1997년 초 한보철강이 5조 원대의 부도를 낸 데 이어 삼미, 진로, 뉴코아 등 대기업들의 연쇄 부도로 핵폭탄 급의 대형 사고를 맞게 된다.[17)]

3) 재난발생과 사사키 카즈유키(佐々木一如) 모델[18)]

(1) 재난발생과 사회자본(Social Capital)

대규모 재난에 대한 대응 방법은 크게 세 가지로 나눌 수 있다. ① 주민들 스스로가 자주적으로 대응하는 「자조(自助)형」, ② 지역사회(community) 주민들이 서로 협력해서 공동으로 대응하는 「공조(共助)형」, ③ 또, 자치단체나 경찰, 소방 등이 도와주는 「관조(官助=公助)형」이다. 그러나 주민들이나 자치단체, 경찰, 소방 등이 단체별로 각자 역할을 분담해서 방재나 재난에 대응코자 하는 방안 등이 점점 확산되어 가고 있다.[19)]

재난피해를 제로로 예방한다는 것은 불가능하지만, 사전에 준비를 잘 한다면 '큰 우려 없이' 피해를 줄일 수 있다. 주택들의 내진 설계를 강화하는 것부터 각 가정의 비축품을 안내하고 재난 발생 시 초동 대응 체제를 세우는 등 지역사회를 중심으로 한 평소의 준비가 중요하다는 것이다. 대규모 재난이 발생하면, 국가나 지방자치단체, 군부대 등의 공적 조직이 효과적이긴 하지만 실제로 구조에

17) 김민주(2011), 『경제법칙 101』, 위즈덤하우스, pp. 4~15.

18) 中邨章·市川宏雄(2014), 『危機管理学』, 第一法規株式会社, pp. 194~195.

19) 한마디로 말해서 사회자본이란 '사회구성원들이 힘을 합쳐 공동 목표를 효율적으로 추구할 수 있게 하는 의식'을 사회자본이라고 한다. 즉, 사회 구성원들 상호간의 공동 이익을 위해 조정과 협동 등을 촉진하는 규범이나 신뢰, 네트워크 등의 의식이다.

이르기까지는 상당한 시간이 걸린다. 다시 말하면, 정보가 두절되고 피해의 전체상이 밝혀지지 않은 「재난발생 후 72시간(골든타임)」이내에 행정에 의한 공조(官助=公助)를 기대하기는 어렵다. 이후의 피난소 생활이나 복구기의 재난취약(援護)자 등을 생각한다면 재난이 발생했을 때 지역사회가 완수해야 할 공조(共助)의 역할이 대단히 크다고 하겠다. 재난 현장에서 지역사회의 힘이 중요하게 작용한 사례로는 2014년의 일본 하쿠바무라(白馬村) 지진을 들 수 있다. 2014년 11월 22일(토) 저녁 12시 8분경 일본 나가노현(長野県) 북부지역인 기타아즈미군(北安曇郡) 하쿠바무라를 중심으로 매그니튜드 6.7의 지진이 일어났다. 진원 단층이 가까운 하쿠바무라 주변에서는 가옥이 집중적으로 무너져 재난취약자 26명이 대피하지 못한 채로 매몰 되었다. 그러나 이웃 평소 주민들 간의 철저한 공조 활동 덕택에 한 명의 사망자도 없이 전원 구조되어 화제가 되었는데, 지역사회를 중심으로 한 철저한 공조 체계로 재난의 피해를 줄일 수 있음을 보여준다.[20]

도키와대학(常磐大学) 이사고 사치토시(砂金祐年)교수도 메이지대학(明治大學) 사사키 카즈유키(2014) 교수의 공조 모델을 인용하면서, 1995년 한신대진재나 2011년 도호쿠 칸도 대 진재의 사례를 통해서 재난발생 시 지역사회의 공조(共助) 역할을 다음과 같이 강조하고 있다.[21]

(2) 재난발생 시 지역사회와의 공조

앞에서 언급했듯이, 대형 재난이 발생하더라도 국가나 지방자치단체, 군부대 등이 행정적으로 지원하기에는 실제로 수 시간 수 일이 걸릴 수 있다. 즉, 재난발생 후 72시간 이내에 공조를 기대하기가 어렵다. 따라서 방재활동에는 이웃이나 혈연, 지역의 공조역할이 대단히 중요하다. 아주 단순한 머피(Edward A. Murphy)의 법칙(1995)과 같이 「실패할 가능성이 있는 것은 실패한다(If anything can go wrong, it will.)」[22]고 주장하면서 사사키 모델을 아래와 같이 도식으로 설명하고 있다.[23]

---

20) 『時事通信』, 2014年11月23日付け.

21) 中邨章・市川宏雄(2014), 『危機管理学』, 第一法規株式会社, pp. 193~194.

22) 머피(Edward A. Murphy)는 제2차 세계대전 종전 직후부터 1950년대에 걸쳐서 미국공군 소령으로 급 감속에 대한 프로젝트에 엔지니어로 참가하게 되었다. 그런데 누군가가 프로젝트 연구에서 배선을 잘못 연결해, 그것이 원인이 되어 비참한 결과를 낳았다는 것을 알고, 잘못

| 도식 1-1 |

사사키 모델 : 왜, "재난은 관공서가 문을 닫았을 때 일어나기 쉬운가"라는
사사키 모델[24]

$$\frac{1}{3} \times \frac{5}{7} = \frac{5}{21} = 23.8\%$$

위의 도식에서 1/3은 1일 24시간 중에 평균적으로 관공서 업무시간은 8시간
에 지나지 않는다는 표시다. 5/7는 1주일인 7일 중에 토·일을 제외한 평일은 5일
밖에 되지 않는다는 의미다. 이 둘을 곱하면 5/21가 된다. 많은 사람들이 관공서
가 항상 업무를 본다고 생각하지만, 실제로 관공서가 업무를 수행하는 시간은 일
주일을 이루는 168시간 중 23.8% 밖에 근무하지 않는다. 관공서가 업무를 보지
않는 시간대에 재난이 발생하면 행정적인 초동대응도 늦어지고 공조(公助)의 기
능도 어렵게 된다. 그 사이에 의존할 수 있는 곳이 자조(自助)이고 공조(共助)이다.
사사키의 모델은 아주 단순하지만, 관조(官助＝公助)의 한계 및 자조와 공조의 중
요성을 시민들에게 이해시키는 데는 아주 유효한 모델이다. 재난의 피해를 완전
히 없앨 수는 없지만, 재난으로 목숨을 잃는 일을 없애고 피해를 최소화하기 위
해 어떤 노력이 필요한가에 대해 중요한 시사점을 던져준다.

재난안전은 무엇보다도 시민 한 사람 한 사람의 마음가짐에서 출발한다, 시
민들 사이에는 대화의 문이 열리고 네트워크가 이어지게 된다. 이런 대화나 네트
워크가 이어지는 지역이야말로 「재난에 강한 지역」이 된다.[25] 따라서 공조(共助)
의식을 높이기 위해서는 평소에도 지역주민들끼리 높은 수준의 방재의식을 공유

한 누구를 지적해 내게 된다. 그 후 몇 주가 지난 뒤 프로젝트의 리더 격인 존 스터브가 이
를 군내부에 소개하게 되고, 마침내는 각종 기술잡지에도 소개되면서 외부에 크게 알려지게
된 계기가 된 것이다.

23) 中邨章·市川宏雄(2014), 『危機管理学』, 第一法規株式会社, pp. 194~195.

24) 佐々木一如(2014),「一時避難所と集落別防災マニュアル~自治会活性化に向けて~」 鹿嶋市
『第10回鹿嶋市まちづくり市民大会資料』(鹿嶋市まちづくり市民センター), p. 43.

25) 渥美公秀(2005),「災害に強いコミュニティのために」『CEL』Vol. 73(エネルギー研究所) p. 41.

함과 동시에 서로 간의 긴밀한 대화와 연대의식으로 묶어지는 것이 가장 중요한 관건이다.

제2절 재난과 방재력(防災力) 향상

1. 무엇이 재난인가?

재난(災難: disaster)이란 자연현상이나 인위적 원인에 의해서 인명이나 사회생활에 피해를 주는 사태를 말한다. 즉, 재난은 인간에게 영향을 미치는 사태에 한하는 것이다. 예를 들면, 태풍이나 홍수가 발생해도 그 주변에 살고 있는 사람들이 도와주지 않아도 될 정도의 경미한 피해라면 재난이라고 부르지 않는다.[26] 원래, 재난은 자연재난에서 온 말이지만 최근에는 사회적 파장이 큰 사건·사고의 경우도 재난이라고 부르고 있다.

재난의 요인에는 크게 2가지가 있다. 첫 번째는 재난을 일으키는 계기가 되는 현상, 즉 지진이나 홍수와 같이 **외부 힘**(hazard: 재난이 발생하는 소인)을 유인하는 것이다. 여기에 대해 사회가 가지고 있는 재난의 **취약성**(vulnerability), 예를 들면 도시 인구의 밀집, 혹은 내부 사회에서의 방재력, 또는 건물의 내진성이나 대피시설, 재난대책 등 **내부구조 능력**을 소인으로 본다. 재난발생 유인이 소인에 작용해서 일어나는 것으로 **방재력**(소인)을 뛰어넘는 **외부 힘**(유인)에 의해서 재해가 일어난다. 그 외압의 힘은 확률적인 현상으로 규모가 클수록 빈도가 낮아진다. 따라서 절대 안전은 있을 수 없다. 따라서 유인을 잘 이해함과 동시에 소인이 가지고 있는 취약성을 저감시키는 것(방재력을 향상시키는 것)이 피해를 줄이는 방법이다.[27]

---

26) 林春夫(2014),「災害をうまくのりきるために －クライシスマネジメント入門－」,『防災学講座 第4巻 防災計画論』京都大学防災研究所編, p. 134.

27) 林春夫(2015),「災害をうまくのりきるために －クライシスマネジメント入門－」,『防災学講座 第4巻 防災計画論』, 京都大学防災研究所編, pp. 134~136.

Risk(예상 피해) = Hazard(위험피해 소인, 원인) × Vulnerability(취약성: 대피시설)

재난도 정도에 따라서는 「비상사태」, 「긴급사태」(emergency) 등으로 표기한다. 이는 정부나 행정기관이 평상시와는 달리 특별한 법제도의 시스템 하에서 재난을 극복하고자 하는 것이다.[28]

2. 재난극복과 재난관(災難觀)

1) 재난과 재난극복

재난은 사회, 또는 개인의 생명이나 재산에 대한 위험이다. 재난 위험에 대한 가치관의 종류를 이해하기 위해 가까운 예로 주거를 생각해보면, **회피형(투자하지 않음)**, **지향형(빈도가 낮은 재해에도 투자)**, 그 사이에 있는 **중도형**으로 3가지 유형이 있다. 재난이란 발생했을 경우 거기 있는 사람들의 생사를 가르는 위급한 상황이지만, 보통 사람들은 재난이 자신과는 거리가 먼 것으로 느낀다. 이러한 심리를 극복하기 위해서는 가까운 지역의 위험에 관해서부터 구체적으로 이해해 둘 필요가 있다. 재난에 직면한 사람들의 심리를 설명하는 과정의 하나로 불안감 모델이 있다. 사람은 불안해질 때 반드시 다음과 같은 3가지 패턴에 의해서 불안을 해소하려고 한다.[29]

① **자주해결**: 스스로 정보를 수집해서 재해가 자신에게 미칠지 여부, 또한 재해를 피하기 위한 방법을 판단한다.

② **타자 이존**: 신뢰할 수 있는 타자에게 판단을 위임한다.

③ **사고의 정지**: 아무 생각 없이 안전하다고 믿고 불안감 자체를 거부한다.

---

28) Ostrom, E(1990), Governing the Commons: *The Evolution of Institutions for Collective Action*, Cambridge University Press.

29) 岡田憲夫(2014),「住民自らが行う防災－リスクマネジメント事始めー」『防災学講座第4巻防災計画論』, pp. 103~105, 124~130.

3. 재난의 정의

1) 사회학적 정의[30]

(1) 자연재난

① 기상재난

- 비(폭우·집중호우)에 기인하는 것: 홍수(하천 범람, 내수 범람, 토사, 토석류) 등
- 바람에 기인하는 것: 강풍, 폭풍, 회오리바람, 해일, 풍랑
- 눈에 기인하는 것: 눈사태, 적설, 눈보라
- 우레에 기인하는 것: 낙뢰(벼락)
- 중장기 기상에 기인하는 것: 가뭄, 혹서, 혹한, 냉해(서늘한 여름)
- 기타: 설해, 우박

② 지진

지진에 기인하는 것: 액상화, 쓰나미, 용암 분출, 산사태, 지진 화재

③ 분화

분화에 기인하는 것: 화산재, 화산 자갈, 용암, 화쇄류, 화산 진흙, 산붕괴, 쓰나미

(2) 인위적 재난

열차사고, 항공사고, 해난사고, 교통사고, 화재(대규모에 한함), 폭발사고, 탄광사고, 석유유출, 화학물질오염, 원자력사고, 테러, 전쟁(전쟁재해, 무력공격재해), NBC재해(핵병기, 생물병기, 화학병기에 의한 재해), CBRNE재해(방사선물질과 폭발물에 의한 재해에 덧붙여 뜻밖의 사고), 무력공격 원자력재난 등이 있다.[31][32]

---

30) https://ja.wikipedia.org/wiki/災害(2016년 1월 10일 접속)

31) 水谷武司(2002), 『自然災害と防災の科学』, 東京大学出版会, p. 20.

32) 後藤真澄·高橋美岐子編(2014), 『災害時の要介護者へのケアいのちとくらしの尊厳を守るために』, 中央法規出版, p. 5.

2) 안전 공학적 정의

돌발적 사상에 의해 일어나는 것을 '비상재해', 일상적 생활 속에서 일어나는 소위 "사고"를 '일상재해'라고 부른다. 안전공학에서는 일상재해, 노동재해를 포함한 광범위한 사상을 재해로 취급한다. 일본의 노동안전위생법에는 일시에 3인 이상의 노동자가 업무상 사상 또는 병에 걸린 노동재해를 '중대 재해'로 부른다.

(1) 안전 공학적 인위적 재난

① 일상적 재해(사고), 또는 노동재해: 전락, 전도, 낙하 물에 의한 부상, 중독, 익수, 화상, 감전

② 그 외
제품 결함에 다른 제품사고, 식품사고, 의료사고, 폭동, 범죄

3) 재난의 개념도

(1) 위 기

재난의 개념도를 그림으로 설명해 보면 다음과 같다.

〈그림 1-2〉를 보면, 리스크(Risk)는 우리들에게 해로움이나 손실이 생길 우려가 있는 그런 상태를 가리킨다. 즉, 리스크는 사망이나 손상, 부상 등 안 좋은 일이 일어날 수 있는 위험한 상태를 'Danger'라고 말하고, 그 위험소인을 'Hazard'라고 했을 때, 이 둘을 포괄하는 개념이 리스크, 즉 위험이다. 나아가서 리스크가 다시 더 크게 확산되면 재난(Disaster)이 되고, 재난이 다시 자연재난뿐만 아니라, 인공재난이나 사회재난까지 모두 포함하게 되면, 크라이시스(Crisis), 즉 위기가 된다. 크라이시스는 리스크보다는 훨씬 더 큰 위기상황을 말한다. 위험이든 재난이든, 위기이든 모두가 위험한 상황을 나타내는 용어로, 위험의 정도 차이는 있겠지만 위험한 고비나 시기, 상황을 말한다. 즉, 위험이나 재난, 위기로 인한 결과물로 인해 피해가 발생하게 되는데 이를 '재해'라 한다.

| 그림 1-2 | 재난의 개념도

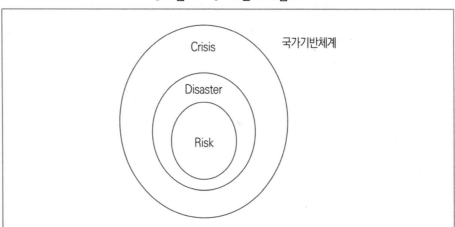

① **재앙**: 뜻하지 아니하게 생긴 불행한 변고, 천재지변으로 인한 불행한 변고

② **재해**: 재앙으로 받은 피해, 지진, 태풍, 홍수, 가뭄, 해일 등 자연재난의 결과

③ **위험**(Danger): 사망, 손상, 부상 등의 안 좋은 일이 일어날 수 있는 위험

④ **위험**(Risk): 해로움이나 손실이 생길 우려가 있음, 또는 그런 상태

⑤ **재난**(Disaster): 국민의 생명, 신체 및 재산과 국가에 피해를 주거나 줄 수 있는 것으로 태풍, 홍수, 호우 등 자연현상으로 인해 발생하는 재해

⑥ **위기**(Crisis): 불안전하고 위험한 상황, 리스크보다는 범위가 훨씬 큰 위험 상황을 말함

⑦ **국가기반체제**(Nation Infrastructure): 국가사회기반이나 사회 전체 안전체계

(2) 위 험

┃ 그림 1-3 ┃ 위험의 개념도

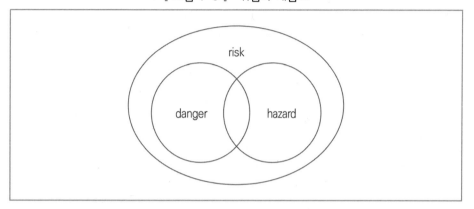

〈그림 1-3〉과 같이 위험(Risk)이라는 의미도 자세하게 분석해 보면 다음과 같이 크게 2가지로 구분할 수 있다.33)

① danger: 사망, 손상, 부상 등의 안 좋은 일이 일어날 위험이 있고,

② hazard: 사고나 재난에 관한 위험이 있을 수 있다.

③ risk: 사건·사고가 일어나 해로움이나 손실이 생길 우려가 있는 위험한 상태

또, 위험이나 사건, 사고의 경우도 미묘하게 개념 차이가 있기 때문에 위험관리는 세심하게 주의를 기울여야 한다. 특히, 사건과 사고의 개념에도 차이가 있다.

---

33) http://thorn.ga/576 블로그 Social Welfare Thorn News, '위험, 사건, 사고와 위험관리(2016년 1월 2일)'

(3) 위험과 사건·사고

┃ 그림 1-4 ┃ 사건·사고의 개념

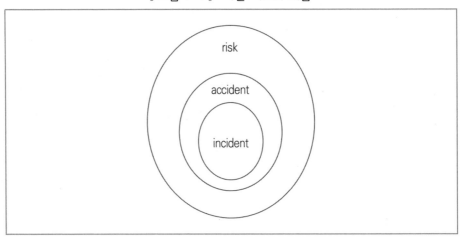

〈그림 1-4〉에서 보는 바와 같이 사건·사고는 리스크의 대상으로 위험관리의 대상이 된다. ① 리스크의 발생요인이 의도적이고 인위적인 경우로 유발되어 사상자가 발생한 경우에는 사건(incident)으로 부른다. ② 사건의 발생요인이 유발이나 의도적이지 않고 우연하게 일어난 사건의 경우는 사고(accident)라고 표현한다. 우리가 보통 위장한 교통사고를 제외하고는 모두 교통사고라고 부르고, 교통사건이라고는 부르지 않는다. 또한, 살인의 경우도 살인사건이라고 부르지, 살인사고라고 부르지 않는다.

4) 재난방지와 대응

재난방지와 대응은 재난에 의한 피해가 발생하지 않게 하는 '피해 억제'와 피해가 발생해도 그것을 최소화하고, 복구하기 쉽게 하는 '피해 경감'으로 나눈다. 재난발생 대응은 구조나 피난소 운영 등의 응급대응과 복구·부흥으로 대별된다.[34] 여기에 덧붙여 자연재난의 메커니즘이나 그것을 억제하는 연구, 재난 예측

---

34) 河田惠昭(2014), 「危機管理論 −安心/安全な社會を目指して−」, 『防災學講座 第4卷 防災計

(hazard analysis), 이에 관한 지식의 보급(방재교육) 등도 중요한 요소다.[35]

(1) 재난의 예측

자연재난은 규모에 빈도가 반비례하는 확률적인 현상이 있다. 즉, 자연재난을 일으키는 외부의 힘이 크면 클수록 빈도는 작아지는데, 그 상한선은 특정할 수 없는 특징을 갖고 있다. 역사적 기록물 중에 자연재해의 정보를 신뢰할 수 있는 것은 수백 년 정도이고, 그것을 벗어나 천 년에 한 번 일어날까 말까하는 저빈도의 대재난에 관해서는 신뢰하기 어렵다. 따라서 구조적인 대책으로는 「설계기준외력(外力)」(설계외력)을 설정해서 그 이하의 외부 힘으로는 피해가 절대 일어나지 않는 제방의 구조물을 설계하고, 소프트 대책으로는 과거 최대, 또는 최고의 예상 수준의 외부 힘을 상정해서 **긴급대피 지도**(hazard map)를 작성하여야 한다. 단, 설계기준은 외부의 힘을 설정함에 있어서 설정을 높게 하면 할수록 비용이 늘어나기 때문에 경제성에 맞게 주민들과 합의로 조정할 필요가 있다.[36]

한편, 피해상정은 어디까지나 현 단계에서 생각할 수 있는 것에 지나지 않기 때문에 상정을 웃도는 「상정 외」의 사태가 발생할 가능성은 항상 존재한다. 동일본 대지진에서 보았듯이 피해상정을 훨씬 웃도는 규모의 사태가 발생할 수 있다. 따라서 「상정 외」의 규모에도 대응할 수 있도록 충분히 준비해 두는 것이 필요하다.[37]

画論』, pp. 41~42.

35) 林春夫(2014), 「災害をうまくのりきるために －クライシスマネジメント入門－」, 『防災学講座 第4巻 防災計画論』, pp. 134~136.

36) 堀井秀之(2014), 「地域社会の安全・安心を実現するための社会技術」, 『安心・安全と地域マネジメント』, pp. 214~216.

37) 多々納裕一(2014), 「大規模災害と防災計画 －総合防災学の挑戦－」, 『安心・安全と地域マネジメント』, pp. 69~182.

4. 방재(防災)의 정의[38]

'방재'란 외부 힘을 정확하게 파악하여 사회전체의 방재력을 향상시키는 것이다. 특히, '방재(防災)'는 폭풍이나 홍수, 지진, 화재 따위의 재해를 막는 일을 뜻하고, '방제(防除)'는 재앙을 미리 막아 없앤다는 뜻이다.

1) 방재의 대상과 외부의 힘

재난에는 자연재난과 인적재난이 있는데, 여기에서는 재난이라고 하는 사회적 결과를 만들어 내는 자연의 외부 힘으로서 한발이나 지진, 질병, 한파, 홍수, 산불, 화산활동, 폭풍우, 질병 등을 생각해 보기로 한다. 이들은 사회에 많은 혼란과 손실을 끼치는 것으로 개발과 사회발전에 큰 장해가 된다.

자연재난 중에서도 발생건수가 가장 많고 큰 피해를 주는 풍수해, 특히 홍수재해와 그 밖의 재난에 대해서도 고찰해 보기로 하자.

2) 「사회의 방재능력」과 「외부의 힘」[39]

방재는 가해력이 사회에 작용한 결과로 일어나는 피해와 혼란을 될 수 있는 대로 줄이는 일이다. 일반적으로 사람들이 생각하고 있는 방재의 대상은 피해 직후의 구명과 생존자의 구원·구호로 생활이 재건되기까지의 모든 대응 활동을 말한다. 그러나 이것은 방재의 전 과정의 일부에 지나지 않는다. 재난이 일어나기 전부터 재난에 효율적으로 대응하기 위해 사전에 준비할 필요가 있다.

「사회의 방재능력」은 사회의 어떤 장소에 「외부의 힘」이 가해졌을 때 일어나는 바람직하지 않은 변화에 저항하는 힘이다. 「외부의 힘」이라고 하는 것은 재난을 일으키는 힘이다. 예를 들면, 해안이나 하천제방, 수방단의 활동 등은 「사회의 방재능력」이고, 「외부의 힘」은 하천의 수위나 파고의 높이 등이다. 재난발생 여부

---

38) 河田惠昭(2003), 『防災と開発』, 国際協力事業団 国際協力総合研修所, p. 13.
39) 河田惠昭(2003), 『防災と開発』, 国際協力事業団 国際協力総合研修所, p. 10.

는 「사회의 방재능력」과 「외부의 힘」의 크기에 따라 결정된다. 「외부의 힘」이 「사회의 방재능력」보다도 크면 재난이 발생하고, 「사회의 방재능력」이 「외부의 힘」보다 크면 재난이 일어나지 않는다. 양자는 서로 대립하며 투쟁하는 관계에 있다.[40]

즉, ① 「사회의 방재능력」 < 「외부의 힘」 = 재난 발생
② 「사회의 방재능력」 > 「외부의 힘」 = 재난 미발생

또, 「사회의 방재능력」이 작은 상태면 「외부 힘」의 침입에 대한 「취약성(vulnerability)」이 커진다고 말할 수 있다. 어떤 물체에 힘을 가할 경우 그 물체가 상대적으로 연약하면 붕괴하고 강하면 지탱한다. 즉, 어느 정도의 「외부의 힘」에 대해서 지탱할 수 있을까 하는 지탱의 성질을 표시하는 것이 방재능력이다. 한편, 「외부 힘」은 「해저드(hazard)」라고도 하는데 부정적인 결과를 초래할 수 있다. 예를 들면, 보험업계에서는 교통사고나 암, 태풍 등은 보험금을 지불하는 요건이고 보

| 그림 1-5 | 「사회의 방재능력」과 「외부 힘」과의 관계[41]

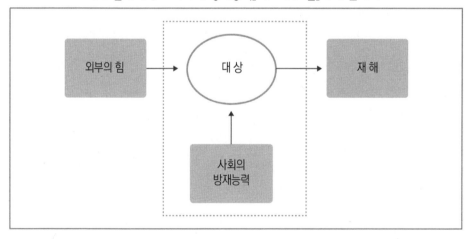

---

40) Jocano, F, L(1998), Filipino Social Organization: *Traditional Kinship and Family Organization*, Punlad Research House.

41) 河田惠昭(2003), 『防災と開発』, 国際協力事業団 国際協力総合研修所, p. 10.

험금을 지불해야 하는 계기가 되는 것을 해저드라고 부른다.[42]

　　사람이나 물건이 손상되거나 피해의 가능성이 있을 경우나 그 피해규모가 작을 경우에, 우리는 「위험(risk)」하다라고 부르고, 사람이나 물건은 위험의 대상 (element at risk)이 된다. 위험대상에 피해가 발생할 경우에는 재해(disaster)라고 한다. 피해는 위험의 대상, 즉 사람이나 물건이 없으면 발생하지 않는다. 즉, 남극이나 북극에 빙하나 바위가 무너져 내려도 사람이 없으면 재해는 일어나지 않는다.

3) 재난발생의 소인(素因)과 유인(誘因)[43]

　　앞에서 이미 언급했지만, 사회구조가 지니고 있는 「외부 힘」에 대한 취약성을 「재난발생 소인」이라고 한다. 이 「재난발생 소인」이 다시 「외부의 힘」을 끌어들여 재난발생을 유인하게 되면 재난이 발생하는 계기가 된다. 예를 들면, 강변에 큰 홍수가 나면 하천의 수위는 급속도로 올라가 강변지역은 홍수를 입게 된다. 이 경우 「홍수가 발생하기 쉬운 강변에서 제방이나 배수 등의 홍수대책도 없이 사람들이 살고 있는 상황」을 홍수재난의 「소인」이라고 말하고, 강우는 홍수재해의 「방아쇠」 역할을 하는 「재난발생 유인」이 된다.

　　재난을 위와 같이 정의하면 방재에는 2가지 접근방법이 있다. 즉, 「사회의 방재력」(재난소인)의 향상과 「외부 힘」(재난 유인)의 깊은 이해라고 하는 두 가지 접근방법이 있다. 하나는 피해의 억제력을 높이는 것이고, 다른 하나는 가능한 한 피해를 최소화해서 될 수 있는 대로 조기에 회복시키는 일이다. 전자는 「피해억제」이고 후자는 「피해경감」이다. 이 두 가지 모두가 방재에는 중요한 요소다.

　　「외부의 힘」에 대한 대응은 「외부의 힘」의 위치, 시기, 규모 등을 정확히 알고, 예지·예측하는 것이다. 따라서 방재라고 하는 것은 「외부의 힘」을 잘 파악해서 사회의 방재력을 향상시키는 것 밖에는 없다.

---

42) Ostrom, E(1990), Governing the Commons: *The Evolution of Institutions for Collective Action*, Cambridge University Press.

43) 河田惠昭(2003),『防災と開発』, 国際協力事業団国際協力総合研修所, p. 11.

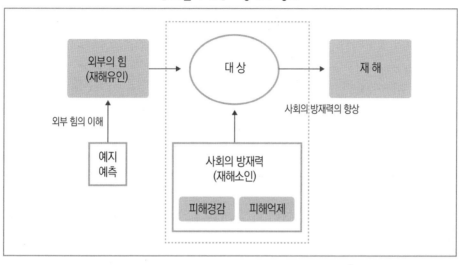

┃ 그림 1-6 ┃ 방재의 정의

5. 피해억제력과 피해 경감력[44]

1) 사회의 방재력 향상

사회의 방재력은 ① 피해억제력(mitigation)과 ② 피해경감력(preparedness) 두 가지의 요소로 구성되어 있다. ① 피해억제력은 피해를 입지 않게 외부의 힘을 제어하는 능력으로 재난에 대해 저항력을 키우는 것이다. ② 피해경감력은 재난이 발생해도 그 피해를 최소한으로 억제하고 재난으로부터 회복력을 키우는 재난대응 능력(resilience)을 가리킨다. 재난발생 시 외부로부터 작용하는 힘을 감소시킨다든지 외부의 힘에 대항할 수 있도록 구조물의 강도를 높여서 붕괴되지 않게 하는 피해억제력이다. 피해경감력은 재난발생 시 피해발생은 불가피한 것으로 감수하지만, 될 수 있는 한 피해를 경감해 회복할 수 없는 사태가 발생하지 않도록 하는 것이다. 건축물을 예로 들면, 지진의 강도(진도), 즉 외부 힘에 대항해 건물을 튼튼하게 짓는 것이 피해억제이고, 지진으로 건물이 무너지더라도 무너지는 방식을 통제하여 그 과정에서 부수적인 피해를 줄이고자 하는 것이 피해

44) 河田惠昭(2003), 『防災と開発』, 国際協力事業団 国際協力総合研修所, p. 12.

경감이다.[45)]

특히 재난이 발생하면 평소에 습관적으로 하던 행동만 할 수 있다는 점을 기억하는 것이 중요하다. 어떠한 능력이 있어도 사전에 훈련을 통해서 습관화 하지 않으면 긴급 시에는 실행할 수 없다. 2014년 세월호 참사에서도 보았듯이 평소 훈련하지 않은 선원들은 아무리 위기를 맞더라도 습관적으로 행동할 수 없다는 사실을 증명해 주고 있다.

2) 피해억제와 피해경감의 균형

교토대학(京都大學)의 위기관리학자 가와다 요시아키(河田惠昭) 교수는 "재해에 대한 외부 힘의 크기와 발생빈도"[46)]를 다음과 같이 설명하고 있다.

우선, 피해억제력과 피해경감력의 관계에 대해서 지진의 예로 생각해보면 경미한 무감지진은 매일 발생하고 있다. 그러나 매그니튜드 6 정도는 연 1회 정

┃그림 1-7┃ 피해억제와 피해경감의 관계도

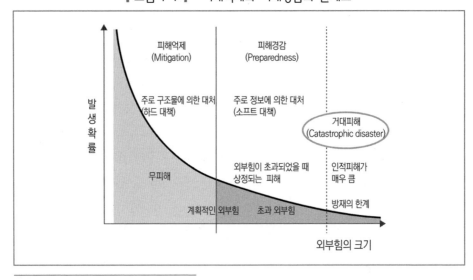

45) Siy, R, Y, Jr.(1982), Community Resource Management: *Lessons from the Zanjera*, University of the Philippine Press.

46) 河田惠昭,「危機管理論 −安心/安全な社会を目指して−」,『防災学講座 第4巻 防災計画論』, 京都大学防災研究所編, 2014年, pp. 42~44.

도, 매그니튜드 7 정도는 10년에 1회 정도, 매그니튜드 8 정도는 100년에 한 번
정도 발생한다고 한다. 가와다 교수는 〈그림 1-7〉의 관계도에서 '외부의 힘이 커
지면 발생확률은 오른쪽 커브와 같이 내려가게 된다.' 또한 '빈번하게 일어나는
작은 외부의 힘에 의해서 그때마다 피해가 발생한다면 사회가 지탱할 수 없게 된
다'는 것이다. 이런 경우에 힘을 발휘하는 것이 피해억제력이다. 재난피해를 지킬
수 없는 부분은 피해확산을 방지하고 피해경감력으로 대응해야 한다.

앞서 그림은 가와다 교수가 이에 대한 개념을 나타낸 것이다.[47]

47) 河田惠昭, 『防災と開発』, 国際協力事業団 国際協力総合研修所, 2003年, p. 13.

3 · 11 동일본 대진재와 재난정보

제2장 >>>
3·11 동일본 대진재와 재난정보[1]

제1절 3·11 동일본 대진재

1. 재난의 발생

지진이나 태풍, 토네이도 등 자연재해에서부터 전쟁이나 테러에 이르기까지 우리 사회에는 재난발생 요소가 수없이 많다. 특히 이런 자연재해가 인재와 겹칠 때는 엄청난 피해를 입게 된다. 대표적인 예가 2011년 3월 11일 후쿠시마(福島)에서 일어난 동일본 대진재다. 3월 11일 오후 2시 46분 18초경 일본 동북지역을 중심으로 매그니튜드(Mw) 9.0 규모의 도호쿠 칸토 대진재(東北関東大震災, NHK 명명)[2]

---

1) 이연(2012), 「2011년 도호쿠 칸토 대진재(東北関東大震災)와 NHK의 재난방송」『국제학논총』 (제16집), 계명대학교 국제학연구소, pp. 169~205 재인용.

2) 재난의 명명(命名)은 발생국가에서 부르는 고유 이름에 따르는 것이 옳다. 일본의 기상청은 3月 11日 지진발생 당시는 도호쿠지호 다이헤이요오키지신(東北地方太平洋沖地震)으로 명명했다. 영어는 'The 2011 off the Pacific coast of Tohoku Earthquake'로 표기했다. 그 후 일본정부는 각 기관마다 부르는 명칭에 의한 혼란을 방지하기 위해 2011년 4월 1일 내각회의에서 히가시니혼다이신사이(東日本大震災)로 통일하게 된다. 하지만, 그 이후도 NHK를 포

가 발생했다. 2016년 3월말 현재 사망 및 행방불명자 수는 무려 18,460여 명에 이르고, 재산피해도 약 20조엔(약 300조 원)이나 된다. 1995년에 일어났던 한신대지진에 비해 거의 두 배에 가까운 피해액수다. 뿐만 아니라, 핵 원자로의 잔해 시설을 완전 분리하여 해체하는 데도 약 30여 년이 걸린다고 한다. 이는 일본의 지진 관측사상 최대 규모의 대지진 발생이다. 지진발생 후 일어난 쓰나미가 예상 매뉴얼을 훨씬 뛰어넘어 최대 40.1m이나 되는 높이로 밀어닥쳐, 마침내 후쿠시마(福島) 원전 4개가 폭발하였다. 이 원전폭발로 인해 방사선이 대량으로 유출되어 일본 역사상 최악의 국가적인 재난으로 기록되었다. 이 재난은 1986년에 일어난 러시아의 체르노빌 원전사고와 같이 일본의 동북지역을 부분적으로는 거의 초토화시켰다. 그럼에도 불구하고 침착함을 잃지 않고 차분하게 재난에 대응하는 일본인들의 시민의식에 대해 세계 언론들은 찬사를 아끼지 않았다.

영국의 신문 『Financial Times』는 2011년 3월 14일자 칼럼에서 "인류가 더 강해지고 있다는 것을 일본이 보여줬다. 일본의 시민의식은 인류의 정신이 진화한다는 사실을 보여줬다." 등으로 재난에 대응한 일본인들의 철저한 질서의식과 시민정신, 그리고 침착한 국민성을 격찬한 바 있다. 『Wall Street Journal』도 "일본만큼 대비가 잘 된 곳은 어떤 나라도 없을 것"이라고 논평했으며, 『New York Times』도 "극단적일 정도로 침착한 일본인"이라고 표현하는 등 많은 외신들은 재난활동에 직면한 일본국민들의 대응과 행동을 높게 평가했다.

이러한 일본인들의 재난 대응에 관해 국내 관련 전문가들은 다양한 견해를 제시하고 있다. 첫째, 유치원 때부터 재난발생 시의 질서유지 등과 같은 철저한 재난교육을 받았기 때문에 침착하게 대응한다는 주장이다. 또 다른 하나는 일본인들은 태생적으로 재난과 더불어 살아왔기 때문에 재난에 의한 인명 피해나 재산손실은 불가피하게 운명적으로 받아들인다는 주장이다. 그러나 이번 대진재의 경

함한 방송계는 히가시니혼다이신사이(東日本大震災)로, 아사히신문(朝日新聞) 등 활자미디어들은 대체로 도호쿠칸토다이신사이(東北関東大震災)로 보도하게 된다. 특히 우리 언론에서 쓰는 동일본대지진은 동 일본에서 일어난 지진 그 자체를 말한다. 따라서 동일본대진재(도호쿠칸토 대진재)라고 해야 지진이 일어나서 발생한 재해 전체를 의미하게 된다. 따라서 본고는 일본의 NHK나 활자미디어, 그리고 한국 언론의 명명 등을 모두 만족해 줄 수 있는 병기하는 복합명칭으로 동일본대진재(東日本大震災)로 표기하고자 한다.

우는 이와 같은 전통적인 논리만으로는 설명이 부족하다. 2015년 1월 27일 테러 집단 IS(이슬람국가)에 두 명의 일본인이 참수당해 일본인들은 충격에 빠지기도 했다. 그러나 첫 번째 피해자 유카와 하루나의 아버지는 아들 참수 소식을 듣고 "폐를 끼쳐 죄송하다."고 국민들께 사과했다. 두 번째 피해자 고토 겐지의 어머니 역시 카메라 앞에서 "죄송합니다."로 말문을 열었다. 이와 같이 참혹한 상황에서도 일본인들은 좀처럼 자기감정을 드러내지 않는다. 일본 연구자들은 어릴 때부터 남에게 '메이와쿠(迷惑: 민폐) 끼치는 것'을 수치로 여기는 교육효과 때문이라는 설명도 있다.

그러나 이번 동일본 대진재는 종래의 그 어떤 재난보다도 강력하여 일본인들의 상상을 초월한 대형재난으로, 기존의 방재 매뉴얼로는 도저히 대응하기 어려운 원전재난과 겹쳐있었다. 이번 재난에서 일본인들의 마음을 진정시키는 데는 무엇보다도 강력한 소구력(訴求力)을 지닌 NHK(Nippon Housou Kyoukai: 日本放送協會)의 재난방송 역할이 가장 컸다고 하겠다.[3] 이번 재난사태에 직면했었던 NHK의 재난방송은 평소부터 신속하게 대응하는 재난 방송 시스템이 잘 작동한 경우로서, 당시 '일본정부의 리더십 부재' 속에서도 NHK의 준비된 재난 방송 시스템은 더욱 빛났다고 하겠다.

야당이었던 일본의 민주당 정부는 당시 하토야마 유키오(鳩山由紀夫) 전 총리와 칸 나오토(管直人) 총리, 오자와 이치로(小沢一郎) 전 대표, 이 세 사람이 합심하여 천신만고 끝에 2010년 9월 17일 자민당으로부터의 정권을 빼앗아 오게 되었다. 그러나 정권획득 이후 오키나와 미군기지 이전 문제로 미국과 마찰을 빚게 되자 하토야마 유키오는 총리직을 사임하게 된다. 그러자 칸 나오토는 당시 민주당 사무총장(幹事長)이었던 오카다 카츠야(岡田克也)와 결탁하여 당내 최대 파벌인 오자와 이치로를 대표에서 밀어내고 총리에 오르게 된다. 이에 오자와 파가 거센 반발과 탈당 등으로 저항하자 국회 예결위 정족수마저 채우기 어려워 칸 정권은 풍전등화에 처하게 되었다. 국가 재난발생 시에는 무엇보다도 국정 최고 책임자의 리더십이 가장 중요한데도 불구하고, 동일본 대진재 당시 일본 총리의 리더십

---

3) 이연(2011), 「NHK 재난방송의 시사점과 KBS재난방송 체계 강화 방안 모색」, 『긴급점검 대한민국 국가재난방송』 한국재난정보미디어포럼 기조연설, 국회의원회관, p. 1.

은 거의 실종된 상태였다.[4] 뿐만 아니라, 가해자격인 도쿄전력 사장마저도 일시
적으로 잠적하는 등, 원전사고에 대한 리더십 차원의 대응은 최악의 상황이었다
고 하겠다. 이케다 모토히사(池田元久) 경제 산업성 부대신조차도 3월 27일 국회
예산위원회에서 원전사고 대응책에 대한 질문에 "최악의 사태는 신만이 알 수 있
다"고 답변해 큰 파문을 일으키기도 했다.[5]

　그러나 NHK는 이러한 불확실한 정치 상황에도 불구하고 기존에 정해 둔 재
난방송 매뉴얼에 따라 단계적으로 차분하게 재난방송을 실시하였다. 우리가 보기
에는 지나칠 만큼 신중하게 보도했기 때문에 때로는 짜증나고 답답하기까지 할
정도였다. 그러나 대피정보나 경보방송은 신속하게 전달하고, 피해보도는 정확하
게 보도해야 한다는 재난방송 매뉴얼에 따라 충실하게 보도한 결과 NHK의 재난
방송은 사람들이 재난에 차분히 대응할 수 있도록 기여했다고 하겠다.

　이제 재난의 종류도 다양해지고 양상도 복합적이며 규모도 대형화 되어가고
있다. 뿐만 아니라, 여기에 사회적 재난도 다발하고 있는 실정이다. 재난발생 시
국민의 생명과 재산을 지키는 것이 정부의 가장 중요한 역할이라고 한다면, 우리
정부도 이제는 선진적이고 선제적인 재난대응을 위해서는 우선 법이나 제도 개
선이 시급한 실정이다. 우리도 찰스 페로우(Charles Perrow)의 주장과 같이 언제 어
디서나 일어날 수 있는 재난에 대비하기 위해서 이중 삼중으로 안전장치를 함과
동시에 철저한 대응정책을 펼쳐야 할 것이다.

　2011년 동일본 대진재나 2014년 8월 20일 히로시마(広島) 산사태, 그리고 세
월호 참사 등에서도 보았듯이 재난발생 시에는 재난방송의 역할이 무엇보다도
가장 중요하다는 것을 우리는 이미 체감한바 있다. 따라서 본 장에는 지난 동일
본 대진재에서 활약했던 NHK의 재난방송시스템과 그 시사점 등을 중심으로 정
리해 보기로 한다.

---

4) 이연(2011), 「NHK 재난방송의 시사점과 KBS재난방송 체계 강화 방안 모색」, 전게서, p. 1.
5) 「最悪の事態, 神のみぞ知る」『産経ニュース』, 2011年3月28日字, 経財産業省副大臣が参院予
　　算委で発言.

2. 3·11 동일본 대진재와 일본의 재난방송

동일본 대진재 발발 이후 NHK를 포함해서 일본의 TV방송사들이 언제 어떻게 재난방송을 했는가에 대해서 2단계로 나누어서 알아보고자 한다. 먼저 2011년 3월 11일 오후 2시 46분부터 10분 간의 초동대응 단계를 1단계로, 그리고 그 후 3월 25일까지 두 주 간을 2단계로 나누어서 일본의 TV방송사들은 언제 어떻게 무엇을 방송했는가를 분석해 보고자 한다.[6]

분석대상은 도쿄의 키 스테이션(Key Station) 6개 채널, 즉 NHK종합TV와 민간 방송 5개 채널(니혼TV, TV아사히, TBS, TV도쿄, 후지TV)을 그 대상으로 삼았다.[7]

1) 제1단계: TV의 역할이 가장 중요한 초동대응 10분

동일본 대진재는 여러 가지 점에서 미증유의 재난이었지만, 16년 전의 한신 아와지 대진재 때와는 달리 미디어환경이 디지털로 새롭게 확 바뀐 상황에서 일어났기 때문에 향후에는 더 많은 검증이 일어날 것으로 본다. 그러나 미디어 환경이 변하였다고 하더라도 지진·쓰나미에 의한 재난발생 시점 초기의 재난 방송, 즉 텔레비전의 중요성이 줄어들지는 않는다. 따라서 재난방송에서 가장 중요한 초동대응 10분, 즉 재난구조의 골든타임 동안 일본의 TV는 어떻게 대응하고 무엇을 어떻게 전달했는지 〈표 2-1〉, 〈그림 2-1〉을 통해서 살펴보기로 한다.[8]

2011년 3월 11일 오후 2시 46분 본진이 크게 흔들리기 직전에 국회중계를 하고 있던 NHK종합TV는 중계화면에 알람과 동시에 〈미야기 현 앞바다 강한 지진〉이라는 긴급 지진 속보를 자막으로 방송했다. 자막의 배경 화면으로는 여전히 여야의 국회 논쟁이 생중계로 나오고 있었기 때문에 대지진의 긴장감은 그다지 크지 않

---

6) NHK放送文化研究所メディア研究部番組研究グループ(2011),「東日本大震災発生時·テレビは何を伝えたか」『放送研究と調査』(5月号), NHK放送文化研究所, p. 6.

7) NHK放送文化研究所メディア研究部番組研究グループ(2011),「東日本大震災発生時·テレビは何を伝えたか」『放送研究と調査』(5月号), NHK放送文化研究所, p. 6.

8) NHK放送文化研究所メディア研究部番組研究グループ(2011),「東日本大震災発生時·テレビは何を伝えたか」『放送研究と調査』(5月号), NHK放送文化研究所, pp. 6~7.

았다. 그러나 곧바로 회의장이 크게 흔들리면서 테롭⁹⁾ 지진 속보가 뜨고 지진이
발생한 후 2분이 지난 시점에서 국회 중계를 중단하고 뉴스 스튜디오로 화면이
바뀌면서 본격적인 지진·쓰나미 재난 보도 체제로 옮겨가게 된다. 각지의 진동
상황이 기상 카메라 영상으로 전달된 이후에는 지진경보가 발령되어 '중계 화면'
에는 **게센누마 항(気仙沼漁港)**¹⁰⁾의 영상이 잡히면서 NHK 카메라는 쓰나미를 중계하
는 속보체제로 전환하였다. 아나운서는 쓰나미에서 피난할 것을 계속 반복해서
경고하였다. 이와 같이 NHK의 재난방송 초동대응은 수순에 따라서 신속하게 대
응했다고 하겠다.

뿐만 아니라, 오사카스튜디오를 중계하던 니혼TV(日本TV)의 대응도 빨랐다.
당시 생방송 정보프로그램을 진행하던 니혼TV의 미야네 세이시(宮根 誠司) 아나
운서는 이시하라(石原慎太郎) 도쿄 도지사의 기자 회견 중계 장면에서 지진발생
상황을 바로 전달하였다. 단, 긴 CM시간 중이었기 때문에 다시 CM방송으로 바뀌
긴 했지만, 곧 도쿄 스튜디오로 옮겨 재난방송체제를 갖추게 된다.

지진이 일어났을 때 드라마를 방송하고 있던 TV아사히, TBS는 프로그램 도
중에 **수퍼 임포즈(superimpose)**¹¹⁾로 **지진 일보(-報)**를 내보내고, 진동이 진정될 때
방송을 스튜디오로 옮겨 속보체제에 들어갔다. 한편, 마찬가지로 드라마 방송 중
이었던 후지TV는 화면이 조금 혼란스러운 면도 있었지만, 진동이 계속되고 있는
가운데 드라마를 중단하고 보도센터로부터 속보를 내보냈다. TV도쿄는 당초 프
로그램 중에는 **수퍼 임포즈**로 대응했으나 지진이 일어나고 8분 정도 지난 후에는
스튜디오에서 재난방송을 개시하였다.

이와 같이 지진발생으로부터 10분이 채 경과하지 않은 8분 시점에서 일본
도쿄의 전 지상파 방송이 지진속보체제로 전환하고 쓰나미에 대한 긴급 대피 방
송을 반복해서 실시했다.

---

9) telop(테롭: television opaque projector): TV용 자막·사진 송출 장치, 또, 그 자막·사진, TV
화면에 TV카메라를 통하지 않고 문자, 도형, 사진 등을 복사.

10) 게센누마 항(気仙沼港)은 당시 피해가 가장 극심했던 곳 중의 한 곳이다.

11) TV화면 내의 특정한 위치에 지도나 특정의 상(像), 이미지, 문자 등을 정확히 중첩시키거나
또는 삽입해 영상효과를 다중화 하는 것을 의미한다. 텔레비전 방송에서는 테롭(television
opaque projector: telop) 삽입이 이에 해당된다. 줄여서 SIP, 간단히 슈퍼라고도 한다.

┌ 표 2-1 재난발생 직후 10분 동안 분 단위별 재난 방송 흐름

	NHK종합TV	일본TV(日本)	TV아사히(朝日)
14:45	국회중계	↓ 생방송정보 미야네 세이시(宮根誠司)가 사회: 오사카 스튜디오)	↓ 드라마 "오미야산"
14:46	알람 소리와 함께 긴급지진속보, "미야기현(宮城県) 앞바다 강한 지진" 음성으로 지진발생 보도	↓ CM	↓
14:47	테롭영상으로 지진속보, 음성으로 강한 진동에 경계를 호소	↓ CM	↓
14:48	뉴스 스튜디오로 전환	↓ 도쿄도 지사 기자회견 중계 도중에서 지진속보	↓
14:49	중계화면~각지의 흔들림(센다이, 미야기, 도쿄의 시부야 등), 지진의 진도를 읽어 줌	↓ CM	↓ 테롭으로─報=지진발생 (진도, 이시간 이후의 정보에 주의)
14:50	화면에 지도 표시, 쓰나미경보 = 각지의 도달시간 및 예상파고	CM중 지진속보(수퍼 임포즈), 도쿄 스튜디오가 중심이 되었다.	↓
14:51	쓰나미경보가 내린 지역을 방송으로 알려 경계를 호소	수퍼로 쓰나미정보, 피난경고 방송 시작	프로그램에 선전을 중단, 지도화면 = 각지의 진도, 쓰나미경보 등
14:52	↓ 중계 화면: 미야기현 게센누마 항의 영상	화면–지도와 각지의 진도	대상지역의 사람들에게 피난방송을 계속 반복
14:53	↓ 경보대상지역 사람들에게 피난 경고 등을 반복	중계화면 = 도쿄의 신바시 등	
14:54	↓	중계화면 = 센다이, 하네다, 쓰나미정보를 반복해서 방송함	쓰나미의 도달예상을 테롭으로 주의 환기
14:55	↓	중계화면 = 온나가와 원자력발전소(女川 = 본사)	중계화면 = 미야코시 해안

	TBS	TV도쿄(東京)	후지TV
14:45	↓ 3학년 B반 긴파치 선생	스페셜 – 걸작선	↓ 한국드라마 "달자의 봄"
14:46	↓	↓	↓
14:47	↓	↓	↓
14:48	↓ 테롭 일보(一報) = 지진발생 진도, 쓰나미 주의 당부		↓
14:49	↓	↓ CM중에 테롭으로 일보(一報)	↓ 드라마
14:50	↓	↓	보도센터로 전환(아나)
14:51	스튜디오에서 보도개시 (아나운서)	↓ 쓰나미경보 발령지역 수퍼 임포즈로 방송	각지의 진도 등 방송
14:52	화면에 지도: 쓰나미 경보	↓ 지도 – 쓰나미 경보 수퍼 임 포즈	중계화면 = 도쿄·마루노우치 스튜디오의 진동 등을 방송
14:53	대상지역 사람들에게 피난 경 고 등을 반복 방송	↓ 쓰나미 도달 예상 수퍼 임 포즈	중계화면 = 신주쿠 역 등 쓰나미 경보 지도 표시
14:54	↓ 대상지역 사람들에게 피난 경고 등을 반복 방송	스튜디오에서 보도개시	화면에 지도 = 각지의 진도
14:55	↓ 아나운서-교대-방송 계속	쓰나미 경보, 피난방송 등을 반복	레인보우 다리 = 발생당시의 상태

| 그림 2-1 | **재난발생 직후 10분 동안 분 단위별 재난방송**

	NHK 종합	니혼 TV	TBS	후지TV	TV아사히	TV도쿄
14:45	국회중계	오사카생방송	3-3 긴파치 선생	달자의 봄	오미야산	스페셜-걸작선
14:46	**긴급 지진속보**	CM	CM	CM	CM	CM
14:47	**테롭 지진속보**					
14:48	뉴스 스튜디오	테롭 지진속보 CM	테롭 지진속보 CM			
14:49	각지 중계화면	CM	CM		테롭 지진속보 CM 중	테롭 지진속보 CM 중
14:50	수퍼 임포즈	도쿄 ST 수퍼 임포즈		보도특보 보도센터	CM	CM
14:51	쓰나미 경보	쓰나미 피난 경보	쓰나미 경보지 수퍼 임포즈	각지의 진도 방송	CM 중단 수퍼 임포즈	쓰나미 경보 수퍼 임포즈
14:52	현지화면	각지화면	쓰-예상	중계화면	피난방송	수퍼 임포즈
14:53	경보대상지 경고	중계화면도-신바시	대상지-피난 경고	중계=신주쿠, 경보방송	피난방송	쓰-도달 예상
14:54	경고반복	센다이중계		수퍼 임포즈	쓰-도 예상	도쿄ST개시
14:55	경고반복	온나가와원전		레인보다리	미야코시	피난방송

2) 제2단계: 지진발생 직후 2시간 동안의 "진행 중인 재난" 대응[12]

| 표 2-2 재난발생 직후 약 2시간 동안 TV의 재난방송

	NHK종합TV	일본TV(日本)	TV아사히(朝日)
15:40	국회중계 지진발생과 동시에 긴급 지진속보표시, 뉴스 스튜디오로 전환, 지진 쓰나미 정보, 〈중계〉센다이시내, 이시마키, 도쿄 시부야의 진동 상황	생방송정보 미야네 세이시 사회: 오사카 스튜디오 ↓ 도쿄 도지사 기자회견 중계 도중 ↓ 흔들리는 상황 간단히 리포트	드라마 "오미야산" ↓ 드라마 도중 테롭 일보=지진 발생(각지의 지진)
14:50	〈지도〉: 쓰나미·대지진경보, 경보의고지, 피난권고 〈중계〉 미야기·게센누마, 미야	테롭으로 지진속보 일본TV 보도 스튜디오로 전환, 지진발생 직후 방송국내의 모	프로그램선전 중 수퍼로 방송 도쿄 스튜디오로부터 보도 개시, 지도로 쓰나미·대지진경보, 쓰

---

12) NHK放送文化研究所メディア研究部番組研究グループ(2011), 「東日本大震災発生時・テレビは何を伝えたか」『放送研究と調査』(5月号), NHK放送文化研究所, pp. 6~7.

	자기현청·총무과와의 전화중계, 현 시점에서 피해보고 없음	습, 테롭으로 코멘트, 대지진속보, 진도 지도, 센다이로부터 현지의 지진정보, 지진발생 직후의 女川(온나가와 쵸)	나미의 도달 예상과 피난권고 〈중계〉宮古(미야코시) 도내의 검은연기 영상
15:00	V. 지진발생시의 NHK센다이국의 엉상. 〈중계〉이와데. 이시마키 〈중계〉도내·다이바 화재 L자 테롭 개시	다이바(포대)주변의 연기 〈중계〉미야코시·쓰나미기 있다는 속보, 〈헬기 중계〉다이바 주변·검은 연기정보	〈仙台〉대지진경보와 피난권고. V. 지진발생 시의 국내·시내 중계 온나가와 원전(자동중지)
15:10	〈仙台〉센다이시, 게센누마 상황소개,〈도쿄St〉대쓰나미경보 추가, 〈중계〉가마이시(안벽을 넘는 파도, 떠내려가는 트럭), 〈중계〉오-후나도시(파도에 많은 차량들이 떠내려가는 영상)	쓰나미 관측 정보, 센다이 현내 지진 쓰나미정보(중계·온나가와원전 자동정지 정보), V. 후쿠시마 제2원전 지진발생시의 영상. 〈중계〉미야코시쓰나미영상 일보	〈중계〉경시청·다이바 도내의 상황. 화재정보, 모리오카로부터 지진도달보고, 〈헬기 중계〉도쿄에서 화재
15:20	〈중계〉오나하마(안벽을 넘어 항 내에 휩쓸리는 파고), 〈중계〉게센누마(파고에 휩쓸리는 항에서 치솟는 흰 파고)	〈중계〉미야코에서 쓰나미가 많은 트럭을 휩쓸었다. 항만시설의 높이로, 〈모리오카〉현내 피재정보, 〈헬기로 중계〉구단회관 사고현장	〈모리오카〉중계, 미야코항의 대쓰나미가 자동차를 삼켜버렸다. 〈중계〉모리오카 시내 여진 지속 도쿄 스튜디오 수퍼 J 채널
15:30	〈중계〉쵸우시시(파고에 휩쓸려 안벽에 격돌하는 배), 〈지도〉쓰나미 경보의 추가정보, 〈헬기중계〉도내 구단회관의 천정붕괴 정보	〈중계〉신바시역 앞 피난하고 있는 사람들, 〈중계〉시부야역 앞 피난하고 있는 사람들, 〈중계〉모리오카시내의 현상황	〈仙台〉V. 지진발생 시 L자 테롭 개시 〈盛岡〉미야코항 쓰나미 도래
15:40	〈헬기중계〉〈신주쿠〉역 주변사람들의 모습,〈헬기중계〉센다이 시내 화재가 일어나고 있는 맨션영상,〈중계〉이시노마키시(해수에 침수되는 마을, 휩쓸려 가는 어선),〈도쿄St〉다시 지진의 상황을 설명	〈헬기중계〉사이타마상공 주택에서 흰연기 솟는다. L자 테롭 개시, 〈仙台〉여진 등 현내의 정보, 〈중계〉경시청(기자보고), 지진 실감과 피해상황 종합	〈헬기중계〉 구단회관 부상자 발생 V. 미야코항 쓰나미 도래, 쓰나미 예측과 관측치를 계속 보도 〈헬기중계〉신바시, 도내의 피해상황
15:50	V. 이바라기 공항 천정 팬널붕괴 영상. 재난담당기자가 지진정보정리. 〈중계〉하치노베시(八戸) 안벽	〈중계〉시치가 하마마치(七ケ浜町)의 파고 높은 해수의 모습. 〈헬기중계〉디즈니랜드의 주차장에 물	〈도쿄스튜디오〉재난전문 데스크가 참가 〈중계〉하치노베시 항 쓰나미가 육지에 침입

	을 넘어 항내에 해수가 밀려드는 영상. 〈헬기중계〉센다이시 나토리가와(名取川) 하구를 역류하는 쓰나미가 전답과 가옥을 덮치는 장면		〈仙台〉각지의 피해상황 온나가와(女川) 쓰나미 도래, 대 쓰나미의 예측과 피난권고
16:00	〈헬기중계〉센다이 나토리가와(주택지를 휩쓰는 해류, 치솟는 화염), 〈중계〉기상청 기자회견 〈게스트〉도쿄대지진연구소 쓰지 요시노부(都司嘉宣) 준교수, 영상으로 추측한 쓰나미의 위험성, 피난해야 하는 장소의 설명 등	〈중계〉하네다공항 이륙 보류, 착륙은 가능 〈중계〉기상청 회견 〈헬기 중계〉치바 석유공장 화염영상	〈중계〉기상청 회견 〈중계〉하치노베시항의 쓰나미
16:10	〈중계〉치바(타는 製油所의 탱크) 〈헬기중계〉 센다이 해안선에 덮쳐오는 쓰나미, 〈중계〉이바라기현 오아라이마치(大洗町)의 안벽에 들어올려진 배, 〈헬기중계〉센다이공항(물과 토사에 매몰된 공항)	〈센다이〉〈중계〉센다이 시내 〈중계〉에노시마, 물이 빠지고 있다고 하는 정보	〈仙台〉V. 지진·쓰나미 발생 시의 모습, 대 쓰나미의 예측과 피난권고
16:20	〈헬기중계〉 센다이공항(터미널 옥상에 피난한 사람들) 〈중계〉치바 연기가 치솟는 탱크	〈고오리야마시(郡山)〉V. 방송국내(지진발생 시)와 피재상황, 쓰나미정보, 후쿠시마제1, 제2원전 자동정지 정보, 〈모리오카〉피재정보, 지진직후의 모리오카시내와 방송국내 정보	〈모리오카〉미야코항의 쓰나미 피해상황, 대형 쓰나미의 예측과 피난권고
16:30	〈중계〉후쿠시마 제1원전(여진으로 흔들리는 영상) 미나미 소우마시(南相馬市), 게센누마에서 피해보고 입수 〈헬기중계〉미나미소우마(해수가 들이찬 주택, 불타는 가옥)	〈盛岡市〉이와테 현청 기자 리포터, 재해대책본부설치와현내 피재정보	〈전화〉전 기상청 장관, 대 지진에의 대처요점. 〈고오리야마〉후쿠시마 제1원전, 화재가 있었으나 진정(수습)
16:40	동북 각 자치단체가 주민에 피난지시 권고를 발령, 속보 원자	〈중계〉수상관저(기자 리포트) V. 지진발생 시의 국회의 영상,	〈도쿄스튜디오〉 게스트: 동북대교수, 쓰나미의 해설 금후의

력안전·보안원의 보고를 소개. (후쿠시마 제1원전 냉각에 사용할 디젤발전기가 고장). 동전(발전)의 10조 보고에 대한 해설	수도권 피재상황정리	경계. 〈중계〉하치노베시 항 대 쓰나미에 배랑 자동차가 떠내려가고 있다.
16:50 〈중계〉수상 기자회견	〈중계〉센다이역 앞, 역 주변의 피해상황. 〈중계〉수상 기자회견	〈중계〉수상 기자회견 〈중계〉하치노베시항 쓰나미에 떠내려가는 자동차에 사람이 있는 상황
17:00		

〈仙台〉NHK 센다이 방송국 〈仙台〉미야기TV, 〈盛岡〉TV이와데 〈仙台〉동일본방송
〈고오리야마(郡山)〉후쿠시마중앙TV 〈盛岡〉이와테현 아사히TV
〈고오리야마〉후쿠시마방송

	TBS	TV도쿄(東京)	후지TV
15:40	드라마(긴파치 선생) ↓ 드라마에 테롭으로 일보= 지진 ↓ 발생(진도, 쓰나미에 주의 당부)	↓ 스페셜(걸작선) ↓ CM중에 테롭으로 일보	↓ 한국 드라마(달자의 봄)
14:50	〈도쿄스튜디오〉에서 보도개시 〈지도〉쓰나미·대 쓰나미 경보 〈도쿄스튜디오〉 아나운서 교대. N스튜디오가 기본이 된다.	↓ 프로그램 중에 이와테 현에 이미 쓰나미 도달과 수퍼임 포 방송. 〈도쿄스튜디오〉에서 방송 개시	〈도쿄스튜디오〉 각지의 진도 읽는 방송. 진동에 대한 경계 당부. 〈중계〉도내 역, 치바현의 쵸우시(銚子)항, 〈지도〉쓰나미·대 쓰나미 경보, V. 레인보 다리, 지진발생 시의 모습, 〈도쿄스튜디오〉안도 캐스터로 교대
15:00	〈仙台〉센다이 방송국에서 보고, 쓰나미 예상·피난경보, 〈중계〉도쿄 도내의 검은 연기 영상	1분 정도로 원래 방송으로 돌아감 〈도쿄스튜디오〉에서 방송 개시, 〈중계〉다이바의 검은 연기 영상. 쓰나미 관측정보, 원전정보 등 각지의 피해상황 코멘트	〈중계〉센다이 시내, 게센누마도 내 각지, 지진발생 시, 테롭으로 지진도달 예상, 〈전화〉이시마키 구청

15:10	〈지도〉 쓰나미 도달 보고, 〈헬기 중계〉 도쿄의 화재, 테롭 개시, 〈도쿄S〉 후쿠시마 원전 자동정지 코멘트	V. 발생 시 방송국내·국회 V. 총리관저(관방장관 도착)	〈헬기중계〉 도쿄의 화재, 테롭 으로 방송개시, 〈전화〉 이와테 현 이치노세키(一關市)시청, 〈전화〉 도쿄대학 사카하라(笠 原) 교수·쓰나미 피해를 경고, 〈중계〉 모리오카 시내
15:20	〈모리오카〉〈중계〉 미야코항에 서 대 쓰나미~자동차나 건물 이 쓸려나감. 〈헬기중계〉 치바의 화재 V. 온나가와의 대 쓰나미·건물 이 잠길 정도의 쓰나미	미야기현에서 10m 이상의 쓰 나미도달(코멘트), 가마이시시 (釜石市)의 쓰나미 피해(코멘트), 아키다의 화재, 구단회관의 사 고 등(코멘트)	〈중계〉 게센누마·쓰나미가 이 미 도달, 〈중계〉 쵸우시항, V. 후쿠시마 오나하마(小名浜) 항·쓰나미가 이미 도달, 〈도쿄S〉 도쿄의 피해 상황
15:30	〈도쿄S〉 도쿄 교통정보 등을 전달 〈福島〉〈중계〉 후지오카의 쓰나미	후쿠시마 제1원전 자동정지(코 멘트) 〈중계〉 총리관저(기자 리포트) 쓰나미 관측정보	〈중계〉 초우시항·제방에 부딪 힌 어선/미야기 온나가와 원전 자동정지, 〈중계〉 경시청·구단회관 부 상자, 〈중계〉 게센누마·건물이나 어 선이 휩쓸려가는 모습, 〈중계〉 오나하마·배나 자동차 가 휩쓸려가고 있다.
15:40	V. 지진발생 시의 각지의 모습 〈헬기중계〉 구단회관의 부상자 (헬기로부터 보고) V. 미야코의 대 쓰나미〈仙台〉 V. 도괴된 건물들	각자의 피해(코멘트) 주식·환율관련 정보(코멘트)	〈전화〉 이와테 현청 〈헬기중계〉 아다치구의 화재 〈중계아나운서〉 다이바의 화재 V. 센다이 시내·지진발생 시
15:50	〈중계〉 北海道 구시로항(釧路 港)·우라가와쵸(浦河町)의 쓰 나미 〈모리오카〉 V. 미야코의 대 쓰 나미 〈중계〉 초우시 앞바다에서 배 가표류 〈仙台〉〈중계〉 센다이공항 대 쓰나미	〈전화〉 교토대학 교수·지진의 원인 주의점 〈전화〉 미야기 소방서·현지 모습	〈헬기중계〉 아다치구의 화재 〈중계〉 경시청·도내의 피해 상황 〈헬기중계〉 치바의 화재 〈도쿄S〉 교통정보·고속도로와 JR
16:00	〈도쿄S〉 게스트: 지진예지연락 회 시마자키(島崎)회장~이번 지진의 설명·해설,	〈중계〉 기상청 회견 테롭으로 방송개시	〈중계〉 기상청 회견 V. 센다이공항, 공항에 물이 침수

	○이후 오후 4시부터는 게스트의 해설을 기본으로 각지의 영상을 반복해서 방송. 〈중계〉기상청회견 〈헬기중계〉 디즈니랜드 주변 액상화		
16:10	〈盛岡〉각지에 쓰나미 도달. 시내의 화재 〈중계〉 센다이 나나카가와(七北田川: 미야기현)의 탁류	〈전화〉 미야기현 구리하라시(栗原市)의 이용실·지진의 모습 V. 센다이 시내·지진발생 시 영상 〈전화〉 센다이시 소방서·쓰나미정보, 지진발생 시의 모습	〈헬기중계〉디즈니랜드 주차장 침수 〈도쿄S〉 青森·福島·茨城 원전 외관상 피해 없음 〈중계〉 신주쿠역(新宿)·전철복구 시한 불확실
16:20	〈函館〉〈중계〉 홋카이도 남부 하코다데항 〈福島〉시내에서 아나운서 리포트 V. 후지오카(富岡)의 제1波	센다이공항 쓰나미 확인 〈중계〉 경시청·총리관저 (리포트)	〈헬기중계〉 도내와 치비의 피해 〈仙台〉V. 발생 시의 모습 V. 게센누마, 센다이공항 쓰나미
16:30	각지의 영상을 중계하면서 게스트의 해설 〈도쿄S〉 정보정리	〈중계〉 총리관저(기자 리포트)	[塩釜市]시오가마 시가지·미나리 산리쿠쵸(南三陸町)의 쓰나미·나토리가와(名取川)에 쓰나미가 역류. 〈도쿄S〉 이와테 1명 사망. 白河(시로가와: 후쿠시마현)에서 토사로 8명 행방불명. 栃木県(도치기현) 중학교 체육관에서 생매장. 구단회관 부상자, 심폐정지
16:40	정전·교통정보 등	〈중계〉 총리관저(기자 리포트)	〈중계〉 하네다 공항 〈중계〉 기상청 앞(리포트) 〈도쿄S〉 미야기(宮城) 시치가하마마치(七ケ浜町)에서 1명 사망. 센다이(仙台)나 이시마키(石卷)의 피해 V. 이시하라(石原) 도지사의 회견
16:50	〈釧路〉〈중계〉 우라가와쵸의 쓰나미 〈N스튜디오〉스타트~호리오.	〈중계〉 수상회견	〈도쿄S〉 도내 피해상황 V. 후쿠시마 시내·지진발생 시 〈중계〉 수상회견

나가마네 아나운서, 〈중계〉수상회견		〈헬기중계〉茨城의 비노리쵸(美野里町) 상공
17:00		

〈仙台〉는 東北放送, 〈函館·釧路〉는 北海道放送, 〈仙台〉는 센다이방송
〈盛岡〉는 IBC岩手放送, 〈福島〉는 TV후쿠시마

┃그림 2-2 ┃ 재난발생 직후 8일간 재난방송 프로그램 편성

앞서 〈표 2-2〉, 〈그림 2-2〉에서 보는 바와 같이 쓰나미 경보가 발령된 가운데 각 방송국들은 쓰나미의 경계를 반복해서 내보내는 한편, 각지의 상황이나 여진의 속보도 속속 보도해 나갔다. 그러나 곧 쓰나미 피해가 현실화됨에 따라서 텔레비전도 "진행형" 재난 대응에 직면하게 되었다. 방송 도중에 〈지진 예지 연락회〉 회장은 이번 사태는 〈극히 넓은 지역〉〈최대 규모〉라는 것을 강조했다. 지금까지 텔레비전이 경험해보지 못한 대규모의 재난 사례라는 것이 판명되었지만 〈어디에서〉〈얼마나 심각한〉 일이 일어나고 있는지 사태 개요조차도 제대로 판단하지 못한

상황에서 각 방송사가 재난속보를 계속해야 하는 상황이었다.

오후 3시 10분대에 NHK가 가마이시(釜石) 항에서 쓰나미가 안쪽 벽을 넘어 휩쓰는 모습과 트럭이 휩쓸려 가는 영상을 중계했다. 계속해서 3시 20분 전후에서 30분대에 걸쳐 〈니혼(日本)TV〉, 〈TV아사히(朝日)〉, 〈TBS〉, 〈후지TV〉 방송 각사가 미야코(宮古), 게센누마 등의 대규모 쓰나미의 영상을 방송하였다. 지진 발생 후 30분 전후에서 실제로 대 쓰나미가 밀려오는 영상과 함께 속보를 하게 된다.[13]

한편, 이와는 별도로 수도권 각지에서 발생한 화재나 빌딩 붕괴사고, 매립지 액정화 현상 등의 속보가 이어지면서 방송의 모국인 도쿄 키-스테이션(Key Station)에서도 사태의 긴박감이 전달되게 되었다.

오후 4시 이전 센다이시 나토리가와(名取川) 상공을 날던 NHK 헬리콥터가 가와구치(河口) 주변의 논밭과 가옥, 차량 등 검은 탁류가 덮치며 지나가는 충격적인 쓰나미 영상을 중계하였다. TBS는 센다이 공항을 급습하여 몰려오는 거대한 쓰나미를 중계하고, 같은 사태를 후지TV도 VTR로 전달하였다. 그리고 바로 이 시점에서 현지 일본인은 지금까지 누구도 경험하지 못했던 미증유의 재해가 일어났음을 모두 알게 되었다. 이러한 상황에서 각 방송국은 〈표 2-2〉와 같이 재난방송을 실시하게 된다.

(1) NHK종합TV

NHK는 재난 피해지역의 고정 카메라와 헬리콥터 등을 통해 수집한 실시간 영상을 중심으로 방송을 했다. 지진발생 직후부터 일관되게 쓰나미에 관한 정보제공·피난권고에 중점을 두고 재난보도를 실시하였다. NHK 지역방송국에서는 센다이 스튜디오에서 센다이시, 게센누마의 상황을 전달했다. NHK가 전달한 피해 영상 중 특히 주목할 만한 것은 공중촬영에 의한 센다이, 나토리가와의 쓰나미 중계였다. 쓰나미에 의한 토사류가 가와구치를 넘어서 논밭이나 가옥을 덮치는 영상은 피해가 해안 부근에서 그치지 않고 내륙까지 미치고 있다는 심각한 상황을 잘 전달하였다.

---

13) NHK放送文化研究所メディア研究部番組研究グループ(2011),「東日本大震災発生時・テレビは何を伝えたか」『放送研究と調査』(5月号), NHK放送文化研究所, pp. 6~7.

재난 발생 직후에 스튜디오에서 보도를 맡은 것은 아나운서 한 명의 보도체제였다. 그 후 조금 지나서 재해 담당 기자 및 도쿄대학지진연구소 쓰지 요시노부(都司嘉宣) 준교수 등이 더해져서 지진정보를 정리하고 영상으로 추측되는 쓰나미의 위험성이나 주민에 대한 경계·피난지시 등을 전달했다. 지진발생 후 거의 2시간이 경과한 시점에서 지진으로 정지된 후쿠시마(福島) 제1원전은 정전으로 인해 외부 전원이 두절되고, 비상용 디젤발전기 일부도 사용할 수 없게 되었다. 후쿠시마 원전을 운영하는 도쿄전력이 〈원자력안전·안보원〉에 이상 사태를 알리는 통보를 했다고 하는 제1보를 속보와 함께 〈원자력재해대책특별조치법〉의 주요한 부분에는 해설도 실시했다.

(2) 니혼TV(日本TV)

니혼TV는 오후 3시 이전에는 센다이 미야기TV 스튜디오와 연결해서 현지정보를 전달했고, 지진 발생 당시의 방송국 모습이나 온나가와 원전의 중계영상 등을 방송했다.

3시 20분이 지나서는 미야코의 거대 쓰나미를 중계하였다. 그 후에도 미야코의 쓰나미 도달 당시의 VTR이 많이 이용되었다. 또, 온나가와, 시치가하마마치의 영상 등도 사용되었다.

한편, 재난발생 이후 1시간 정도 지나서 관동 부근의 영상이 많이 입수되고, 치바의 가스탱크 화재사건이나 사이타마의 주택 화재, 에노시마와 신바시의 영상도 가끔 등장했다.

오후 3시대, 4시대에는 TV이와테나 후쿠시마중앙TV도 참가해 후쿠시마 현 내의 정보 등을 컴팩트로 전했다.

(3) TV아사히(TV朝日)

TV아사히는 재난보도개시 직후부터 〈쓰나미 도달예상〉이나 〈쓰나미 관측치〉를 아나운서가 반복해서 읽으면서 쓰나미에 대한 경계와 피난경고를 계속했다.

오후 3시 지나서는 히가시 니혼방송(東日本放送), 이와테 아사히TV(岩手朝日TV) 스튜디오로부터 현지 상황 보고를 시작으로 각각 복수로 현지상황을 보고 받

았다. 오후 4시대 중반부터는 후쿠시마방송국의 스튜디오로부터 직접 현지보고
를 중계 방송했다. 쓰나미에 관해서는 미야코, 온나가와, 하치노베시(八戸) 항의
상황이 영상으로 방송되고, 파도에 휩쓸리는 자동차나 건물, 파도 위로 밀려올라
가면서 전복되는 선박 등을 촬영해 쓰나미의 규모나 크기, 긴박했던 당시 상황들
을 직접 볼 수 있게 하였다. 하치노베시(八戸)에 관해서는 도쿄 스튜디오로부터
아나운서와 재해담당 데스크가 상황을 전하고, 거기에다 쓰나미 전문가에 의한
코멘트도 방송하였다. 전 기상청장관에게 전화로 취재를 시도하여 이번 대규모지
진· 쓰나미의 대처 요령 등을 묻기도 했다.

(4) TBS

TBS는 저녁 뉴스 프로그램〈NST〉의 스튜디오를 베이스로 삼고 아나운서 2명,
기자 2명의 보도체제로 지진과 쓰나미 정보를 전달하였다.

오후 3시대에는 토홋쿠방송(東北放送), IBC이와테방송(岩手放送), TV후쿠시마
방송 등으로부터 영상이나 현지보고에 의해서 사태의 진전을 전달했다. 3시 20분
을 지나서는 미야코 항에서 거대 쓰나미가 자동차나 건물을 휩쓸고 있는 장면을
중계하였다. 동시에 도쿄 도내 인근 현의 피해 상황도 헬리콥터를 통해 현장 중
계영상을 전하는 한편, 각지의 화재나 부상자 정보 등도 속속 보도하기 시작했다.

오후 4시 이후에는 스튜디오에〈지진예지 연락회〉의 시마자키 회장이 가세해
지진에 관한 객관적·과학적인 설명을 덧붙이게 된다.

주로 전달된 피재 지역 및 피해 사례는 상기 지역 외에도 온나가와, 도미오
카, 센다이공항의 대 쓰나미, 치바 가스 탱크화재, 우라야스의 액정화 현상 등이
었다.

(5) TV도쿄(TV東京)

TV도쿄는 오후 3시 2분부터 통상 프로그램을 중단하고 지진 보도를 본격적
으로 개시하였다. 보도 플로어도 설치해 각지의 피해정보를 담당 아나운서가 반
복해서 보도함과 동시에 총리관저로부터 총리발언이나 정부 정책에 관한 보고를
기자가 수시로 방송했다.

현지 피해상황에 대해서는 전화인터뷰로 전달했다. 그 외 주식이나 외환정보, 경시청으로부터의 중계도 진행했다. 내보내는 영상은 도내 고정 카메라, 총리 관저로부터 중계, 지진발생 시의 도내나 센다이시내의 VTR이 중심이 되었다.

지방국의 참가는 없었고, 센다이 시내의 지진직후의 모습이나 쓰나미 피해의 경우는 주로 전화취재로 전달했다. 거대 쓰나미에 관해서는 코멘트로 센다이 공항이 침수됐다는 것을 전했다.

(6) 후지TV

후지TV의 스튜디오는 오후 3시경부터는 안도 유코(安藤優子) 캐스터로 바뀐다. 오후 3시 30분이 지나서는 게센누마, 오나하마(小名浜)에서 거대 쓰나미 피해가 속출하고 있는 장면을 전했다. 어선이나 자동차, 주택이 휩쓸려 거대한 바위같이 떠내려가는 장면을 전달했다. 현지 상황을 전화 인터뷰를 이용해 여러 번 전달했다. 또, 후지TV는 센다이방송이 오후 4시 반 전후로 쓰나미가 밀어닥쳐 센다이 공항이나 나토리가와 연안의 피해지역을 휩쓰는 장면에 대해서 보도했다.

또, 전화 인터뷰를 이용해 도쿄대학 지진연구소의 가사하라 교수의 해설도 전달했다. 동북지방의 쓰나미뿐만 아니라, 도내의 피해상황에 관해서도 헬기중계나 경시청 기자클럽 중계 등으로 실시간 상세하게 보도했다.

이상 다수의 방송국에서 저녁 뉴스프로그램의 메인 캐스터가 속속 투입되었는데, 오후 5시 이전에 TBS〈NST〉의 뉴스 캐스터가 합세함으로 거의 전 방송국들이 재난방송에 대응하게 되었다. 또한, 〈지진예지 연락회〉의 회장이 강조한 대로 이번 지진·쓰나미의 피해 지역은 홋카이도에서 관동지방까지 그야말로 매우 광범위했고, 전 방송국이 전력으로 방송을 실시했는데도 불구하고 그 모든 사태를 실시간으로 전달할 수는 없었다.

3) 오후 5시 이후 재난보도 내용의 다양화와 원전 피해보도

이날 밤 민간방송사들은 모두 CM을 중지하고, 지진과 쓰나미에 관한 재난보도로 전환해 전국적으로 쉼 없이 재난방송이 계속되었다. 피해 지역에는 대규모

정전도 있었고, 그 피해전모가 아직 밝혀지지 않은 상황에서 진행된 야간 방송은 이하의 두 가지 점이 추가되어 재해의 '광역성'과 '복합성'을 알려 다양화해 갔다.

(1) 수도권에서의 대규모 교통장애에 의해 다수가 본가에 머물게 되는 〈귀댁 난민〉이 발생하게 되었다. 피해는 홋카이도 동북쪽에서 관동지역 전역에 이르기까지 확대양상을 보이기 시작했다. 도쿄 재경 키 스테이션(Key Station)은 낮부터 이어지는 광역국과의 릴레이 방송과 함께 관동 로컬정보에도 힘을 쏟았다.

(2) 에다노 유키오(枝野幸男) 관방장관의 기자회견에서 〈원자력긴급사태선언〉이 발령된 것을 계기로 이번 재해가 원전사고를 동반하는 심각한 〈복합재해〉라는 것을 전달하기 위해, 그 이후부터는 TV보도 중에서 〈복합재해〉에 대한 비중을 높여가게 되었다.

4) 재난발생 이후 2주간 NHK의 재난방송[14]

동일본 대진재 발발 이후 3월 25일까지 2주간에 걸쳐서 NHK는 재난방송을 특별방송으로 편성하여 재난방송체제를 유지하였다. 2주가 된 3월 25일 이후부터 TV와 라디오는 평상시 편성체제로 돌아가게 된다. 그러나 동일본 대진재는 원전이 폭발됨에 따라서 위험상태가 계속 유지되었기 때문에 원전에 관한 재난속보는 계속되었다.

뿐만 아니라, NHK는 재난발생 직후부터 종합TV, 교육TV, BS1, BS2, BS하이비전, 제1라디오, 제2라디오, FM방송 8개 채널 모두가 아래와 같이 정규프로그램을 중단하고 재난방송체제로 특별편성하게 된다.[15]

(1) NHK종합TV

NHK종합TV에서는 지진속보 이후 오후 2시 48분부터 국회 생중계방송을 중지하고 지진속보를 긴급뉴스로 방송하였다. 종합TV의 전면 재난방송은 3월 18일

---

14) NHK放送文化研究所メディア研究部番組研究グループ(2011), 「東日本大震災発生時・テレビは何を伝えたか」『放送研究と調査』(5月号), NHK放送文化研究所, p. 3.

15) 奥田良胤(2011), 「東日本大震災の災害報道発災後2週間のテレビとラジオ」『放送研究と調査』(5月号), NHK放送文化研究所, p. 15.

까지 계속되었는데, 연속TV 소설 「てっぱん」이나 대하드라마 「江~姬たちの戰国~」 등의 통상 프로그램이 재난방송 사이에 직접 방송되기 시작한 것은 3월 19일부터이며 재난 발생 후 9일째이다. 3월 19일 이후부터 3월 25일까지는 재난방송과 통상적인 방송프로그램이 혼재하여 편성하게 되었다. 종합TV의 경우 재난방송 시청률이 가장 최고치를 기록할 때는 3월 19일자로 『뉴스 7』의 시청률은 무려 29.8%를 기록하기도 했다(비디오 리서치 관동지구).

(2) 교육TV

재난발생 직후 교육TV는 종합TV와 방송내용이 거의 같았지만, 당일 오후 6시 45분부터는 피재자의 안부정보 방송을 시작하게 된다. 14일부터는 생활정보가 추기되는 한편, 어린이들을 배려해서 오전 7시부터 「シャキーン !」이나 「アニメはなかっぱ」 등의 어린이 프로그램이 2시간씩 방송을 계속했다. 14일은 오후 4시부터 6시까지 다시 어린이 방송이 실시되었다. 교육TV는 18일까지 아침과 저녁 어린이 프로그램을 제외하고는 거의 전 시간에 걸쳐서 안부정보와 생활정보가 방송되었다. 또, 15일에서 22일까지는 수화뉴스가 1일 4회(통상 1일 2회)로 편성되는 등 방송 횟수를 늘렸다. 19일부터는 평상시와 같이 통상 프로그램으로 개편하였지만, 새롭게 피해자 명부방송을 시작하였다. 교육TV가 통상적인 프로그램 편성으로 돌아간 것은 22일 이후이다.

(3) 위성방송

위성방송인 BS1, BS2, BS하이비전도 재난발생과 동시에 재난방송체제로 전환하였는데, 방송내용은 종합텔레비전과 거의 같았다.

① BS1은 13일 오전 7시 50분부터 재난방송 사이에 생활정보를 방송하였다. BS1이 통상적인 방송프로그램으로 돌아간 것은 3월 19일부터이다.

② BS2도 4월 14일 이후부터는 교육TV와 동일한 내용으로 재난방송을 실시하였다. 통상적인 프로그램은 3월 19일부터 재개하였다.

③ BS하이비전은 3월 14일부터 연속TV소설 「てっぱん」방송을 재개하는 것을 시작으로 다른 채널들의 평상회복 방송을 견인하는 등 14일 아침부터 통상프

로그램으로 개편하게 된다.

(4) 라디오방송

라디오방송도 제1 라디오, 제2 라디오, FM방송 모두 재난발생 직후에 전면적으로 재난방송을 실시하였다.

① 제1 라디오방송은 종합TV의 방송내용을 그대로 전달해 주는 방송이었지만, 11일 오후 3시 30분부터는 독자적으로 재난방송을 실시하였다. 그 후 18일까지는 24시간 체제로 재난관련 뉴스를 방송하게 된다.

② 또, 제2 라디오방송은 11일 오전 2시 50분부터는 영어, 중국어, 한국어, 포르투갈어로 지진해일 속보를 계속 반복해서 방송하였다. 경계경보가 해제된 13일 오후 7시 30분까지는 계속 재난방송을 실시하였다. 제2 라디오는 13일 오후 8시 이후부터는 정시프로그램으로 전환되었다.

③ FM방송은 제1 라디오방송이 독자적으로 재난방송을 개시함에 따라 종합TV의 중계방송체제에서 제1 라디오방송 중계체제로 전환하였다. 11일 오후 6시 45분부터는 안부정보, 16일 오후 9시부터는 피난자 명부를 방송하였다. 안부정보나 피난자 명부방송 이외에는 제1 라디오방송과 동일한 내용으로 방송하였다.

NHK에 의하면 지진이 발생한 3월 11일부터 3월 22일까지 12일간 NHK 종합TV에서 재난관련뉴스나 재난방송프로그램이 무려 254시간이나 방송되었다고 한다. '한신아와지(阪神淡路) 대진재' 때는 1개월에 걸쳐서 약 273시간이 방송되었으나 이번에는 단 12일 만에 거의 그에 필적할만한 양의 재난방송이 실시되었다는 것이다. 또, 교육TV 등의 안부정보는 3월 18일 오후 7시 30분에야 모두 종료하게 되는데 총 52시간에 걸쳐서 방송을 진행하였으며, 피난자 명부도 22일에 방송을 종료함에 따라 총 27시간이나 방송되기에 이르렀다.

제2절 대형재난 발생 시 텔레비전 방송, '무엇을' '어떻게' 방송해야 하나?[16]

1. 동일본 대진재 당시 방송내용

흔히들 우리는 '재난방송'이라고 하면, '재난정보를 신속하게 피해 주민들에게 전달하여 그 피해를 최소화하는 것'을 떠올린다. 그러나 이렇게 신속함만을 강조하는 것은 재난방송을 재난 발생 시 정보 전달 시스템으로 한정시키는 발상으로서, 재난정보를 주민들에게 전달해 주는 전달시스템에 국한된 이야기이다. 실제로 '재난방송'은, 재난이 발생하거나 발생할 우려가 있을 때 '무엇을' '어떻게' 방송해야 '재난피해를 최소화할 수 있을까?' 하는 근본적인 문제에서부터 출발해야 한다. 왜냐하면, 재난방송은 전달하는 내용이나 전달 방법에 따라서 재난피해의 효과(impact)가 달라지기 때문에 사전에 미리 충분히 준비하지 않으면 안 된다. 이를 위하여 본고는 2011년 동일본 대진재 당시 일본의 텔레비전 방송이 실제로 '무엇을' '어떻게' 방송했는지 자세하게 분석해 보고자 한다. 구체적으로 일본의 주요방송 3사인 NHK, 니혼TV, 후지TV 방송 3사가 3일간(72시간) 실시한 재난방송의 ① 기본 화면과 ② 전달 내용 등을 분석해 보고자 한다.

2. 주요방송 3사의 중계시간과 방송내용

1) NHK, 니혼TV, 후지TV의 중계시간

지진발생 초기 24시간 동안 방송 3사의 전 프로그램 중에서 약 40% 정도는 중계방송으로 편성될 정도로 중계방송의 비중이 높았으나, 24시간이 지나면서 서

---

16) 이연(2011), 「동일본대지진과 일본의 재난방송 사례 분석」 2011. 11. 25. 서울시립대 세미나 자료.

서히 현장 중계는 줄어들고 스튜디오의 영상은 상대적으로 늘어나게 된다.

① NHK 종합TV의 경우는 최초 24시간 동안은 중계방송이 39.1%를 차지할 정도로 현장중계를 많이 했지만, 24~48시간 사이에서는 14.6%로 대폭 감소하였고, 48~72시간이 경과한 이후에는 15.9%를 유지하게 된다. 일본의 민영빙송인 ② 니혼TV의 경우도 각각 37.9% → 20.7% → 16.5%로 낮아졌다. 또, ③ 후지TV의 경우도 각각 46.9% → 30.6% → 22.0%로 점점 떨어졌음을 볼 수 있다. 특히, 방송 3사 가운데 후지TV는 총 72시간을 통틀어서 평균 33.2% 비중으로 생중계 재난방송을 실시했다. 반면, NHK는 23.2%, 니혼TV는 25.1%로 후지TV보다 상대적으로 중계방송 시간이 짧았다.[17)

2) 중계 내용

중계 내용의 측면에서 보면, ① NHK 종합TV의 경우는 〈쓰나미 모습〉이 14.4%로 가장 많았고, 〈쓰나미 피해〉는 11.5%로 〈쓰나미 모습〉을 중계하는 영상이 상대적으로 조금 더 많았다. 여기에 비해, ② 니혼TV는 〈쓰나미 피해〉가 16.5%로, 〈인물〉 12.9%나 〈화재 모습〉 10.2%보다 상대적으로 〈쓰나미 피해〉 중계가 더 많았다. ③ 후지TV의 경우도 〈쓰나미 피해〉가 23.2%로, 〈구출 모습, 정보〉 12.7%, 〈화재 모습〉 12.0%보다 〈쓰나미 피해〉가 훨씬 더 많이 중계된 것으로 나타났다.[18)

3) 재난 중계 내용의 추세

재난 중계 내용의 추세가 어떤 분포를 나타내고 있는지 구분해 보면 다음과 같다.

최초 24시간 동안 방송 3사 모두 〈쓰나미〉에 관한 영상이나 음성 자료를 가장 많이 보도하였다. 다음으로 24~48시간대에는 〈원전〉에 관한 정보가 가장 많

---

17) 田中孝宣·原由美子(2012), 「東日本大震災発生から72時間テレビが伝えた情報の推移」『放送研究と調査』(3月号), NHK放送文化研究所, p. 2.

18) 田中孝宣·原由美子(2012), 「東日本大震災発生から72時間テレビが伝えた情報の推移」『放送研究と調査』(3月号), NHK放送文化研究所, p. 3.

이 보도되었다. 또, 재난 피해자·피해 지역에 관한 정보인 〈피재자 구조정보〉의 경우 최초 24시간 동안은 〈쓰나미〉와 함께 가장 많이 전달되었으며, 72시간 동안은 방송 3사 모두 10%대를 상회하였다.

한편, 재난 피해자·피해 지역을 위한 정보인 생활정보(life line) 배분은 상당히 다른 양상을 보이고 있다. ① NHK 종합TV는 타사에 비해 비교적으로 생활정보를 많이 방송했다. 특히, 음성정보는 72시간 중에 21.8%를 차지하고 있을 정도다. 여기에 비해 ② 니혼TV나 ③ 후지TV의 경우는 생활정보가 상대적으로 적게 방송되었다.[19]

4) 생활정보와 재난 피해자 정보의 전달

(1) 생활정보

방송 3사가 전달한 생활정보를 크게 나누어보면, 크게는 〈표 2-3〉과 같이 ① 정전 소식(계획정전 제외) ② 교통정보 ③ 수도·가스 정보 ④ 전화·통신망 정보 ⑤ 병원·의원정보를 생활정보로 보도하였다. 재난 발생 후 72시간 동안 전달된 생활정보의 양을 분석해 보면 아래 도표와 같이 전체적으로 아주 적은 시간이 할당되었다.

표 2-3 생활정보가 전달된 비율[20]

방송국	구분	정전 모습	교통정보	수도·가스정보	전화·통신망정보	병원·의료정보
NHK종합	영상	0.9%	5.4%	0.3%	0.4%	0.5%
	음성	1.8%	7.6%	1.1%	1.0%	0.8%
니혼TV	영상	0.5%	2.3%	0.2%	0.1%	0.3%
	음성	1.8%	4.0%	0.7%	0.4%	0.2%
후지TV	영상	0.1%	2.2%	0.0%	0.1%	0.1%
	음성	0.9%	3.8%	0.5%	0.3%	0.2%

---

19) 田中孝宣·原由美子(2012),「東日本大震災発生から72時間テレビが伝えた情報の推移」『放送研究と調査』(3月号), NHK放送文化研究所, p. 3.

20) 田中孝宣·原由美子(2012),「東日本大震災発生から72時間テレビが伝えた情報の推移」『放送研究と調査』(3月号), NHK放送文化研究所, p. 8.

앞서 〈표 2-3〉을 보면 NHK가 각종 생활정보를 상대적으로 가장 많이 전달한 것으로 나타났다. 구체적으로 가장 많이 전달된 생활정보는 ② 교통정보로 NHK 종합TV의 음성정보가 7.6%를 차지하고 있고, 그 다음이 니혼TV의 음성정보로 4%를 차지하고 있다. 이어서 각 방송국 공히 ① 정전 모습을 전달하는 방송이 2위를 차지했으며, ③ 수도·가스 정보 ④ 전화·통신망 정보 ⑤ 병원·의원정보의 순위로 보도했고, 전달된 시간은 아주 적은 한정된 시간만이 할당되었다. 교통정보 이외의 생활정보에 관해서 NHK는 지진 피해 관련 뉴스에 이어서 한정적으로 생활정보를 정리, 전달하는 패턴을 유지하였다.

(2) 재난 피해자 정보

피해자에 관한 정보는 〈표 2-4〉와 같이 ① 피난소·피해자의 모습 ② 피해자의 요망·호소 ③ 구원에 관한 정보 ④ 구출모습·구출정보로 나누어서 분석해 보기로 한다.

표 2-4 재난피해자에 관한 정보가 전달된 비율[21]

방송국	구분	피난소·피해자의 모습	피해자의 요망·호소	구원에 관한 정보	구출모습·구출정보
NHK종합	영상	7.2%	0.4%	0.4%	1.3%
	음성	5.1%	1.0%	1.4%	1.7%
니혼TV	영상	8.1%	0.1%	0.6%	3.4%
	음성	6.7%	0.7%	1.9%	3.6%
후지TV	영상	6.7%	0.3%	0.5%	7.0%
	음성	7.1%	0.3%	2.5%	7.5%

재난발생 72시간 동안 피해자에 관한 정보를 분석해 보면, 방송 3사 모두 ① 피난소와 피해자의 모습을 가장 많이 전달하고 있다. 또, ② 피해자의 요망이나 호소에 관한 방송은 1%대 이하에 머물고 있었다. ③ 구원에 관한 정보에서는 타

---

21) 田中孝宣·原由美子(2012), 「東日本大震災発生から72時間テレビが伝えた情報の推移」『放送研究と調査』(3月号), NHK放送文化研究所, p. 10.

방송사보다 가장 많이 구원정보를 전달한 후지TV 음성정보의 경우도 2.5%로 나타났고, NHK 종합TV의 경우는 1.4%에 지나지 않는다.

한편, 방송국에 따라서 전달 폭이 큰 편차를 보이는 것은 ④ 구출 모습과 구출정보이다. NHK 종합TV의 경우는 영상과 음성정보 공히 2%대 미만으로 최하위인 데 비해, 후지TV는 영상과 음성정보 모두가 7%대를 넘었으며, ① 피난소, 피재자의 모습 경우도 7%대를 유지하고 있다. 특히, NHK는 재난 발생 다음 날부터 ④ 구출 모습이나 구출 정보보다는 ① 피난소와 피해자의 모습을 전달하는 데 무게를 두는 방송패턴으로 옮겨가고 있었다. 반면, 니혼TV나 후지TV의 경우는 ① 피난소나 피재자의 모습보다는 ④ 구출 모습이나 구출 정보에 더 많은 시간을 할애하고 있었다. 이는 민간 방송의 입장상 시청률을 의식했기 때문으로 보인다.

(3) 상대적으로 적은 재난 피해자의 목소리

재난방송에서 발화자, 즉 누가 방송에서 피해자에게 재난정보를 전달하고 있는가를 보면 아래 〈표 2-5〉와 같다.

표 2-5 발화자[22]

구분 방송국	① 아나운서· 뉴스캐스터	② 리포터· 기자·해설 위원	③ 전문가· 연구자	④ 정치가·중앙 관청관료의 기자 회견	⑤ 자치단체 의 장·직원	⑥ 피재자·피 재지사람
NHK종합	63.%	16.9%	4.4%	9.9%	0.9%	2.9%
니혼TV	58.8%	16.8%	8.5%	8.5%	0.3%	4.4%
후지TV	49.2%	22.2%	13.3%	8.4%	0.4%	4.8%

⑥ 피해를 당한 사람들의 목소리를 보면, NHK가 2.9%로 방송 3사 중 가장 낮고, 이어서 니혼TV가 4.4%, 후지TV는 4.8%로 나타났다. 제일 높은 후지TV의 경우도 재난 피해자의 목소리는 5%대를 넘지 못해 전체 발화자 중에서도 적은 편에 속한다. 지자체의 장이 주민을 대표해서 피해자의 궁핍을 호소하는 경우나 아

---

22) 田中孝宣·原由美子(2012), 「東日本大震災発生から72時間テレビが伝えた情報の推移」 『放送研究と調査』(3月号), NHK放送文化硏究所, p. 12.

나운서와 리포터가 피해자의 소리를 대신해서 코멘트, 전달하는 예도 있었다.

　　방송 3사 모두 재난 피해자가 처해있는 심각한 상황을 전달하지 않은 것은 아니지만, 피해자가 직접 자신들의 입으로 호소하는 호소력에는 못 미친다. 재난 피해자 이외의 출연자, 즉 발화자들을 보면 방송사마다 피해자들의 입장을 전달 하는 데는 차이를 보이고 있다. ① NHK의 경우는 아나운서나 기자, 해설위원 등 자국 직원이 전달하는 비율이 무려 80%를 넘고 있다. 외부 전문가는 4.4%로 소수 에 불과하다. ② 니혼TV는 자국 직원이 대응하는 비율이 75.6%로 비교적 높은 편 이나, 외부 전문가도 8%나 된다. 후지TV의 경우는 자국 직원이 대응하는 비율이 71.4%로 방송 3사 중 가장 낮다. 외부 전문가도 13.3%로 NHK에 비해서 3배 정도 로 많이 활용해 객관성을 높이고 있다. NHK 재난방송은 원고로 정리된 정보를 주로 아나운서나 기자, 해설위원들이 전달하는 형태를 취하는 것을 기본패턴으로 삼았다. 반면, 후지TV는 스튜디오에 복수의 전달자를 배치해 비교적 자유롭게 발 언하면서 진행하는 방식을 취했다.

3. 재난방송과 피해정보

1) 재난방송과 피해경감

(1) 재난경보와 피해경감

　　재난피해를 경감하기 위해서는 몇 가지 대책이 필요하다. 지진이나 쓰나미 의 경우는 우선 ① 지진이나 쓰나미에 강한 마을 가꾸기 ② 지진이나 쓰나미에 대한 방재의식의 향상 ③ 원만한 피난행동의 체제정비와 규칙 만들기 등을 들 수 있다. 이러한 여러 가지 대책들 가운데 가장 기본적이면서 중요한 것은 〈지진·쓰 나미 경보〉 및 〈피난지시〉 등이다. 주민들이 조직적으로 무사히 피난하기 위해서 는 제일 먼저 피난정보를 전달하고 피난 명령을 내려야 한다. 이때 피난정보를 구성하는 내용 및 그 전달 방식이 중요한데, 어떤 내용이 어떻게 전달되느냐에 따라 피난 대상자에게 미치는 영향(impact)이 다르기 때문이다. 따라서 경보 자체에 대해서 효과적으로 피난을 독려할 수 있는 내용으로 개선하고, 정보가 전달되는 체계를 강화하는 방안을 집중적으로 연구할 필요가 있다. 구체적으로 경보의 내용 및 전달방식이 어떻게 달라질 수 있는지를 사례를 통해 살펴보기로 한다.

① 2011년 동일본 대진재 쓰나미 참사 당시 이바라기현 오아라이쵸(茨城県 大先町)에서는 〈피난하라(避難せよ)〉라는 명령조의 표현으로 주민들에게 피난을 호소하였다.

② 이와테현 가마이시시(岩手県釜石市)에서도 재난발생 직후 방재 행정 무선 방송 내용을 수정해서 명령조의 표현을 사용하기도 했다. 가마이시시는 법률상의 〈피난〉은 시(市)·정(町)·촌(村)·장이 〈피난권고〉 또는 〈피난지시〉를 내리는 것으로 〈명령〉은 아니라고 말했다. 또, 〈법률상의 명령〉과 〈표현상의 명령조〉는 현실적으로 구분할 필요가 있다.[23)]

③ 미야기현 온나가와쵸(宮城県女川町)와 이시마키시(石卷市)의 경우도 동일본 대진재 발생 시에 〈도망쳐!(逃げろー!)〉라고 하는 명령어를 사용했다는 것이 밝혀졌다.

그러면 구체적으로 어떤 상황에서 명령어가 사용되었는가를 살펴보기로 한다.

사례 1

미야기현 온나가와쵸: 인구 8천 명 정도로 3·11 쓰나미로 인해 쵸의 중심부는 거의 괴멸적인 극심한 피해를 입었다. 당시 온나가와쵸 기획과 방재계 아베 기요히도(阿部淸人) 계장에 의하면 3월 11일 당일은 지진발생 직후부터 아래와 같이 재난 행정 무선 방송을 실시했다고 한다.

▼ 사전에 준비된 원고로 방송개시[24)]

– 지진발생 직후 온나가와쵸 기획과 여직원은 바다가 보이지 않는 3층 방재행정무선실에서

---

23) 井上裕之(2012), 「命令調を使った津波避難の呼びかけ」 『放送研究と調査』(3月号), NHK放送文化研究所, p. 22.

24) 井上裕之(2012), 「命令調を使った津波避難の呼びかけ」 『放送研究と調査』(3月号), NHK放送文化研究所, pp. 23~24.

처음 재난방송을 개시하게 되었다.
- 대형 쓰나미 경보가 발령되자, 아베 계장은 그 직원에게 5분에 한 번꼴로 반복적으로 재난 방송을 지시하였다. 그 때 사용한 사전 준비원고는 다음과 같다.
- "온나가와 쵸 기획과에서 알려드리겠습니다." "대형 쓰나미경보가 발령되었으니 긴급히 높은 곳으로 피난해 주십시오."였다.
- (2회 반복)
- 방송은 59기가 있는 옥외 스피커나 호별 수신기에 의해서 주민들에게 전달되었다.
- 아베 계장은 2층 기획과 집무실 및 방재대책본부에서 지시를 내리고, 직원들은 주민의 피난유도에 주력하게 했다.

▼ 수몰 직전에 부르짖었던 명령조〈도망쳐(逃げろー！)〉
- 온나가와쵸 청사에 들이닥친 쓰나미는 약 2m 정도로 수위가 상승하고 있음을 느꼈다. 잠시 후 앞 해상 수평선상에 흰 파도가 보이고 쓰나미가 왔음을 확실히 인식하게 되었다.
- 파도가 해면에서 약 5m 정도로 방파제를 뛰어 넘는 시점에서 상당히 높은 파고임을 알고 긴급히 담당 여직원에게 "~과로부터 알려드립니다."라는 문장은 생략하고 간격 없이 반복하여 방송하라고 지시하였다.
- "대형 쓰나미가 몰려오고 있습니다. 신속하게 높은 곳으로 피난해 주십시오."
- 쓰나미가 육지를 덮쳐 건물들은 계속해서 거대한 쓰나미에 밀려 쓰러지고 청사 1층도 수몰되었다. 아베 계장은 큰 소리로 직원들에게 옥상피난을 지시했다. 1층과 2층이 수몰되자 3층으로 올라가 무선실에서 자신이 직접 다음과 같이 명령조로 호소했다.
  "도망쳐(逃げろー！) 높은 곳으로 피해, 달아나(逃げろー！)"
- 이 방송과 동시에 방재행정 무선실에도 바닷물이 들이닥쳐 방송 기자재와 마이크가 수몰되었고, 아베 계장은 급히 방을 나와 옥상으로 피난했다. 아베 계장은 바닷물이 들이닥치지 않았다면, "이게 마지막 방송입니다. 사무실이 수몰되고 있습니다."라고 방송할 생각이었다고 했다. 만약, 그렇게 전달했다면, 바다가 보이지 않는 지역에도 "대단히 큰 일이 일어나고 있다"는 것을 알릴 수 있으리라고 생각했다는 것이다.

(2) 피난행동을 저해하는 '정상화에의 편견(normalcy bias)'

재해 사회학에서 '정상화(正常化)에의 편견(偏見: normalcy bias)'이란, 재난발생 시 피난행동을 저해하는 낙관적인 심리상태를 말한다.25) 앞에서 인용한 도쿄대학 히로이 교수에 의하면, 재난발생 시 "사태의 심각성을 직접 지각하지 못한 사람들은 낙관적인 정보를 받아들여 위험을 경고하는 정보를 부정하는 경향이 있는데 이를 정상화에의 편견"26)이라고 한다. 즉, '설마' '우리는' '여기는' '나는' 괜찮겠지 하는 생각으로 대피나 피난을 게을리 하는 경우가 많다는 것이다. 또, 한편으로는 대단한 사건이 일어났는데도 불구하고 지나치리만큼 심리상태를 안정시키기 위해 '사실이 아닐 것으로 부정 내지는 회피하려고 하는 의식'을 말한다.27) 이러한 심리상태는 재난발생 시 재난정보에 둔감하게 할 뿐만 아니라, 피난행동을 저해하여 그 피해를 더욱더 확산시킬 수 있다.

앞서 아베 계장의 사례에서 보았듯이, 실제로 쓰나미가 보이지는 않더라도 '역시 쓰나미가 오고 있다'는 것을 느낀다거나 방재담당자도 경험하지 못한 사태가 일어나고 있음을 상상하는 것이 중요하다. 즉, 재난 방송으로 피난 정보를 전달할 때에는 '사태의 긴박성'을 '지각'하게 하여 '정상화에의 편견'에 빠지는 것을 막고 신속하게 재난에 대응하도록 독려해야 한다.

(3) 평상시와 다른 표현의 사용

정상화에의 편견을 막는 정보 전달이란 어떤 것인가? 앞서 든 아베 계장의 마지막 방송을 보면, 평소와는 다른 언어나 음성·형태를 통해 '정상 상태가 아님'이 전달되고 있다. 구체적으로는 ① 비명 같은 소리 ② 재난 직후에 방송이 두절된 것 ③ 소리가 남성으로 바뀐 점 등이다. 또 여기에 표현에 있어서도 "도망쳐!

25) 矢守克也(2009), 「再論―正常化の偏見」『実験社会心理学研究』(第48巻, 第2号), 京都大学防災研究所, p. 140.

26) 井上裕之(2012), 「命令調を使った津波避難の呼びかけ」『放送研究と調査』(3月号), NHK放送文化研究所, p. 24.

27) Yamori Kastuya(2007), Disaster risk sense in Japan and gaming approach to risk communi-cation, *International Journal of mass Emergency and Disaster*, 25, 101-131.

(逃げろ-!)" 같은 명령조의 언어가 사용되었다는 점이 통상과는 다른 점이다.

(4) 사태를 직접적으로 전달하는 언어로 '도망쳐!(逃げろ)'라는 표현 등

- '피난'은 '재난을 피해서 안전한 장소로 피하는 것'이다. 피난은 한자어다.
- '피하다(逃げる)'는 잡히지 않는 곳으로 상대방의 손이 닿지 않는 곳에 급하게 가는 것을 말한다. 즉, '피하다'는 추격해 오는 상대의 눈앞에서 급하게 피신하는 것이다. 또, '피하다(逃げる)'는 일본어로 보다 자신에게 가까워지고 있는 직접적인 표현이다.
- 피난하라(避難せよ)는 문어적인 표현인 데 비해, 피해(避難しろ) 도망쳐(逃げろ)라는 표현은 구어적인 표현이다. 이 경우가 더 감성적으로는 호소력이 높다고 하겠다.
- '피해·달아나(逃げて)'는 '피해 주십시오(逃げてください)'의 준말로 명령형인 도망쳐(逃げろ)보다는 의뢰의 요소가 강하다.

4. 시사점

동일본 대진재는 지진발생 후 쓰나미가 일어나고, 마침내는 원전이 폭발하여 대형 재난으로 이어진 대형 재난이었다. 이러한 대형 재난을 보도한 일본 방송 3사의 재난 방송 내용 중 재난 발생 후 72시간 분량을 자세히 분석해 보았다. 지진발생 초기 24시간 동안 방송 3사는 전 프로그램 중 중계방송 시간이 무려 40% 전후를 유지할 정도로 긴박한 현장중계의 방송화면을 많이 잡았다. 또한, 현장중계 중 최초 24시간 동안은 방송 3사 모두 〈쓰나미〉에 관한 영상이나 음성 보도가 가장 많이 방송되었고, 뒤어어 24~48시간대에는 〈원전 폭발〉과 함께 원전에 관한 정보가 많이 전달되었다.

한편, 재난 피해자나 피해 지역을 위한 '생활정보(life line)'는 NHK가 상대적으로 많이 전달하였다. 생활 정보 중에서도 도로교통 정보가 가장 많이 전달되었다. 피해자 관련 정보는 방송사마다 주목하는 요소가 달랐는데, NHK는 재난발생

익일부터 피난소나 피해자의 모습을 전달하는 데에 시간을 할애한 것에 비해, 니혼TV나 후지TV는 피해자가 구출되는 모습이나 구출정보에 더 많은 시간을 배정하였다. 이 차이는 후자가 민영방송이어서 시청률을 의식했기 때문일 것이다.

하지만 방송 3사 모두 피해자가 처해있는 심각한 상황을 직접 전달하는 것에는 소홀한 측면이 없지 않았다. 모든 방송사가 피해자의 목소리를 내보내기보다는 방송사 내부 인물의 입을 빌어서 사태를 전달했다. 전체 발화 중 아나운서 등 방송사 내부 인물이 발화한 경우는 NHK가 80% 이상, 니혼 TV가 약 75%, 후지 TV가 약 71%를 차지했다. 외부 전문가를 활용하는 것도 소극적이었는데, NHK가 4.4%, 니혼 TV가 8%, 후지 TV가 13.3%로 후지 TV 쪽이 그나마 높은 편이었다. 외부 전문가를 활용하는 것은 보도 내용의 객관성과 전문성을 높이는 효과가 있다. 한편 재난 정보를 보도하는 방식도 방송사별로 차이가 있었는데, NHK가 정리된 정보를 아나운서나 기자, 해설위원이 전달하는 방식을 취한 반면, 후지 TV는 스튜디오에 여러 명의 해설자를 배치해 자유롭게 발언하도록 하는 방식을 취했다.

마지막으로 재난발생 시 나타나는 '정상화에의 편견'에 대한 이론에서 재난발생의 절박성을 똑바로 인지해야 한다. 정상화의 편견에 대한 생각은 피난행동에 있어서는 가장 금물에 속한다. 따라서 '사태의 긴박성'을 인지하고 신속하게 대응할 수 있도록 재난 방송을 하여야 한다. 또한, '피해정보', '생활정보', '복구·구조정보'를 균형 있게 단계적으로 보도하는 것이 매우 중요하다.

2011년 동일본 대진재 보도 사례를 통해 NHK의 재난방송시스템을 구체적으로 살펴보았다. 결론적으로 말하면, NHK의 재난방송시스템은 아주 정교하게 잘 갖추어져 있다고 말 할 수 있다. 하지만, NHK의 재난 방송 시스템과 더불어 일본 정부 및 지자체 사이의 유기적 협조체제와 방재시스템도 잘 정비되어 있는 것을 알 수 있었다. 예를 들면, 일본에는 재난발생 시 지정행정기관이나 공공기관의 「방재업무계획」, 또는 도도부현(都道府縣: 광역자치단체)이나 시정촌(市町村: 기초지방자치단체)의 「지역방재계획」 등이 유기적으로 잘 정비되어 있다. 또한 재난정보에 관련된 법규도 잘 정비되어 방재대책에 관한 법적 근간을 이루고 있다. 뿐만 아니라, 주무부처인 기상청이 적극적으로 지원하여 2007년 10월부터 지진에 관해서는 이미 조기경보체제를 구축하고 있었기 때문에 동일본 대진재에서 훨씬 더 피해를 줄일 수 있었다. 마지막으로 NHK와는 달리 광고로 방송사를 운영하는 민간 방송의 경우에도 막대한 영업 손실에도 불구하고 정규방송을 중단하고 NHK에 버금가는 재난방송을 실시하고 있어서, 재난 때마다 늑장대응을 일삼는 우리에게는 많은 것을 시사해 주고 있다.

일본의 공공(公共)방송인 NHK의 보도국 내에는 46명 정도로 구성된 재난방송 전담부서인 〈기상·재해센터〉가 있다. NHK의 〈기상·재해센터〉는 지진이나 호우, 태풍 등이 일어났을 때 일본 기상청의 도움 없이도 NHK가 독자적으로 기상을 관측하여 방송할 수 있도록 각 지역방송국마다 지진계나 아메다스(자동 기상 계측기) 등 첨단장비를 설치하고 있다. 일본은 토네이도를 제외한 거의 모든 재난이 일어나는 지역이기 때문에 NHK로써는 신속한 대응태세를 구축할 수밖에는 없었을 것이다. 그럼에도 불구하고 동일본 대잔재에서 NHK가 보여준 신속한 재난보도시스템은 우리에게는 많은 것을 시사해 주고 있다. 더구나 NHK 뿐만 아니라, 일본의 민방들도 신속하게 재난에 대응하는 보도태도를 볼 수 있었다. 물론, 신속한 재난 보도 시스템을 참고하는 것과 별개로 동일본 대진재보도에서 NHK가 원전폭발의 심각성이나 대량 방사능 유출사태에 대해 지나치리만큼 눈을 감았다는 비판을 잊어서는 안 될 것이다.

제3장

동일본 대진재와 재난보도 사례연구

제3장 »»

동일본 대진재와 재난보도 사례연구

제1절 동일본 대진재 발생 당시 NHK와 KBS의 재난보도

1. 동일본 대진재 발생 이후 NHK와 KBS의 실제 재난방송 사례

• 3월 11일

3월 11일 오후 2시 46분 18초경 일본 동북지역 매그니튜드 9.0 지진발생

• 3월 12일

오전 10시 NHK 사망 및 실종자 수 1000명 초과(人超) 보도

(당시, 한국의 SBS와 세계일보는 1100명으로 보도)

11시 NHK 사망 및 실종자 1300명 초과로(人超) 보도

14시 NHK 사자(死者) 1000명 초과(人超)

후쿠시마 제1원자력 발전소(福島第一原発) 3호기에 가스 배출/주변 방사
선 유출

▌사진 3-1▐   후쿠시마 제1원전폭발 3호기

┌─ 표 3-1   당시 TV화면 표시 장면

	山手線　　通行止め――死者	
		福島第一原発
地	国内観測史上最大8.8　4時すぎ	
震	死者１０００人超か	
関		
連		
情		大大大
報		津津津
		波波波
		警注情
		報意報

地震関連情報(交通情報, 東方地方地震関連情報) 오후 3시 36분 흔들리고 원자로 1호기 폭발음. 흰 연기 같은 것이 있었다고 해설함(도쿄대 교수), 부상자 수명(4명) 정도로 발표했다. 그러면서도 NHK 방송화면에는 후쿠시마원전이 폭발되어 연기가 솟아나는 장면이나 영상보도는 하지 않았다.

4시 30분경 NHK 자체로 밖에 나오지 말 것.

창문을 닫을 것, 아직 최종 발표 전, 파손, 공중폭발 가능성 등

마스크, 타올 등 물에 적시고 옷을 입을 것.

생활정보는 BS1에서 전해 드립니다. 자막 내보냄. 자막 흐름.

NHK … 방사능 유출: 일본 대량 유출 가능성 보도.

▌ 사진 3-2 ▌ 12일 후쿠시마 원전

• 3월 13일

9시 30분 정치토론 각 정당 대표(거대 지진 8.8, 정치대응을 묻는다.)

- 정오가 뭔지 모르겠다. 정부발표 정보가 없다.
- 원자력 발전소 자민당 때 만들었다. 일반 정보 … 약, 등 홈페이지에 있다
  (자민당).
- 원자력발전에 관한 법, 정보개시(타이밍)
- 위험성 지적했는데도 괜찮다 했다.
- 최악의 경우를 대비해야 한다.
- 사민당: 안전 신화가 무너졌다. 정보관리의 문제다.
  인터넷에 폭발장면이 나왔는데 TV에는 안 나왔다. 국민에 대한 투명성이
  부족하다.

- 위기관리는 최악의 경우를 상정해야 한다.
- 피해 피폭 등 피난범위, 지방자치의 기능붕괴
- 정보와 연계가 중요
- 정보발신의 방법: 정부와 지방자치체가 동시에 이루어져야 한다. 정부,
  지방, 사업체가 동시에 이루어져야 한다. 정부, 지방, 사업체가 동시에 발
  표 제공
- 민나노 당 아사노 씨
- 사민당: 정부와 안전원의 데이터가 다르다. - たちあがれ日本(일어나라
  일본)

•3월 19일 아침 9시 52분
- NHK는 거의 정규방송으로 회복, 이슬람교도 소개, 자제하는 방송으로 문
  화 소개
- 그러나 왼쪽 상단 자막은 그대로 유지, 사망 행불자 1800명(19일 오전 10시
  10분 현재)

•3월 21일 NHK 아침 8시 이후부터 NHK특집방송
- 긴박했던 당시 상황소개, 가족들이 눈물 보이고 있음.
- 가족 찾는 모습을 방송, 행방불명자의 수색 등 찾기 방송
- 오늘부터 행방불명자 조사, 9일째 기적
- 도쿄전력 사장 얼굴이 없다, 직원들은 사투를 하는데 ….
- JA 전 일본농협(全農) 이바라기 지부는 방사선공포, 정부에 촉구

• 3월 24일   오전 7시 30분 철도정보(鐵道情報)

표 3-2 당시 NHK 화면 구성도

```
┌─────────────────────────────────────┐
│        千葉市ダイヤ運行(치바 전철 운행)        │
│                                     │
│    福島第一原発                         │
│                                     │
│                                     │
│                         写真          │
└─────────────────────────────────────┘
```

- 각지에서 방사선 물질발생, 비가 와도 건강에 이상이 있다.
- 건강 상담번호는 0120-755-199
- 국토교통성 제공, 쓰나미 도달 전 처음 영상공개
- 사망, 행불자 25000명 넘어

8시 30분 특집
- 물 오염 문제 토론-방사선 물질
- 도쿄, 모유는? 안전과 안심은 다르다.
                (당국) (개인은 불안)
- 도쿄도 물 피해지는?
- 환경오염은 순환으로 매우 위험
- 40세 이상은 방사선 약을 먹어도 효과가 거의 없다.
- 임산부는 오염 물질 피하는 게 좋다.

• 3월 25일   8시 30분
- 화면 좌측, 지원관련정보, 상단에는 후생성 정보, 중국어-중국 어린이에
  대한 대책
  전화번호 03-0000-00

- 여성들 새우잠 계속해 허리통증 호소, 의사 상담(수면 유도제 등 복용)
- 대피소 생활, 담요 하나에 2명 덮고 자기는 불편, 장기로 바닥에 누워 자기, 어깨 목 등 통증 호소
- 9시 40분 화면좌측, 휴대전화정보, 상단 주택 론 정보, 동창생들에 호소하는 할아버지의 간절한 호소
- 방사선 측정수치 – 건강에 영향 없음, 지역별 자막 소개
- 15시 지원관련정보 좌측 상단, 학교 수업료 입학금 면제 등

• 3월 27일
- 방사능물질 확산에 대한 예측 : 9 : 15(일)토론
- 1부 관방장관 영상으로 보기
- 2부 동북 관동대지진 피해의 현상은?
- 전문가 토론: 이와테 지사 텁수룩한 수염, 마쓰모토(松本龍) 방재대신, 피해지역 대책본부장 총리관저에서 중계
- 전문가 토론 스튜디오 4명, 교수, 전직 총무성 장관, NPO대표
- 방재대신, 부흥을 위해 최선을 다하겠다.
- 피해지는 무엇을 원하고 있는가?
- 피해지의 목소리에 어떻게 대응할까?
- 법적인 조치는?
- 피해지 지자체에 어떻게 지원할까? 가설주택 등
- NPO 나카고에(中越) 볼런티어대표
- 지원, 부흥에 무엇이 필요한가?

• 3월 28일
- NHK 집단피난주민의 선택은?
- 미야기현 미야기 산리쿠쵸(南三陸町) 피난할까? 50%, 남을까? 50% 앙케트 조사

4월초부터 6개월 정도 피난?
- 의료(醫), 직장(職), 주거(住), 교육(育) … 졸업(卒業)의 날, 아버지에 대한
  사부곡(父への思い胸に), 山內(高等), 소방관 아버지, 지진발생 현지 출동

• 3월 30일
- NHK 아침 7시 30분
- 피난생활이 길어지기 때문에 운동 부족, 후지노 에미 대학강사 볼런티어
  로 체조보급
- 아침 저녁 때 체조, 이쿠젠 다카시
- 피해지 지원움직임, 고등학생 취직 결정자, 거의 모든 회사가 취소 또한
  연기
- 정부관련 회사, 무기한 출근연기

• 3월 31일 패널 정보, 안부정보, 가족 찾기

• 4월 1일 관방장관 넥타이 차림, 방재복 벗음, 20일 만에 복귀로 전환

2. KBS의 동일본 대진재 보도

• 3월 11일

┃ 사진 3-3 ┃ 3월 11일 9시 뉴스 사진

• 3월 12일

17 : 20 KBS: 세계는 지금(쿠바축제)

KBS2: 버라이어티 쇼

＊MBC: 우리 결혼 했어요

＊SBS: 스타 주니어 쇼(붕어빵)

＊YTN: 후쿠시마 원전 중계

＊MBN: 후쿠시마 원전 중계

19 : 03 일본 당시 에다노 관방장관(枝野官房長官) 원자력안전보안원의 회견(原子力安全保安院の会見) 중계, 원자력긴급사태선언, 주민안전에 만전을 기하라는 영상 중계.

외교통상부 – 160여 명의 교민안전 당부.

19 : 30 방위대신 재난구조를 위해 자위대 파견명령 중계.

21 : 23 일본 칸 나오토 총리 기자회견, 반경 1Km 이내 대피명령 중계.

┃ 사진 3-4 ┃ 3월 12일 9시 뉴스 사진

비행기 '둥둥' …공항 활주로 쑥대밭

21 : 00 9시 저녁 뉴스

- 재난으로 일본경제가 휘청거리고 있다.
- 이번 붕괴로 4명이 다쳤다. 수소와 산소의 융합으로 폭발
- "세슘" 누출
- 1986년 4월 체르노빌 방사능 유출보다 심각하다.
- 일본 언론 평소보다 방사능 20배 검출
- KBS는 1600명 사망
- "모든 것이 무너졌다. 일본열도 아비규환"
- 센다이공항, 공항 쑥대밭, 비행기도 아무데나 밖혀 나뒹군다. 배들이 너 부러져 있다.
- 노숙자처럼 밤을 지새운다.
- 어느 곳 성한 곳 한군데 없다.
- 다리가 두 동강 났다 … 리포터
- 자동차 아무렇게나 나뒹굴고 있다.
- 산사태 매몰 – 철로 엿가락처럼 늘어졌다.
- 센다이공항 집들이 널부러져 있다.
- 도쿄 "암흑천지"

- 치바현 정유공장 불, 휴대전화 불통
- 도쿄타워 일부가 기울고 디즈니랜드 침수
 * 한국원전 6.5까지 견딘다.
 * 일본원전 7.2도까지 견딘다.
- 남자 캐스터 ○○○ − 우리도 과거의 앙금을 잠시 접은 채 − 격려하고 있다.

• 3월 13일

┃ 사진 3-5 ┃   3월 13일 9시 뉴스 사진

- KBS 저녁 9시 뉴스
- "완전 초토화" "완전한 곳이 없다" "완전히 쑥대밭이다"(헬리콥터 현지 리포터. 김○○ 특파원 흥분)
- 항만 접안시설 모두 파괴, 쓰레기 더미가 사방에 널부려져 있다. 지진으로 완전히 초토화 되면서 도시기능이 완전히 마비되었습니다.
- 방사능 검사: 190여 명 방사능 노출 "공포확산 후쿠시마 대탈출" 게센누마(氣仙沼)
- 한반도에는 영향 없다. 센다이 도시기능 마비
  오후 11시: 진도 M.9.0으로 수정

- 3월 14일

- KBS 저녁 9시 뉴스
- "여기저기 시신 무더기 발견"
- 뉴스마다 반복됨, 쓰나미가 덮치는 영상 장면으로 시작
- 눈물짓는 장면 클로즈 업, 미야자키 신문에 확산
- 시속 700㎞로 바닥까지 훑는다. 건물 3층 높이로
- 초토화 시켰다. 도쿄 계획정전 2000여 개 학교 휴교
- 리포터 "모든 것을 집어삼키고" "한꺼번에 쓸어버리고" "엉망진창"
- 석유공급 제한 한 대당 13리터(2700엔)
- 나보다 남 먼저 배려, 일본인들의 배려심, 일본국민들의 저력, 질서 지키기
- 땅 위에는 모든 것을 앗아 갔다.
- KBS 재난방송 전체적으로 언어의 선택과 컨트롤타워가 필요하다.
- NHK 13대의 헬기
- 오바마 미국 대통령 10달러 일본 돕기 운동 전개

- 3월 15일

- KBS 저녁 9시 뉴스, 참혹한 상흔
- 차들이 여기 저기 나뒹굽니다. 모든 것이 폐허로 변한 마을, 덩그렇게 남
  은 한 장의 사진 이 소녀는 지금 어디 있을까요?
- 흔적조차 사라진 마을, 엄마의 모습은 어디에도 없다. 대지진에 모든 것
  이 쓸려가 폐허가 된 마을
- 지옥의 해일 마을이 사라졌다.
- 스마트라 진도 8.7이었다.
- 점점 죽음의 도시
- 원전 방사능 가루가 한국까지 온다.
- "남은 것은 폐허 뿐", "화염뿐인 게센누마", "도시 전체가 불바다", "이 건
  물은 몽땅 다 타 버렸습니다", 도쿄에서 ㅇㅇㅇ입니다.
- 줄서고 기다리고 긴 줄이 기다리고 있다.

• 3월 17일

- 9 : 00 뉴스
- 국토교통성 쓰나미 최고 15m, 국지적으로는 20m도 가능
- 후쿠시마 원전 3호기 물 투하
- 원전 결사대 181명(총 지원자 수)으로 증가, 온 세계가 감동
- 최악의 참사 50명 결사대
- 오늘 폐연료봉 더 위험
- 전력 일부 공급−정상화 시킬 작은 불씨
- 바다 물 공급. 냉각에 일본정부는 사활을 걸고 있다.
- 후쿠시마 최대의 고비, 이후 48시간이 최대 고비
- 프랑스는 심각한 단계로 위험수위를 6단계로 보는데 일본은 4단계(소량
  검출 이유)
- 원전 설계자 "부실 조사" 자백
- 방사선 수치가 매일 급상승
- 미국은 일본 내 자국민의 대피 반경을 80Km로 정했다.
- 너도 나도 탈출러시: 공항마비, 외국인 모두 탈출러시
- 센다이에서 도쿄 탈출이 10만 명을 넘었다.
- 미국은 자국민의 공관원에게 떠날 준비하라고 …
- 춥고 배고프고 임시대피소−재난스트레스로 27명 사망
- 늑장배분: 생필품 부족−정작 물품은 많은데 도로 불통이 원인
- 기상 악화 장비부족 등 이중고
- 현재까지 실종 사망자 1500여 명
- 한국정부 후쿠시마 원전 80Km 밖으로 대피(미국과 같은 수준)

• 3월 26일

- KBS 저녁 9시 뉴스
- 도쿄지역 채소도 오염, 일본 언론 6단계 체르노빌 7단계보다 1단계 낮음
- 도쿄에 생수 사기가 힘들다.

- 수도 물에 대한 방사성물질 … 16개 지역에 확대
- 도쿄도 채소와 물, 공기까지 오염
- 3호기에도 손상, 녹아내리고 있다.
- 3명의 피폭자가 방사능 물에 발을 담궜다.
- 4개현 식품중단 결정, 보류 하루 뒤에 잠정 결정, 시금치, 양배추, 파슬리 등
- 유럽, 일본 내 12개현 수입품 방사선 검사서 제출요구
- 후지산 폭발우려 확산, 이상 징후 포착 100년 만에 오는 주기
- 저녁 9시 30분부터 다큐식 프로그램
- 가설주택에 대한 소개

제2절 재난방송의 개념과 목적

1. 재난과 재난방송의 개념[1]

1) 재난의 개념

최근 이상 기후의 영향 등으로 재난규모는 대형재난으로 그 유형도 다양하고 복잡하다. 또한, 지역이나 동서양 간에 있어서도 언어나 문화의 차이로 인해 재난의 개념이 조금씩 다르게 표현되고 있다. 우리나라에서의 재난(災難: disaster)의 개념은 기후나 자연현상으로 인해 발생하는 피해 즉 자연재난, 또는 인위적인 사건이나 사고 등에 의한 피해로 겪게 되는 고통이나 어려움을 말한다. 다시 말해서 재난의 결과로 나타난 재해나 재앙, 재화(災禍) 등을 말한다. 재해는 자연현상이나 인위적인 원인으로 인하여, 인명이나 재산 등 사회생활에서 받는 피해를 말한다. 재해는 대체로 자연현상에 의한 피해를 일컫는다. 재해는 피해액을 수치로 계산할 수 있고 계량적인 데 비해, 재난이나 위기는 비계량적이고 가시적이지 않으며,

---

1) 이연(2012), 「2011년 도호쿠 칸토 대진재(東北関東大震災)와 NHK의 재난방송」『국제학논총』 (제16집), 계명대학교 국제학연구소, pp. 169~205 재인용.

인간에게 피해를 일으키거나 고통을 줄 수 있는 상황론적인 개념이다. 위기의 개념
도 재난과 같이 재난발생 전후를 통해 겪게 되는 매 순간순간마다의 어려움이나
고통을 말한다. 다시 말해서 위기는 안전이나 정치, 경제, 사회, 문화 등의 방면에
서 불안정, 또는 위험한 상황을 의미한다. 위기의 범주는 재난보다 그 범위가 넓고
포괄적이며, 부분적으로 표시하면 '위험'이라는 말이 있다. 그러나 일상적인 의미에
서의 재난이나 위기의 본질은 같은 것으로 모두가 '재해'에서 온 개념이다.[2]

　　사회언어학자인 찰스 페로우(Charles Perrow)[3]는 재난을 위험(risk)[4]의 결과라
는 개념으로 사용하고 있고, 일본의 경우는 'disaster'를 '사이가이(災害)'로 번역해
재해로 표기하고 있다. 독일의 사회학자 울리히 벡(Ulrich Beck)은 핵분열이나 방
사능 폐기물과 같은 전 인류적 위험과 같은 지구적 위난을 'danger'로 표기하고
있다.[5] 미국의 경우는 재해와 재난(disaster, calamity)을 혼용해서 쓰고 있으며, 천재
〈natural disaster(calamity)〉와 인재〈man-made disasters(induced catastrophes)〉에서
도 재해와 재난의 의미를 구별하지 않고 사용하고 있다. 재난(disaster)이란 용어는
원래 별자리의 움직임을 보고 불길한 예상을 상징하는 데서 유래된 것으로 라틴
어에서 온 말이다. 미 연방재난관리청(FEMA) 규정에는 재난을 "일상적인 절차나
정부의 자원으로는 관리할 수 없는 심각하고 큰 사건"으로 규정하고 있고, 유엔
개발계획(UNDP: United Nations Development Programm)과 유엔지역개발센터(UNCRD:
United Nations Centre for Regional Development)에서도 "사회적 기본조직 및 정상기능
을 와해시키는 갑작스런 사건이나 큰 재해"로 규정하고 있다.[6] 프랑스에서는 테

---

2) 이연(2010), 『정부와 기업의 위기관리 커뮤니케이션』, 박영사, pp. 130~131.

3) Charles Perrow(1987), Normale Katastrophen. Die Unvermeidbaren Risiken der Großtechnik, Frankfurt/New York, 이정춘(1996), 『언론연구』, 중앙대언론연구소, p. 8.

4) 위험의 의미 중에 'risk'는 재해발생 피해의 가능성(chance of possibility)과 피해의 중대성으로서의 위험이고, 'peril'은 재난을 유발시키는 작용(agency which actually cause)으로서의 위험이며, 'hazard'는 사람이나 물건에 대해서 피해를 미칠 수 있는 행위나 현상이다. 즉, 재난발생 가능성을 높이는 조건(conditions which enhance the possibility)으로서 정의되고 있다. E. P. Lally, Corporate Uncertainty Risk Management, N.Y.: Risk Management Society Publishing Inc., 정연구(1986), 언론연구원, p. 65.

5) Risikogesellschaft: Auf dem Weg in eine andere Moderne, Suhrkamp Verlag, Frankfurt am Main(1986). Risk Society, Towards a New Modernity,(trans., Mark Ritter), London: Sage(1992).

6) 이병국(1999), 「미국 재난관리체제가 주는 시사점」, 『'99 재난관리정책 워크샵, 국가재난관

러나 폭발 등의 남성적인 재해 재난에는 'désastre', 가뭄이나 눈 같은 여성적인 재해에서는 'calamite'로 표기하고 있으며, 스페인에서도 딱히 재해를 별도로 구분하지 않고 'desastre(calamidad)'로 표기하고 있다.[7] 일본의 사회학자 요시가와(吉川)도 '위기'는 어떤 조직에 있어서 불확실성을 창조해 내고 조직의 중요 목적을 위협하는 활동이라고 정의하고 있다.[8]

　　한국도 미국과 같이 재난과 재해의 개념을 혼용해 왔다. 그러나 1995년 7월 18일자로 새로 개정된 '재난관리법'에는 '천재'와 '인재'를 구분하게 된다. 즉, '재난관리법'[9] 제2조 1항에서는 재난의 정의를 "화재, 붕괴, 폭발, 교통사고, 화생방사고, 환경오염사고 등 국민의 생명과 재산에 피해를 줄 수 있는 사고를 말한다."라고 규정하면서 자연재해는 제외하고 있다. 또, 1999년 1월 29일에 개정된 '자연재해대책법' 제2조 2항에는 자연 재해를 "태풍이나 홍수·호우·폭풍·해일·폭설·가뭄 또는 지진과 기타 이에 준하는 자연현상으로 발생하는 피해를 말한다."라고 규정함에 따라 천재와 인재를 구분하고 있다. 일본의 경우는 천재와 인재를 구분하지 않고 '재해'로 표기하고 있기 때문에 우리나라도 일본의 영향으로 그동안은 재해로 표기해 왔다. 그러나 일제의 잔재청산 등의 이유로 2009년 새로 개정된 '재난 및 안전관리기본법'에는 천재와 인재로 구분했으나, 2014년 12월 30일에 이를 개정하여 다시 자연재난과 사회재난으로 구분하고 있다.[10] 따라서 본

리정책발전방향, 행정자치부, pp. 133~135.

7) 이연(2012), 「2011년 도호쿠 칸토 대진재(東北関東大震災)와 NHK의 재난방송」『국제학논총』(제16집), 계명대학교 국제학연구소, p. 174.

8) 吉川肇子(1999), 『リスク・コミュニケーション』福村出, pp. 16~17.

9) 제1조 목적에는 "이 법은 재난으로부터 국민의 생명과 재산을 보호하기 위하여 국가 및 지방자치단체의 방제관리체제를 확립하고, 재난의 예방 및 수습과 긴급구조 기타 재난관리에 관하여 필요한 사항을 규정함을 목적으로 한다."라고 규정하고 있다.

10) "재난"이란 국민의 생명·신체·재산과 국가에 피해를 주거나 줄 수 있는 것으로서 다음 각 목의 것을 말한다. 가. 자연재난: 태풍, 홍수, 호우(豪雨), 강풍, 풍랑, 해일(海溢), 대설, 낙뢰, 가뭄, 지진, 황사(黃砂), 조류(藻類) 대발생, 조수(潮水), 화산활동, 그 밖에 이에 준하는 자연현상으로 인하여 발생하는 재해. 나. 사회재난: 화재·붕괴·폭발·교통사고(항공사고 및 해상사고를 포함한다)·화생방사고·환경오염사고 등으로 인하여 발생하는 대통령령으로 정하는 규모 이상의 피해와 에너지·통신·교통·금융·의료·수도 등 국가기반체계의 마비, 「감염병의 예방 및 관리에 관한 법률」에 따른 감염병 또는 「가축전염병예방법」에 따른 가축전염병의 확산 등으로 인한 피해.

고는 일반적인 표기는 '재난'으로 표기하고, 특별히 피해를 강조하거나 일본에 대한 내용기술 때에는 원어를 존중해 '재해'로 표기하기로 한다.

2) 재난방송의 범위와 뉴스보도

'방송(broadcasting)'의 개념은 원래 '방송프로그램을 기획·편성, 또는 제작하여 이를 전파를 통해 공중에게 직접, 또는 중계기로 음성정보나 이미지를 수신기에 전달하는 무선통신의 송신'을 말한다. '재난방송'이란 재난발생 시 신속하게 대응하여 인명이나 재산피해를 최소화 할 수 있도록 시민들에게 재난정보를 긴급하게 전달하는 '긴급경보방송(EWS: Emergency Warning System)'을 의미 한다.[11] 그러나 최근에는 재난방송의 범위가 점점 확대되어 재난발생 이전에 방송하는 주의보나 예보, 경보[12]에서부터, 재난발생 예방·대비·대응·복구 등에 이르기까지의 방송도 재난방송으로 보고 있다. 왜냐하면, 최근 일어나는 재난은 복합재난으로 그 피해도 점점 확대되어 2차, 3차 피해로 이어지고 있기 때문이다. 원래 '재난방송'의 의미는 현재 재난이 일어나고 있는 실제상황을 방송하는 중계방송(Radio, TV, DMB 등)을 재난방송이라고 한다. 즉, 재난의 현장 상황을 음성정보나 영상 등으로 생생하게 방송으로 전달하는 생방송을 말한다. 단순히 재난정보나 뉴스보도 시 재난정보를 전달하는 것은 뉴스보도나 속보로 재난방송과는 구분해야 할 것이다.

재난도 이제는 일시적인 대응에서 지속적으로 관리의 대상이 되고 있다. 따라서 재난방송도 평소 방송과는 달리 재난발생이라는 특수상황 속에서 신속하게 대응하여야 하기 때문에 치밀한 사전준비와 함께 실제 재난상황에서 즉시 사용할 수 있는 매뉴얼작성이 가장 중요하다고 하겠다. 뿐만 아니라, 재난방송은 예방, 대비, 대응, 복구 등의 발생단계에 따라 단계적인 재난방송을 통해 국민들이 안심하고 빨리 일상생활에 복귀할 수 있도록 지원해야 한다. 매스미디어 중에서 가장 속보성이 뛰어난 것이 방송이기 때문에 재난발생 시에는 어느 매체보다도

---

11) 이연(2009), "재난과 재난방송시스템에 대한 연구", 방송공학회, 『방송공학회지』, 제14권 제4호, pp. 34~35.

12) 최성종(2009), "재난경보방송 소개", 방송공학회, 『빙송공학회지』, 제14권 제4호, pp. 6~7.

방송의 역할이 가장 중요하다. 재난방송이 신속하고 정확하게 대응하면 그 피해를 훨씬 더 최소화 할 수 있다.[13]

　　일본의 '긴급경보방송'은 방송국이 긴급경보신호를 송출해서 각 가정에 연결돼 있는 긴급경보방송 대응 수신기를 강제적으로 기동, 또는 정지시키는 시스템이다. 법률적으로는 동해대지진 경계선언, 쓰나미 경보, 현지사로부터 요청이 있는 경우 등에 긴급경보방송을 한다. 통상 '삐로 삐로'라는 경보음을 반복하면서 경보방송을 시작한다. NHK종합 제1방송은 매월 1회씩 다음과 같이 시험방송을 실시하고 있다.

▌사진 3-1▐　NHK지상파디지털텔레비전 판(NHK G)

NHK디지털종합방송, NHK종합방송, NHK-FM, NHK 제1라디오방송
(매월 1일 오전 11시 59분에서 1분간, 1월에는 4일에 방송)

---

13)　李錬·宋宗炫(2011), 「韓国における災害報道システム：放送, インターネット, 携帯などを中心として」『韓·日両国の災難報道システムの問題点と発展方案』, 2011年第17回韓·日国際シンポジウム発表資料, 2011年 9月 17日。

▌ 긴급경보 방송 ▌

디지털방송으로 대응한 수신기로 EWS을 인식한 경우
「이 채널에서 긴급경보방송이 방송되고 있습니다.」

　　방송과 통신이 융합되는 첨단 뉴 미디어시대인 오늘날에는 기존의 지상파
인 TV나 라디오, 위성, DMB 등의 매체를 이용해서 재난방송을 실시하고 있
다.14) 일본의 경우는 NHK나 니혼TV, 후지TV, TBS, TV아사히, TV도쿄 등 지상
파TV뿐만 아니라, 위성이나 인터넷, 포털, IP-TV, 스카이퍼펙트(SKY Perfect), 모
바일방송, CATV, 라디오방송, 문자방송(데이터방송 및 원세그 방송 포함), 페이스
북, 트위터 등 다양한 SNS매체를 이용해서 재난방송을 실시하고 있다. 재난방
송도 뉴미디어 시대를 맞아 기존의 지상파 방송을 주된 방송으로 하더라도, 각
종 첨단 매체나 SNS 등 새로운 미디어를 보조 수단으로 사용함으로써 다양화
할 필요가 있다.15)

2. 재난방송의 목적

　　세계 각국에서 사용하고 있는 **방송 주파수는 공공재(公共材)**이다. 국제전기통신
연합(ITU16): International Telecommunication Union)으로부터 주파수를 할당받아 사용

---

14) 이연(2011), 「NHK 재난방송의 시사점과 KBS재난방송 체계 강화 방안 모색」, 전게서, p. 2.
15) 이연(2011), 「NHK 재난방송의 시사점과 KBS재난방송 체계 강화 방안 모색」, 전게서, p. 2.
16) 불령선인은 일본어 사전에서는 조선인을 비하하는 말로 조선인은 박테리아보다도 못하다는
　　의미.

하고 있기 때문에 주파수에 관한 사용 권한은 각국의 국민 모두에게 있다. 그러나 효과적인 주파수 활용을 전제로 정부가 일정한 자격을 갖춘 방송사업자에게는 일시적으로 주파수 사용권을 위임하고 있다. 일본은 국가적인 위기나 대형 재난발생으로 국민들의 생명과 재산이 위협받고 있을 때는 공공재인 주파수를 즉시 재난방송으로 사용할 수 있도록 〈재해대책기본법 제6조〉[17]와 〈방송법 제108조〉[18]에 의해서 '재난방송 의무규정'을 두고 있다.[19] 우리나라의 경우도 〈방송통신발전기본법 제40조〉에 KBS를 재난방송 주관사로 지정, 재난방송 의무규정을 두고 있다.

재난방송은 재난이 발생하거나 발생할 우려가 있을 때 피해자나 피해지의 시민들에게 신속·정확하게 재난정보를 전달해 그 피해를 최소화하는 데 목적이 있다. 따라서 재난방송은 '재난보도(disaster reporting)의 3원칙' 즉, ① 신속·정확(quickness and accuracy)의 원칙 ② 피해자 중심(victim-centered)의 원칙 ③ 인권보호(protection of human rights)의 원칙 등을 준수해야 한다.[20][21] 특히, 재난이 발생하면 피해자들은 극도로 불안해하고 흥분된 상태이기 때문에 신속하고 차분하게 대응하도록 유도해야 한다. 또한, 재난발생 시에는 유언비어가 발생하지 않도록 철저하게 대비해야 한다. 왜냐하면, 재난발생 시에는 대체로 유언비어가 발생해 2차 피해를 입히기 때문이다.

1923년 관동대지진 당시에는 "불령선인(不逞鮮人)이 일본인을 습격한다, 강간한다, 우물에 독약을 뿌린다, 불을 지른다." 등등의 유언비어가 유포되어서 일본

17) NHK는 재해대책기본법 제6조(지정공공기관 및 지정지방공공기관의 책무)에 의해서 일본적십자사, 가스, 수송, 통신 등의 공익사업과 함께 지정공공기관으로 지정되어 재해발생 시에는 상황을 정확·신속하게 전달할 책무가 있다.
18) 방송법 제108조(재해의 경우 방송) 기간방송사업자는 국내기간방송 등을 행함에 있어서 폭우, 호우, 홍수, 지진, 대규모화재, 그 외의 상황에 의해서 재해발생, 또는 발생할 위험성이 있는 경우에는 그 발생을 예방하고, 또 재해를 경감하기 위한 역할을 하도록 하는 방송을 하지 않으면 안 된다.
19) 日本放送協会(2012), 「NHK放送ガイドライン2011」, p. 32.
20) 이연(2009), 「재난과 재난방송시스템에 대한 연구」, 『방송공학회지』, 제14권 제4호, 방송공학회, p. 34.
21) 이연(2014), 「언론 5개 단체 재난보도준칙 제정의 의의」 『언론단체제정 재난보도준칙 선포식』, 한국신문협회 외 4개 단체, p. 42.

인 자경단에 의해서 무고한 조선인들이 수천 명 학살당하는 사례가 있었다.22) 이 밖에도 1995년 한신대진재, 후쿠시마(福島) 참사 등에서도 나타났듯이 재난이 발생하면 재난피해 뿐만 아니라, 유언비어 등에 의한 2차 피해자가 일어날 수 있다.

동일본 대진재의 경우도 일본 언론들은 대체로 재난보도 3원칙을 준수하려고 했지만, 일본 정부나 도쿄전력이 원천적으로 원전폭발에 대한 주요정보 자체를 거의 차단 내지는 은폐하였기 때문에 지금도 그에 대한 정확한 재난정보는 전달되지 못하고 있다. 이 부분에 대해서는 앞으로 일본 정부나 도쿄전력이 일본사회로부터 많은 비판을 받을 것으로 본다. 그 사례로 1954년부터 68년 동안이나 일본 기상청소속 기상연구소가 일본 전국에 걸쳐서 대기 중에 포함된 방사능수치를 관측해왔는데, 일본정부가 갑자기 예산상의 이유로 2011년 3월말부터 동 연구소에 방사선 수치에 대한 '관측 중지명령'을 내렸다고 한다. 이 사건에 대한 관련된 자료를 아사히신문(朝日)이 2014년 7월 2일자 지면을 통해서 폭로하면서 일본정부와 도쿄전력은 곤욕을 치르고 있다.23)

우리나라도 1993년 서해 훼리호 침몰 당시 백 선장 도피사건이나 2008년의 광우병 논쟁 당시 여학생 폭행사건, 백령도 천안함 피격 사건 등에서 경험했듯이 재난이 있을 때마다 유언비어가 발생하여 대응에 차질을 주었다. 이와 같은 유언비어는 재난발생 시에 '재난보도의 3원칙'을 성실하게 준수하지 않았기 때문에 발생하게 된 일들이다.

이로써 신속·정확한 재난방송이 재난 피해를 줄이는 데는 아주 중요한 역할을 한다는 사실과, 이러한 재난 방송을 통해 유언비어를 해소하는 것이 2차 피해를 줄이는 데 크게 기여한다는 점을 알 수 있다. 한편, 2007년 '허베이 스피릿 호' 기름유출 사건의 경우도 피해자 중심의 재난보도가 사건 해결에 얼마나 중요한 역할을 하는가를 새삼 드러낸 사건이다. 이 사건이 발생했을 때 피해자가 아닌 가해자나 시청자 중심의 재난보도가 이루어졌기 때문에 사제 지금까지도 전체적인 사건이 미해결 상태에 머물고 있다.24) 다시 한 번 강조하지만 재난방송은 신

---

22) 春原昭彦(2007), 『日本新聞通史』, 新泉社, p. 202.

23) 「觀測中止令(1)」, 『朝日新聞』, 2011年 11月 7日 pp. 2~3.

24) 이연(2008), "허베이 스피릿 호 기름유출사고와 재난보도준칙", 충청언론학회세미나 발표자료 참고.

속·정확한 재난방송으로 그 피해를 최소화하고 유언비어를 해소함과 동시에 피
해자를 안심시켜 빨리 다시 생업에 종사할 수 있도록 배려하고 독려할 의무가
있다.

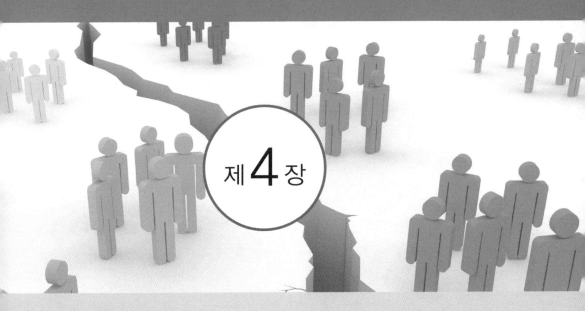

제4장

동일본 대진재로 본 NHK의 재난방송시스템

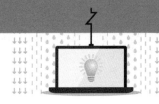

제4장 >>>
동일본 대진재로 본 NHK의 재난방송시스템[1]

제1절 동일본 대진재와 NHK의 재난방송

1. NHK의 재난방송

2014년에 개정된 NHK의 신 방송가이드라인에 의하면 일본의 〈방재기본계획〉은 크게 3단계로 나눌 수 있다. (1) 재해 예방 대책 (2) 재해 응급 대책 (3) 재해 복구·부흥 대책이다.[2]

재해 대책에는 무엇보다도 재난정보 전달 체계가 중요하다. 재난정보 전달 체계가 얼마나 신속하게 작동하느냐에 따라 인명이나 재산 피해의 규모가 크게 달라지기 때문이다. 일본의 경우, 지정 행정기관이나 공공기관의 「방재업무계획」,

---

1) 이 연(2012), 「2011년 도호쿠 칸토 대진재(東北関東大震災)와 NHK의 재난방송」『국제학논총』(제16집), 계명대학교 국제학연구소, pp. 169~205 수정 재인용.
2) 일본은 영어의 disaster에 해당하는 단어를 재해와 재난을 구분하지 않고 재해(災害)로 쓰고 있다.

또는 도도부현(都·道·府·縣)이나3) 시·정·촌(市·町·村)의 「지역방재계획」 등의 재해정보 전달체계를 법으로 규정하고 있다. 재해정보에 관한 일본의 법 규정은 ① 재해대책기본법 ② 소방조직법 ③ 수해방지법 ④ 기상업무법 ⑤ 대규모지진대책특별조치법 ⑥ 유사법 등 6가지의 법규가 근간을 이루고 있다.4)

1) NHK의 재난방송시스템5)

(1) 재난 경보의 유형

재난발생 이전의 재난경보는 아직 재해가 발생하지 않은 상태에서 재난발생을 예지(豫知)하여 방재체제를 구축하고 주민들에게 경계, 또는 나아가 대응 준비를 당부하는 것을 말한다.6) 그 유형에는 다음과 같이 4가지가 있다.

① 기상청에서 발하는 각종의 재해경보

② 국토 해양부 대신이 발하는 경보

③ 도도부현 지사가 발하는 수해방지경보

④ 내각 총리대신이 발하는 경계선언 등

(2) NHK의 경보 방송(Warning Broadcasting)7)

일본의 기상업무법에 의하면 경보 방송은 반드시 NHK(일본방송협회)가 실시하도록 하는 의무규정을 두고 있다.

① NHK는 경보방송 매뉴얼을 사전에 작성해 두고 있는데, 이 매뉴얼의 기본방침에 따르면 해일경보 이외의 기상경보는 로컬 방송을 원칙으로 한다.

② 또, 해일경보나 동해(태평양)쪽 지진의 경계 선언은 전국 중계가 원칙이다.

---

3) 일본의 행정구역은 도도부현(都道府縣)으로 구성되어 있다. 기초 지방자치단체는 시·정(도시의 洞이나 읍에 해당)·촌(시골의 洞에 해당)이 있다. 또한, 도쿄(東京)의 경우는 27개구(區, 우리나라의 구와 같음)가 있고, 그 밑에 쵸(町, 우리나라의 동에 해당)가 있다.

4) 이연(2011), 「NHK 재난방송의 시사점과 KBS재난방송 체계 강화 방안 모색」, 전게서, p. 4.

5) 이연(2007), 『위기관리와 매스미디어』, 학문사, pp. 225~226.

6) 『NHK』 ANNUAL REPORT(2014), p. 4.

7) 이연(2011), 「NHK 재난방송의 시사점과 KBS재난방송 체계 강화 방안 모색」, 전게서, p. 5.

③ 그 밖에 해일이나 대규모 지진을 제외한 재해는 비교적 그 영향의 범위가 한정되어 있기 때문에 재해의 특성상 로컬 방송을 원칙으로 한다.

④ NHK 도쿄 본부의 방송 방침상 기상경보(폭풍우, 폭풍설, 폭우, 대설, 높은 파고, 홍수, 파랑에 관한 경보)의 경우 원칙적으로 전국 중계는 하지 않는다.

⑤ 다만, 정규방송 중에 경보가 발령되었을 경우에는 로컬로 스크롤(자막) 방송을 하고, 정규방송 종료 후로 발령 지역이 광범위할 경우나 혹은 큰 피해가 예상될 때만 도쿄·로컬로 방송한다.

⑥ 또, 해일경보의 경우, 정규방송이나 방송 종료를 불문하고 NHK가 소유하고 있는 8개 채널(TV−2개 채널, Radio−3채널, BS−3채널)[8] 모두를 사용해서 전국 중계로 임시 뉴스방송을 한다.

⑦ 경보방송이 나갈 때에는 먼저 차임벨을 울려서 시청자의 주의를 환기시킨다. 특히, 고령자 등 모든 사람들이 알아듣기 쉬운 차임벨 소리를 독자적으로 개발했다.

⑧ 동해(태평양)쪽의 지진 경계선언에 관해서는 협정에 의해서 보도해제라는 최종 판정이 나올 때까지, 판정회 소집 30분 후부터는 8개 채널 모두 정규 방송을 중단하고 전국 중계 임시 뉴스로 방송하며, 이 같은 태세는 경계 선언 발표까지 계속한다.

---

8) NHK종합TV, EBS(교육), 라디오방송제1방송, 제2라디오방송, BS, BS프리미엄, NHK World 8개 채널.

2. NHK의 재난방송과 〈재해·기상센터〉9)

1) NHK의 지진조기경보시스템(Earthquake Early Warning System)

┃ 사진 4-1 ┃ 지진조기 경보

출처: NHK 마츠모토 아츠시 재해·기상센터 자료.

NHK는 2007년 10월부터 지진 발생 조기 경보 시스템을 도입하고 상황을 더욱 신속하게 전달하기 위하여 아래와 같이 속보체제를 구축하였다.10)

(1) NHK 보도국의 〈재해·기상센터〉는 일본 기상청으로부터 "일보(一報)"를 받음과 동시에 뉴스 센터(사회·특보)를 기점으로 해서 긴급 연락망에 따라 각 부·국에 연락한다. 연락을 받은 재해 보도 강화 지역, 즉 시즈오카(静岡), 하마마쓰(浜松)를 시작으로 다른 강화 지역 관련의 각국에서는 각국의 '동원 계획'에 따라서 동원인력을 소집한다.

---

9) Atsushi MATSUMOTO(2011), "*NHK's Disaster Broadcasting*", Director of NHK Disaster and Safety Information Center, p. 11.

10) 이연(2011), 「NHK 재난방송의 시사점과 KBS재난방송 체계 강화 방안 모색」, 전게서, 6-7쪽 인용.

(2) NHK는 전국적으로 73개 지역에 독자적으로 지진계를 설치하여 일각이
라도 먼저 진동을 감지할 수 있도록 하였으며, 계측된 자료는 30초에서 1분 간격
으로 도쿄 재해 기상센터에 실시간으로 자료를 송신하도록 하는 전자동 속보체
제를 구축하고 있다.

(3) 비상 재해 때 가장 유효한 통신위성(CS: Communication Satellite)을 이용하여
이 CS 회선을 전달 수단으로 이용하는가 하면, 최근에는 통신·연락 수단으로도
이용하고 있다. CS회선은 현장의 CSK(CS중계차)와 방송국을 통신위성으로 연결시
키는 영상 통신회선이다. CS회선을 이용하면, 종래까지 방송중계가 어려웠던 산
간지방이나 낙도 등 일본 전국 언제 어디에서나 영상 중계가 가능하다. 특히
2007년 3월부터는 휴대 가능한 운반형 CSK가 전국 89개소에 설치되어 있다.

(4) 전국 700개 소에 24시간 원격조정이 가능한 로봇 카메라 모니터링 시스
템을 구축해 재해 현장의 주변 영상은 언제든지 송출할 수 있게 했다. 이 로봇
카메라 영상은 ADSL회선을 사용해서 12시간 분량의 영상을 축적할 수 있다. 또
한 도쿄 스튜디오가 재해로 방송을 할 수 없을 경우를 상정해 오사카 방송국에서
도 장시간 재난방송을 송출할 수 있도록 백업 체제도 구축했다.

(5) 24시간 재해대응 경계태세를 유지하기 위하여, 일본 전토를 8개 거점으
로 나누어 헬기 15대를 배치하여(2016년 1월 현재) 신속하고 정확하게 재난을 취재
할 수 있게 했다.

(6) 동일본 대진재 대에는 전국 방송, 즉 텔레비전의 경우는 〈사진 4-2〉와
같이 지도에 자막이 붙은 슈퍼 임포즈(superimpose)라는 방송영상기법을 도입해
중계하였다. 아날로그방송에 비해 디지털방송은 신호체계상 늦게 전달되기 때문
에 이를 개선하기 위해서 2010년 8월 23일부터는 문자 자막이 먼저 뜨고 지도와
함께 차임벨이 울리는 새로운 방법으로 경고방송을 실시하도록 했다. 동일본 대
진재를 보도하면서 NHK는 한 화면에서 다양한 재해현장을 동시에 전달할 수 있
는 속보체제를 도입해 세계적으로 많은 관심을 끌기도 했다.

| 사진 4-2 | 수퍼 임포즈 화면

출처: NHK 마츠모토 아츠시 재해·기상센터 긴급지진 속보 자료.

(7) 경계경보가 발령되면 "보도해금에 관한 최종판정"이 나오기까지 NHK 텔레비전(종합TV, 교육TV, BS1, BS프리미엄) 채널과·라디오(R1, R2)·FM·인터넷 및 데이터방송 등의 채널이 동시에 정규 프로그램을 중단하고 판정회가 소집된 뉴스를 시작으로 관측 데이터를 소개하고, 사회적 혼란을 막기 위해 호소하는 등, 지진(재해)에 관한 방송을 속보해야 한다. 또한, 경계 선언이 발령되었거나 지진이 발생했을 때에도 미리 정해진 요령에 따르고, 사회적 혼란을 방지하기 위하여 냉정하고 정확한 행동지침이 되는 정보나 대책을 실시하면서, 상황에 따라 지극히 자세한 정보를 방송해야 한다.

2) NHK의 지진속보(Earthquake Broadcast Quickly)와 재난방송 가이드라인

재난이 발생하려고 할 때, 방송국의 입장에서는 어느 단계에서부터 재난방송을 실시해야 할지 고민이 되는 것은 사실이다. NHK의 경우는 명확한 속보기준이 정해져 있다. NHK의 속보 기준에 따르면 진도 3 이상은 전국방송(TV, 문자 수퍼, 라디오는 음성의 추가)을 개시하고, 진도 6 약 이상이 되면 통상 프로그램을 중단하고 임시 뉴스로 방송한다. 단, 상황에 따라서는 진도 5 강이나 5 약이라도 뉴스를 특별 설치하도록 하고 있다.

대형 쓰나미의 경우 통상 프로그램을 중단하고 긴급경보방송을 개시한다. 쓰나미 주의보라도 광역으로 발표된 경우에는 뉴스로 전환하는 경우가 있다.

〈2015 NHK 재난방송 가이드라인(10장: 재해·비상사태 편)[11]〉
- 지진·쓰나미·태풍 등의 재해, 인명이나 국민생활에 중대한 영향을 미치는 비상사태가 일어났을 때, NHK를 시청하고 있는 사람들은 정확하고 신속한 정보를 요청하게 된다. 공공방송으로써 기대에 부응해 정확하고 알기 쉬운 정보를 보다 신속하게 전달하기 위해, 취재와 보도에 전력을 기울인다.
- 재해나 영향을 경감하기 위하여 필요에 따라서 시청자에게 여러 가지로 주의를 환기시킨다.
- 재해·비상사태의 보도에 있어서도 방송의 자주·자율을 관철한다.

(1) 재해

① 「방재·감재(減災)보도」는 NHK의 사명
- NHK는 재해대책기본법에서 전기·가스·통신 등의 공익사업과 함께 지정공공기관으로 지정되어, 방송을 통해서 방재에 기여할 책무가 있다. 방송법에도 방송이 재해의 피해경감에 역할을 하도록 의무화하고 있다.

⇨ 재해대책기본법
  제6조(지정공공기관 및 지정지방공공기관의 책무)
  2. 지정공공기관 및 지정지방공공기관은, 그 업무의 공공성 또는 공익성에 비추어 각각의 업무를 통해서 방재에 기여하여야 한다.
  * 지정공공기관 독립행정법인, 일본은행, 일본적십자사, **일본방송협회** 그 외 공공적기관 및 전기, 가스, 수송, 통신 기타 공익적 사업을 하는 영업법인으로 내각총리대신이 지정한 것.

---

11) 日本放送協会(2015), 「NHK放送ガイドライン2015」, 33-39쪽.

⇨ 방송법

제108조(재해의 경우 방송)

2. 기간방송사업자는 국내 기간방송 등을 행함에 있어서 폭풍, 호우, 홍수, 지진, 대규모화재, 그 외 재해발생 시, 또는 발생할 우려가 있을 경우에는 그 발생을 예방하고, 또 그 피해를 경감하기 위한 방송이 되도록 노력해야 한다.

- 「방재·감재(減災)보도」는 NHK의 사명이고, 그 중요성을 인식해서 만일에 대비해 재해 시에는 사람들의 생명과 일상을 지키기 위하여 정보발신에 전력을 다한다.
- 재해 때뿐만 아니라, 평소부터 방재라는 과제를 적극적으로 받아들여 안전한 사회건설에 기여함과 동시에 사람들에게 방재지식이 확산되도록 노력한다.

② 재해보도의 기본방침

- 재해발생이나 그 위험성이 있을 때 본부는 전국 시청자들에게 「방재·감재(減災)보도」를 하는 전국방송을 실시한다. 지역의 방송국은 상황에 따라 지역의 시청자가 필요로 하는 정보를 TV, 라디오, 데이터방송, 각 방송국의 홈페이지 등 다양한 미디어를 활용해서 상세하게 전달한다.
- 기상경보 등 시청자에게 즉시 전달해야 하는 정보는 TV는 문자 수퍼 임포즈(superimpose) 등으로, 라디오는 음성 등으로 속보한다. 대형 쓰나미 경보가 발령될 경우 등에는 긴급경보방송을 한다.

⇨ 긴급경보방송

대 재해의 위험성이 있을 경우 방송국에서 특별한 신호를 보내면 전용 수신설비가 내장되어 있는 TV나 라디오에서는 스위치가 자동적으로 켜져 긴급 시에는 방송수신이 가능해진다. 긴급경보방송의 실시기준은 다음과 같다.

① 대규모지진의 경계 선언이 발표된 경우

② 쓰나미(대형 쓰나미)경보가 발표된 경우

③ 재해대책기본법에 의해서 도도부현 지사 등으로부터 요청을 받은 경우

NHK는 1985년부터 전국적으로 경보방송을 실시하고 있다.

- 재해대책기본법에 의한 피난지시나 피난권고는 지역방송에서 할 수 있는 한 속보를 한다. 또, 지역방재계획에 의거 피난준비정보도 상황에 따라 전달해서 고령자나 몸이 부자유스러운 사람들의 피난이나 방재에 도움을 준다.
- 재해보도는 피해상황을 신속하게 전달해 행정기관, 의료기관, 자원봉사자를 포함하여 광범위하게 구조에 도움을 주고자 노력한다.
- 상당한 피해나 영향이 미칠 경우에는 상황에 따라서 NHK 도쿄 본부와 각 방송국은 TV나 라디오에서 「라이프 라인(생활정보: life line)방송」을 실시하고, 피해자의 생활지원에 필요한 정보를 전달한다.
- 재난 피해 지역에는 소중한 인명이나 가옥, 일자리를 일순간에 잃어버리고 깊이 상처받은 피해자가 수없이 있다. 피해 지역에서는 피해자의 기분을 첫 번째로 고려하여 프라이버시 등을 충분히 배려하도록 해야 한다.
- 피해자가 처해 있는 상황을 계속적으로 취재하여 생활의 재건을 지원함과 동시에 부흥을 위해서도 장기적인 지원을 촉구한다.
- 취재·제작에 있어서도 안전에 충분히 유의하도록 한다.

③ 지진·쓰나미

- NHK는 진도 3 이상은 전국방송(TV는 문자 수퍼 임포즈, 라디오는 음성으로)으로 전달해, 진도 6 약(5.8 정도) 이상은 통상 프로그램을 중단하고 임시뉴스로 전달한다. 단, 상황에 따라서는 진도 5 강(5.3)이나 5 약(4.8)이라도 뉴스를 특설할 경우가 있다. 기상청으로부터 「긴급지진속보」가 발령될 경우, 전자동시스템에 의해서 TV는 강한 흔들림이 예상되는 지역을 지도와 문자로 표시하고, 라디오는 자동음성으로 읽는다.
- 큰 흔들림이 관측되어 쓰나미의 우려가 있는 경우는 쓰나미 피난 호소를 최우선으로 한다. 아나운서는 강한 어조로 피난을 호소하면서 로버트 카메라 영상이나 기상청 발표정보 등을 활용해 피난을 강하게 촉구한다. 쓰나미 주의보에도 뉴스로 전환하는 경우가 있다.
- 지진은 일본 국내 어디에서도 발생할 우려가 있지만, 과거부터 반복해서

발생하고 있는 대 지진에 관해서는 국가가 특별조치법을 제정해서 대책을 강화하고 있다. 상정되는 대 지진으로는 도카이 지진(東海地震), 난카이(南海) 트러프(trough)12) 거대 지진(東南海·東海地震), 수도 직하 지진 등이 있다. NHK는 동일본대지진을 경험한 후 어떠한 재해에도 대응할 수 있도록 방송 설비나 체제의 강화를 중점적으로 추진하고 있다.

④ 기상재해

• NHK는 특별경보나 기상경보가 발령된 경우는 TV와 라디오로 속보를 한다. 특별경보는 중대한 재해가 일어날 위험성이 현저하게 높을 때에 발표하는 것으로, 호우·대설·폭풍·폭풍설·해일·파랑의 여섯 종류가 있다. 기록적인 단시간 호우정보, 토사재해경보정보, 회오리주의보,13) 범람위험정보, 범람경보정보도 지역방송에서 속보를 한다.

• 태풍이 일본에 접하거나 상륙할 위험성이 있을 때에는 상황에 따라서 TV와 라디오에서 특설 뉴스를 방송한다. 이미 풍우가 강해지고 있는 지역의 모습이나 피해상황, 이제 곧 접근할 지역의 대응이나 준비상황, 거기에 방재 측면에서 경계해야 할 점 등을 상세하게 전달한다.

• 국지적인 호우는 사전 예측이 어려워 주민들의 피난이 늦어지기 쉽다. 비가 강해지고 있는 지역이 있으면, 중점적으로 경계를 호소한다.

⑤ 화산분화

• 기상청은 활화산을 대상으로, 거주 지역에 중대한 피해를 미치는 분화가 발생했거나 발생이 예상되면 「분화경보」를, 화구 주변에서 가까운 거주 지역에 영향을 미치는 분화가 발생하거나 발생이 예상되면 「화구주변경보」

---

12) 주상 해분(舟狀海盆). 배의 밑바닥처럼 생긴 깊은 바다의 해저 지형. 해양.

13) 일명 회오리바람, 용숫바람이라고도 하는데, 일본 기상청은 2008년 3월부터 이 기상 정보를 발표하기 시작했다. 자세한 내용은 NHK의 강수정보 시스템 참조. 즉, 비와 바람의 움직임을 3차원적으로 연속 감시하는 기상 도플러 레다(Doppler radar)에 의한 관측 등에서 토네이도(tornado)나 해상 등의 수면에 닿은 워터 스파트(water spout: 용오름) 등의 격한 돌풍이 발생하기 쉬운 기상상황에서 감전주의보 등 문장형식으로 발표한다. 유효기간은 발표로부터 1시간이다. 2010년 5월부터는 폭풍이 적운(積雲: 대규모구름)을 동반하거나 격한 돌풍을 예보하는 회오리바람 발생확률도(now cast)(竜巻発生確度: 단시간예측정보) 및 우뢰를 예보하는 우뢰 실황방송(now cast)도 발표하고 있다.

를 발표한다. 기상청이 경보를 발표하면 TV나 라디오에서 속보한다.

• 화산의 분화는 갑자기 발화해 급속히 활성화되는 경우가 있고, 폭발적인 분화나 화쇄류(火砕流),[14] 용암류, 화산가스 등 여러 가지 현상이 일어난다. 때에 따라서는 인근 주민들에게 신속한 피난을 요구해 피난생활이 장기화 되는 경우도 있다. 여러 가지 사태를 상정해서 방재에 도움을 주는 방송을 한다.

⑥ 속보의 기준

• TV는 문자 수퍼 임포즈, 라디오는 음성으로 속보한다.

표 5-1 2016년 1월 현재

	정 보	방송의 종별	비 고
지진·쓰나미·화산	긴급지진속보	전국방송(全波)	자동지도 수퍼 임포즈와 자동음성
	진도속보, 시정촌(市町村)진도(진도 3 이상)	전국방송	5 약 이상은 전파 6 이상은 전파 임시 뉴스
	대 쓰나미경보, 쓰나미경보	긴급경보방송(전파)	
	쓰나미 주의보	전국방송	
	분화경보(噴火警報)	전국방송(전파) 지역방송	
	화구주변경보(火口周辺警報)	지역방송	
	먼 곳 지진정보	전국방송	내용에 따라 실시
	동해지진경계선언	긴급경보방송(전파)	
	동해지진조의정보	전국방송(전파)	
기상	특별경보	전국방송(전파) 지역방송	호우, 대설, 폭풍, 폭풍설, 해일, 파랑
	기상경보	지역방송	파랑 경보는 지역의 실정에 따라 실시
	토사재해경계정보	지역방송	

---

14) 화쇄류는 화산 쇄설류(火山砕屑流: 화산으로 부서진 가루나 돌 등)의 준말로 화산에서 분출 한 화산 쇄설물과 화산 가스의 혼합물이 화구에서 빨리 흘러내리는 일.

	기록적 단시간 호우정보	지역방송	
	회오리바람 주의정보	지역방송	
	범람위험정보, 범람경계정보	지역방송	
피 난	피난지시, 피난권고, 피난준비정보	지역방송	가능한 한 실시

(2) 감염증

• 신형 인플루엔자나 에볼라 출혈열, 항생물질이 잘 듣지 않는 다제내성균(多劑耐性菌: multiple drug resistance)에 의한 원내감염(院內感染) 등의 감염증, 이 외에도 조류 인플루엔자, 구제역을 필두로 동물의 전염병을 취재할 기회가 늘어나고 있다. 이러한 보도에서 정확한 정보를 신속하게 전달하여 피해를 최소한으로 억제하고 사회적 혼란을 방지하는 것이 NHK가 공공 방송으로서 수행해야 할 중요한 역할이다.

• 감염증과 전염병 등의 취재에서는 취재자의 안전을 확보함과 동시에 취재를 통해 감염이 확대되는 일이 없도록 해야 한다. 이를 위해 사전에 병원성(독성)이나 감염력의 강도, 잠복 기간, 감염 경로 등 병원체의 성질을 충분히 파악하고 필요에 따라서는 전문가에게 조언을 받아 취재 계획을 세운다. 취재 때에는 마스크를 착용하는 등 상황에 따라서 대책을 세운다.

• 취재 시 병원체의 성질이 밝혀지지 않은 시점에서는 병상에 있는 사람들의 대면 취재는 원칙적으로 금지하고, 전화에 의한 취재 등을 검토한다. 병원 등의 시설관리자나 행정당국의 안전상 요청이나 지시가 있을 경우는 원칙적으로 여기에 따른다.

• 해외에서 감염증이 유행할 경우 현지 취재에 관해서는 계획 단계에서 필요성을 충분히 검토하고, 취재하게 될 경우 사전에 전문가에게 유의할 점을 확인한다.

• 방송에서는 감염자에 대한 차별·편견이 생기지 않도록 표현에 세심한 주의를 기울인다. 사람의 감염은 물론, 구제역 등 가축의 전염병에 관해서도 관계 시설을 언급할 때 실명과 익명 중 어느 것으로 할지는 감염확대의 억

제, 프라이버시, 헛소문으로 인한 피해 등의 관점에서 신중하게 영향의 진위를 확인하여 NHK의 입장에서 적확하게 판단한다.

• 감염증이 확산되고 있을 경우, 고비마다 가능한 한 여러 명의 전문가를 취재하고 앞으로의 견해 등에 대해서도 전달해 나간다.

• NHK는 2013년에 시행된 신형 인플루엔자 등 대책특별조치법(제2조 6호)에 지정공공기관으로 되어 있다. 공공방송으로써 신속한 보도를 해야 할 책무가 있고, NHK의 「행동계획」이나 「취재 매뉴얼」에 근거해서 대응하고 방송해야 한다.

(3) 원자력 사고

① 원자력사고의 보도

• 원자력 발전소나 원자력 시설에서의 사고는 인간의 오감으로는 직접 감지할 수 없는 「방사성물질·방사선」이 위협이 되기 때문에 적확(的確)한 정보를 신속하게, 그리고 알기 쉽게 전달할 필요가 있다.

• 사고시설 주변의 취재는 방사선량을 측정하는 포켓 선량계를 휴대하는 등 안전에 충분히 유의한다.

② 중대 사고

• 중대사고가 일어난 경우는 원자력재해대책특별조치법(原災法)에 따라서 취재와 방송을 실시한다.

• 원자력재해대책특별조치법은 1999년 이바라기현(茨城県) 도카이무라(東海村)에서 일어난 임계사고(臨界事故: criticality accident)[15]를 계기로 시행되어, 원자력에 관한 중대한 사고가 발생할 시에는 국가가 주도적으로 대응하도록 정해져 있다. 또, 전국 원자력시설 주변에는 긴급하게 대응할 수 있도록 업사이드 리스크 센터도 설치하도록 하고 있다.

• 그러나 2011년 도쿄전력 후쿠시마 제1 원자력발전소(福島 第1原子力發電所) 사고 때는 업사이드 센터는 기능하지 못하고, 방사선물질은 당시 지침이

---

15) 핵분열성 물질이 예기하지 못한 원인에 의해서 제어불능인 상태로 임계량(또는 임계의 크기)을 넘어서 임계초과 상태가 되어 일어나는 사고.

정해져 있었던 원전 반경 10㎞권보다 넓은 범위로 방출되었다. 이것 때문에 사고 직후 새로 만들어진 국가 원자력재해대책 지침에서는 사고에 대비해 사전에 대책을 취하는 범위도 반경 30㎞권으로 넓히고 긴급사태 구분도 다시 수정하게 되었다.

⇨ 원자력재해대책특별조치법 제10조 시설부지긴급사태(施設敷地緊急事態)

원자력재해특조법 제10조는 원자력시설의 부지경계에서 방사선량이 일정 기준치를 넘거나, 원자로 수위가 내려가 비상용노심냉각장치가 작동하거나 할 경우, 원자력사업자가 국가나 지방자치단체에 통보하도록 정하고 있다. 말하자면 이것은「주의보」에 해당해, NHK는 즉시 속보를 한다.

⇨ 원자력재해대책특별조치법 제15조 전면긴급사태(全面緊急事態)

원자력재해특조법 제15조는 사태가 더욱 확대될 경우 내각총리대신이「원자력긴급사태」를 선언하도록 규정하고 있다. 이는「경보」에 해당하고 대형 사고나 재해가 날 가능성이 매우 큰 상황이다. NHK는 즉시 방송으로 속보함과 동시에 쓰나미 경보에 준해서「옥내 대피·피난」「음식물 섭취 제한」등 필요한 조치와 주의사항 등을 전한다.

- 원자력사고는 사태가 시시각각으로 변해가기 때문에 방사성 물질의 외부 방출이나 주민의 피난, 혹은 옥내 퇴실권고·지시 등의 정보는 가능한 한 실시간으로 전한다.
- 피난이나 옥내 퇴실이 권고·지시된 구역에 들어가는 취재는 원칙적으로 하지 않는다.

(4) 국민보호법제

- 국민보호법에 의해서 NHK는 타국으로부터의 무력공격 등의 일이 있을 때 지정공공기관으로써, 경보(해제 포함), 피난지시(해제 포함), 긴급통보의 3가지 정보를 방송할 책무를 지니고 있다.
- 경보는 국가의 대책본부장(내각총리대신)이 발령하고, 도쿄의 방송센터에 연락한다.

또, 피난지시와 긴급통보는 도도부현지사가 발령하고 당해 방송국에 연락한다.

• 유사 시라 하더라도 NHK가 독자적인 편집 판단에 의해서 취재하고 방송함에 있어서는 어떠한 변화도 없다.

국민의 생명이나 재산에 직결되는 정보는 신속 적확하게 전달하여, 보도기관으로서의 역할을 다할 뿐만 아니라, 공공방송에 대한 국민의 기대에도 부응해야 한다.

⇨ 국민보호법 제7조

2. 국가나 지방공공단체는 방송사업자로써 지정공공기관 및 지정지방공공기관이 실시하는 국민보호를 위한 조치에 관해서는, 언론의 역할과 그 외 표현의 자유를 특별히 배려하여야 한다.

⇨ 중의원과 참의원의 특별위원회 부대결의(附帶決議)

• 긴급정보방송은 간략하고 알기 쉬운 것이 중요하다. 내용이 과대한 분량이거나 이해하기 어려우면 신속 적확한 방송에 장해가 될 우려가 있기 때문에 주의해야 한다.

• 3가지의 긴급정보 중에 특히, 주민의 피난에 관한 도도부현지사의 지시는 상세하게 전달될 것이 기대된다. 총무성소방청이 작성한 '도도부현 국민보호 모델계획'에 의하면, 「전달해야 할 피난지시 내용의 정확성을 훼손하지 않는 한도 내에서 방송방법에 관해서는 방송사업자가 자주적인 판단에 맡기기로 한다.」고 기술하고 있다.

3) 지진속보(Earthquake Broadcast Quickly)

(1) 긴급지진속보

▌그림 4-1▐ 긴급지진속보시스템

  지진은 P파라고 부르는 작은 진동 이후에 S파라고 부르는 대형 진동이 온다. 긴급지진속보는 P파 이후에 지진의 규모나 진원지를 예측하여 큰 진동인 S파가 오기 수초 전에 발표한다. 기상청은 진도 5약 이상 예측될 경우에 발표한다.

(2) 주변상황에 대응해서 당황하지 않고 자기 안전 확보하기

┃ 그림 4-2 ┃ 지진발생 시 행동요령

① 집에 있을 때

집 안에서의 대응은 물론이고 학교나 직장 등에서 긴급지진속보를 보거나 들었을 때의 행동에 대해서도 평소부터 충분히 생각해 둘 필요가 있다.

- 머리를 보호하고, 대형 가구에서 떨어져서 튼튼한 책상 밑에 숨는다.
- 당황하여 밖으로 뛰쳐나가지 않는다.
- 그 장소에서 불을 끌 수 있는 경우는 불을 단속하고, 화재현장에서 떨어져 있는 경우는 무리하게 불을 끄지 않는다.
- 문을 열고 대피로를 확보한다.

② 집 밖에 있을 때

- 블록 벽의 붕괴나 자동판매기의 전복에 주의하고 현장에서 떨어져서 머무른다.
- 빌딩 벽이나 간판, 깨어진 유리가 떨어지는 등에 대비해 빌딩 옆에서 떨어져서 머무른다.

③ 운전 중

- 뒤따라오는 차가 정보를 듣지 못했을 경우를 고려해 당황해서 속도를 줄이지 않는다.
- 비상등을 켜는 등의 방법으로 주변의 차량에 주의를 촉구한 후 급브레이크 밟지 않고 서서히 속도를 떨어트린다.
- 대형 진동을 느꼈을 때는 급격히 핸들을 꺾거나 밟지 말고, 될 수 있는 대로 안전한 방법으로 도로상황을 확인해서 좌측에 세운다.

④ 열차나 버스 안

- 손잡이나 기둥을 꽉 잡는다.

⑤ 대규모시설

시설종사원들의 지시에 따른다. 시설종사원들의 명확한 지시가 없을 경우는 이하와 같이 대응한다.

- 현장에서는 머리를 보호하고 진동에 대비태세를 갖춘다.
- 당황해서 출구나 계단 등으로 몰려들지 않는다.
- 매달려 있는 조명등의 아래는 피한다.

4) NHK의 강수 경보시스템

일본 기상청은 2008년 3월부터 강수경보시스템을 가동하고 있다. 강수경보도 기상정보의 하나로 비와 바람의 움직임을 3차원적으로 연속 감시하는 기상 도플러 레이더(Doppler radar)에 의해 관측하고 있다. 토네이도나 워터 스파트(waterspout: 바다나 호수 위 용오름회오리바람) 등의 격한 돌풍이 발생하기 쉬운 기상 상황에서는 감전주의보 등을 문장형식으로 발표하고 있다. 이들은 하루나 반나절 정도 이전의 기상정보로 경보를 하는데 유효기간은 발표로부터 약 1시간이다. 2010년 5월부터는 폭풍이 적운(積雲: 대규모구름)을 동반하거나 격한 돌풍을 예보하는 회오리바람 단시간예보 및 우레 단시간예보를 예보하는 우레 단시간예보도 발표하고 있다. 이들은 시간 단위나 30분, 또는 10분 단위로 잘게 쪼개어 예보를 발표하고 있다.

(1) 아메다스(AMeDAS: Automated Meteorological Data Acquisition System)는 '지역 기상 관측 시스템'의 약자로서 비나 바람, 눈 등의 기상상황을 시간적, 지역적으로 세분해서 감시하는 시스템이다. 강수량, 풍향, 풍속, 기온, 일조 시간의 관측 등을 자동적으로 측정하여 기상재해 방지 및 경감에 중요한 역할을 한다. 아메다스는 1974년 11월 1일부터 운행을 개시하고 있는데 현재는 강수량을 측정하는 기상관측소가 일본 전국에 무려 1300여 개소가 있다. 그 중 840개소(약 21Km 간격)에는 강수량에 더해 풍향, 풍속, 기온, 일조시간을 관측하고, 이 외 눈이 많이 오는 지방 약 320개소에는 적설량을 관측하고 있다.

제2절 NHK의 재난보도 매뉴얼

1. 2011년 동일본대진재 후 개정된 NHK의 재난보도 매뉴얼

일본의 재난방송 주관방송사는 NHK이다. NHK는 재해대책기본법 제6조(지정공공기관 및 지정지방공공기관의 책무) 및 방송법 제108조(재해방송)[16]에 의해서 재난 발생 전후를 통하여 재난방송을 실시할 의무가 있다. 물론, 그 외 민간의 190여 개 방송사도 각 도도부현 지사가 「지정지방공공기관」으로 지정하여 NHK 만큼 광역성은 없어도 이에 준하는 재난방송을 실시하게 된다.

NHK는 1995년 1월 17일 한신 대지진이 발생한 이후 가지고 있던 전파 모두가 각자 재난방송을 실시하여 재난방송의 효율성 문제가 제기되었다. 당시, 피해자들에게 신속한 정보를 전달하려면 채널별 특성을 살려 업무를 분담하는 형식의 재난방송이 합리적이라는 의견이 대두되었다. NHK는 그 후 여러 번에 걸쳐서

---

16) 기간방송사업자는 국내 기간방송 등을 행함에 있어서 폭풍, 호우, 홍수, 지진, 대규모화산, 그 외 재해발생 시, 또는 발생할 우려가 있을 경우는 그 발생을 예방하고, 또 그 피해를 경감하기 위하여 재난방송을 하지 않으면 안 된다.

이를 집중적으로 검토한 끝에, 종합채널 1TV는 현장 중계, 교육방송은 안부 정보, 라디오 제1, 제2방송은 각각 피해 방송과 복구 부흥 방송 등으로 임무를 분담하는 방식의 재난방송으로 『재해 보도 매뉴얼』을 개정하게 되었다.

1) NHK의 채널별 재난방송 역할 분담

(1) '종합채널인 제1TV'와 '제1 라디오'는 기간방송으로 '긴급보도', '교육방송'은 '안부정보(FM방송 포함)'와 '청각장애자 정보', '제2 라디오'는 '외국인과 시각장애자 정보'를 각각 방송하도록 결정했다.[17] 그러나 여기에서는 재해발생 시 가장 문의가 쇄도하는 생사 문제나 안부 정보 등에 관한 시스템은 그다지 개선되지 않았다는 비판이 있었다.

(2) 전달 시간 단축

앞에서 조금 언급했지만 NHK는 2007년 10월 이후부터는 조기경보 시스템(EWBS: Emergency Warning Broadcasting System and Early Warning System)을 설치하여 진도 6 이상의 지진이 발생할 경우 버튼 하나만 누르면 3초 이내로 방송이 송출될 수 있다.

(3) 신기술의 도입

1997년부터는 지진 발생 10초 전으로 거슬러 올라가서 VTR로 녹화할 수 있는 카메라(테롭)를 구입하여 전국에 배치했다.

(4) 헬리콥터 취재의 개선

종래의 소형 헬기에서 중형 헬기로 대체하고 방진 장치(진동 소리 방지)도 적재하여 300m 상공에서도 취재할 수 있는 헬기를 도입했다.

---

17) Atsushi MATSUMOTO(2011), *"NHK's Disaster Broadcasting"*, Director of NHK Disaster and Safety Information Center, p. 3.

(5) 외국인용 긴급 영어 방송

대규모 재해가 예지될 사태에 직면할 경우, 일본어를 충분히 이해할 수 없는 재일 외국인을 대상으로 중요한 정보를 영어로 방송하고 있다.

(6) 긴급 경보방송의 실시기준과 지역[18]

표 5-2 긴급경보방송 실시기준과 지역

구 분	개시 신호	지역 부호	송출 미디어	방송 실시 기준
대규모지진의 경계선언	제1종	지역 공통	전파(8波)	전국방송/8파 동시 방송
해일 경보	제2종	지역 공통 현역 또는 광역	전파(8波)	전국방송/8파 동시 방송
재해법에 의한 방송 요청	제1종	현역 또는 광역	3파(종합 텔레비전, 라디오 제1종, FM)	현역 또는/3파 동시 방송 블럭

지역 부호	대상 지역	발신국
지역 공통	전국 일원	본부, 오사카(예비)
광 역	• 關東(동경도 및 가나가와, 사이타마, 치바, 군마, 토치기, 이바라키의 각 현) • 中京(아이치, 기후, 미에의 각 현) • 近畿(오사카부, 교토부 및 효고, 나라, 와카야마, 시가 각 현) • 오카야마, 가가와(오카야마, 가가와 각 현) • 돗토리, 시마네(돗토리, 시마네의 각 현)	• 본부 • 나고야 • 오사카 • 오카야마, 다카마쯔 • 돗토리, 마쓰에
현 역	• 각 도도부현의 구역	• 훗카이도 내 각 국호 • 본부(관동광역권 내 각 도현부호) • 나고야(中京광역권 내 각 현부호) • 오사카(近畿광역권 내 각 부현부호) • 그 외의 현청소재지국(각 현부호)

자료: NHK廣報室(2015), NHKポケット事典(內部用) 참고.

---

18) NHK廣報室(2013), 『NHKポケット事典(內部用)』, 121-127쪽.

2. 일본의 방사능 예측시스템 '스피디(SPEEDI)'

일본에 설치돼 있는 '긴급 시 신속 방사능 영향 예측 네트워크 시스템(SPEEDI: System for Prediction of Environmental Emergency Dose Information)'이라고 하는 것은 원자력발전소 등으로부터 대량의 방사성물질이 방출되거나 방출될 위험성이 있는 긴급사태가 발생했을 때 주변 환경에 미칠 영향이나 방출정보원을 확인하고, 기상조건 및 지형 데이터를 기초로 신속하게 예측하는 시스템이다.

이 스피디의 정부 각 관계 부성(府·省)과 관계 도도부현(道都府県), 업사이드 센터 및 일본기상협회 등이 원자력안전기술센터에 설치된 '중앙정보처리계산기'를 중심으로 네트워크가 결성돼 있다. 관계 도도부현에서의 기상관측점 데이터와 '모니터링포스트'에서의 방사선 데이터 및 일본 기상협회로부터의 GPV데이터, 아메다스 데이터를 상시 수집하여 긴급 시에 대비한다. 일본정부는 〈그림 4-3〉과 같이 원자력발전소 등에서 사고가 발생하는 경우를 대비해, 수집된 데이터 및 통보된 방출원 정보를 기초로, 지상높이, 방사성물질의 대기중 농도 및 피폭선량 등

┃ 그림 4-3 ┃ 긴급방사능 예측시스템

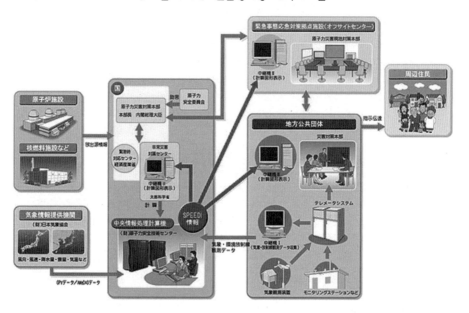

을 예측해 계산하고 있다. 그 결과는 네트워크로 문부과학성, 경제산업성, 원자력 안전위원회, 관계 도부현 및 업사이드센터에 신속하게 제공되고, 방재대책을 강 구하는 데 중요한 정보로 활용되고 있다.

여기에서 말하는 '모니터링포스트(관측소)'는 대기 중에 방사선을 측정하는 장치가 설치된 시설이고, '방호(防護)대책'은 주변 주민 등의 피폭을 될 수 있는 한 줄이기 위하여 강구하는 장치이다. '중앙정보처리계산기'는 '스피디 네트워크 시 스템'의 예측계산처리를 집중적으로 행하기 위하여 공적재단인 '원자력안전기술 센터'에 설치된 계산기이다.

(1) **중계기1**(관측데이터 수집용 단말기): 스피디 네트워크시스템의 계산에 필요 한 기상관측 데이터 등을 지방공공단체의 텔레미터시스템(Telemeter−System: 원격 측정장치)으로부터 상시 수집하고, 시피디 네트워크시스템의 중앙정보처리계산기 에 전송하기 위해 각 지방공공단체에 설치된 워크스테이션(관측국)

(2) **중계기2**(출력도형 표시용 단말기): 중앙정보처리기로부터 보내주는 스피디 네트워크시스템의 예측 계산 결과를 수신하고, 출력도형을 작성해서 표시하기 위 해 각 지방공공단체 등에 설치된 워크스테이션, 또는 컴퓨터.

(3) **GPV**(Grid Point Value)**데이터**: 기상청에서 발표한 51시간 분량의 풍향·풍속 등의 기상 예측치 스피디는 이 기상 예측치를 사용하고 있다.

(4) **방출정보원**: 원자력 시설에서 보고된 방사성 물질의 방출 상황에 관한 정 보, 시피디는 다음과 같은 데이터 항목을 입력하고 있다(원자로시설의 예). ① 이상 사상발생시간 ② 사이트 발생 지점, 시설명칭 ③ 원자로정지시각 ④ 방출개시시 각 ⑤ 방출계속시간 ⑥ 방출 핵 종류명, 방출률 ⑦ 방출 높이 ⑧ 연소도(燃燒度)

(5) **예측 풍속 장 도형**: 풍향 및 풍속의 예측 분포도

(6) **예측 농도도형**: 방사성물질의 대기 중 예측농도나 지표축적량 예측치를 표시하는 도형

(7) 예측방사선량도형: 공기흡수방사선량비율 예측치, 실효방사선량 예측치 등을 표시하는 도형

(8) 3차원영역: 원자력시설을 포함, 수평방향 25Km 연직방향 약 2,000m(좁은 지역), 또는 수평방향 100Km, 연직방향 4,000m(광역)의 영역

(9) 동화(同化): 모델에 의한 예측결과를 관측치 등에 의해 수정하는 것, 예측 정도의 상향에 기여한다. 스피디는 현지 실측기상관측 데이터 등에 의해 동화처리를 할 수 있다.

(10) 예측시간 폭: 예측 가능한 최대 시간 폭, GPV 데이터의 예보시간 폭, 데이터 배송까지의 시간 및 예측계산개시 시각에 의존하고, 32시간에서 44시간 사이가 된다.

제5장

동일본대진재 당시 한국 언론의
재난보도 실태

동일본대진재 당시 한국 언론의 재난보도 실태

한국 신문들의 보도내용

1. 『조선일보』

일본, 최악의 날

(1) 3월 12일자(토)

『조선일보』는 ① 첫 페이지에 「일본, 최악의 날」로 표제를 달고, 「日 사상 최대

규모의 강진·쓰나미 … 히로시마 原爆 5만 배의 위력」「日 '원자력 긴급사태' 첫 발령」「후쿠시마 原電 냉각시스템 이상, 기상청 "한반도에는 영향 적어"」로 보도하고 있다.

② 또, 2페이지는 「아파트 4층 높이 쓰나미, 동북부 해안 150㎞ 초토화」「경보 10분 만에 밀어닥쳐 … 피할 틈도 없이 당해」「'세계 최강' 日 기상청도 허둥지둥, 지진규모 7.9 → 8.4 → 8.8로 계속 높여」라고 보도하고,

③ 3페이지는 「인구 7만명 게센누마(氣仙沼)시 불길 휩싸여 사라질 위기」「도쿄 디즈니랜드 침수」「살기 좋은 곳 꼽히던 센다이(仙臺) 해변에서 시신 수백 구 발견, 최대 피해 센다이」「여객 열차 통째로 실종, 호텔 무너져 투숙객 매몰, 주민들 "평생 이런 건 처음"」이라고 표제를 달고 있다.

④ 4페이지는 「原電 냉각시스템 한때 고장나 주민(반경3㎞ 이내) 대피령 … 자위대 급파」「원자력 긴급사태 발령」「발전소 연료봉 노출 땐 방사능 유출 가능성 우려」「원전 바로 아래에서 규모 8 정도 지진, 발생하더라도 안전하도록 설계」「세계 5위(일본2위) JFL 지바제철소 화재·폭발, 코스모 정유공장 진화작업 포기, 기반산업 큰 타격」을 보도하고 있다.

⑤ 5페이지는 「토요타·혼다·닛산·소니 가동 중단 … "日 GDP 1% 감소"」「일본 산업계 '패닉'」「도로·철도 붕괴로 물류 큰 피해 생길 듯, "공장 정상 가동까지 상당한 시간 걸려"」「"국내 산업 피해는 없어"」「나리타·하네다 공항 잠정 폐쇄, 북동부 6개현 440만 가구 전기 끊겨」「도쿄 400만 가구 통신두절, 센다이 공항 활주로 침수, 승객들 옥상으로 대피」라고 보도하고 있다.

⑥ 6페이지는 「'도쿄 대란' 수백만 시민 도보행렬 … 지하철서 노숙」「도쿄타워가 휘었다」「진원에서 373㎞ 떨어진 도쿄 퇴근길 마비시켜, 걷다가 걷다가 귀가 포기, 건물 계단 등에서 밤샘」「대부분의 시민들 준비된 매뉴얼대로 대피」「사상 첫 쓰나미 생중계, 전 세계 충격·공포·경악」「쓰나미 경보 내리자 NHK 헬기 띄워 보도」로 보도했다.

⑦ 7페이지는 모두 광고로 메우고, 다시 ⑧ 8페이지부터 「러시아·대만·하와이도 경보 … 태평양 전체가 떨었다」「11일 16시 5분 러시아 쿠릴열도 마을에 높이 0.5m 첫 쓰나미 도달」「20시 46분 필리핀 1만5000명 긴급대피」「22시 30분 하와이에 1m 높이 쓰나미」「12일 06시 대만에 본격 상륙, 아프리카 케냐까지 영향권」「관동대지진 땐 14만 명 희생, 재산피해 이번이 더 클 듯」으로 보도하고 있다.

⑨ 9페이지는 「쓰나미 '시속 700㎞'로 東進 … 오늘 오후 칠레 해안 도착」「일본 지진·쓰나미 어떻게 발생 했나」「일본 지진 지역별 피해상황」 등으로 지진발생과 피해에 대해 상세히 보도하고 있다.

⑩ 10페이지는 「도쿄 증시 폭락 → 유럽도 급락 '금융 쓰나미'」「세계 경제에 충격」「11일 일본 강진 발생 이후 세계 증시 등락률」「글로 벌 금융시장 휘청 … 회복조짐 세계경제에 악재, 투자심리 더 악화시킬 것, 우리 정부 대책반 가동」「日 여진 공포, 규모 7 여진·쓰나미 한 달간 지속될 수도, 쓰촨 때도 200차례 발생 」「쿠쿠쿵 … 지진이다 천장 샹들리에가 덜컹, 총리·의원들이 굳었다, 지진 순간 참의원에서」「센다이 주변에 유학생 등 한국인 1만1500명 거주」「아와테 해변 거주 교민 걱정」「간 총리 "피해상황 예상도 못해"」「군용기 8대 사고지역 배치, 日 與野 정치 휴전 합의」로 보도하고 있다.

⑪ 11페이지 전면 광고에 이어, ⑫ 12페이지는 「이번 강진, 지구 대 지진의 전조인가」「지진 관측사상 세계 6위, 육지에서 일어났다면 상상할 수 없는 대참사」「커지는 지진 공포, 인구 밀집된 태평양 연안서 자주 일어나 불안감 고조, "최근 지진 증가 증거 없다"」「쓰나미 피해 줄이는 첨단 기술들, 해저에 센서 설치 … 지진발생 15분내 쓰나미 경보 가능」「1cm 수위 변화까지 감지 태평양 연안 26개국에 적용」「1960년 칠레 발디비아 지진, 규모 9.5 … 가장 강력」「2004년 인도양 쓰나미, 23만 명 사망 … 최악피해」「지구촌 지진·쓰나미 역사」로 보도하고 있다.

⑬ 13페이지는 광고로 메우고, ⑭ 14페이지는 「日 열도가 방파제' 한반도 피해 막아 … "대만서 튕겨 서해로 올 수도"」「여행객들 발 묶여 … 韓·日간 전화통화 91배 증폭」「日 관광 취소 잇따라, "한국 관광객 피해접수 없어"」「한국은 안전한가」「피해

거의 없을 듯, 삼성전자·하이닉스 반도체 공장 일시 멈춰 "진동 감지 … 손실미미"」
「日원전 방사선 누출 촉각, 원자력 비상상황실 가동 "70개 감지망 이상 없어"」「한
국 대지진 가능성은, 대륙판 엇갈리는 곳 없어, 규모 7 이상 확률 낮아」「기상관측
이래 규모 기준 한반도 10대 지진들」「"駐日미군, 피해복구 위해 자위대와 협력",
국제사회 앞 다퉈 지원」등으로 도호쿠(東北)지방1)의 지진상황을 보도하고 있다.

⑮ 15페이지부터는 일반 기사로 삼성 이건희 회장이 정운찬 동반성장위원회
위원장의 "초과이익공유제"에 대해서 경제학 책에서 본 적 없다고 해 양측이 설
전하는 보도로 바뀌고 있다.

(2) 3월 14일자(월)

『조선일보』14일자 ① 첫 페이지는 「1만명 이상 실종 4곳 … 도시들이 통째로 사
라졌다」라는 표제와 함께 쓰나미가 휩쓸고 간 미야기 현(宮城縣) 동북부 미나미산
리쿠(南三陸)의 처참한 광경을 일본 육상 자위대 헬리콥터가 12일 촬영한 사진을
크게 싣고 있다. 또한, 「日 미야기현 등 동북지방 지진피해 상상초월 수만 명 사
망한 듯 … 간 총리 "전후 최대 위기"」「原電 외벽 폭발 … 추가 폭발 우려」「최대
190명 피폭」「여기에 1만7000명이 살고 있었다.」를 부제도 달고 있다. 마지막으
로 조선일보는 「일본이 우리를 필요로 합니다.」「일본을 도웁시다.」등으로 '성금
모금 캠페인'을 전개하고 있다.

② 2페이지는 「고층건물 없어 피하지도 못해 … 뻘 밑엔 얼마나 많은 사람이 … 」
라는 표제 아래 9.0지진(9.0으로 진도 정정)에 이어 미야기현 게센누마시에 밀어닥
친 쓰나미 피해현장인 항구도시 사진을 싣고 있다. 그 밖에 「평화롭던 어촌 미나
미산리쿠 한꺼번에 1만명 행방불명」「사라진 도시들」「낚시·온천으로 유명한 마
을 시커먼 뻘이 전체를 뒤덮어 日정부 자위대 긴급 투입」「항구에 있어야 할 배
가 육지로 … 」「전광판을 보고 '야구장'이었던 걸 알았다.」「7만명 거주하던 미나
미소마(南相馬)」「1800가구 궤멸된 상태 화력발전소 저장탱크 파괴」로 부제를 달

---

1) 일본 동북부 지역의 6개현을 가리킨다. 아오모리현, 이와테현, 미야기현, 아키타현, 야마카
   다현, 후쿠시마현으로 이루어진 지역으로 총인구 1192여만 명, 면적은 7만9000㎢로 일본의
   지방 가운데 가장 넓은 면적을 차지하고 있다.

고 처참한 당시의 현장을 보도하고 있다.

③ 3페이지는 「7만 명 살던 게센누마, 1만5000명만 대피소로」의 표제 아래, 「일본이 울었다」라는 부제와 함께 미야기 현 나토리(名取)의 피난민 대피소에서 12일 손녀와 상봉한 할머니가 손녀를 껴안고 통곡하는 사진을 싣고 있다. 또, 「80%가 잠겨 … 1만7000명 생사확인 안돼, 2만3000명 살던 리쿠젠타카타(陸前高田)」「들쑥날쑥한 리아스식 해안이 피해 키웠다. 물살 높아지고 빨라져」「본지 취재팀·센다이(仙臺)·게센누마(氣仙沼)·리쿠젠타카타(陸前高田) 르포」(문갑식 가자, 선우정 기자, 염강수 기자, 김진명 기자 사진)「폐허로 변한 도시 곳곳에 시커먼 바닷물 웅덩이, 부서진 집·차 등등 떠다녀」를 부제로 보도하고 있다.

④ 4페이지는 「후쿠시마 원전 1호기 외벽 폭발 어떻게 일어났나」라는 표제 아래 원전 1호기가 폭발하게 된 원인 등을 그림으로 설명하고 있다. 그 아래 「노심 용해(melt down: 원자로 核연료 녹는 현상)' 비상에 바닷물 긴급 투입 … 3호기도 위협」「후쿠시마 원전 1호기 외벽 폭발 … 다급한 日, 수 조원짜리 원전 포기」「발전시설·내각장치 고장 연료봉에서 나온 수소 공기와 반응해 외벽 폭발」을 보도하고 있다. 마지막으로 「한국, 日과 달리 원자로 밖에서 만든 수중기로 터빈 돌려」「격납용기 부피 훨씬 커 내부 압력 서서히 올라가 "日 원전보다 안전성 높다"」를 부제로 달고 한국의 원전이 더 안전하다는 보도를 하고 있다.

⑤ 5페이지는 맨 위에 「후쿠시마 원전 최악의 시나리오」라는 표제 아래 크게 3가지로 자료와 함께 설명하고 있다. 그 밑에는 「86년 체르노빌과 같은 대참사 가능성은 낮다」는 부제로 「후쿠시마원전 최악의 시나리오와 전망」을 내놓고 있다. ❶「핵연료 새어나와 폭발」격납고 물과 섞이면 재앙 바닷물로 원자로 냉각 중 ❷「격납고 균열 가능성」찬 바닷물에 금은 가도 방사선 대량 유출 힘들어 ❸「바닷물 뺄 때 방사선 유출?」「해결책 세우기 전까진 원전 내부 바닷물 밀봉」을 보도하고 있다. 또, 「핵폭탄 같은 폭발은 가능」「연료 자체가 다르고 물이 핵분열 속도 늦춰」「방사선·방사능·방사성물질」[2]을 부제로 달고 있다. ⑥ 6페이지는 「日정부는

---

2) 방사선이란 원자량이 매우 불안정한 상태에서 원소의 원자핵이 스스로 붕괴하면서 내뿜는 에너지가 강한 일종의 전파를 발산하는데 이를 방사선이라 한다. 이러한 방사선이 우리 몸

"실내 대기" … 겁에 질린 原電 주민은 무작정 탈출」이라는 표제 아래 「일본發 '핵공포' 확산」「일부 주민들 걸어서 대피」「원전 인근주민 21만명 대피」 "원전서 최소 50km 떨어져라 치료제 요오드 빨리 먹어라" 인터넷 글 돌며 불안 표출」「美, 핵구름 도달 가능성에 관측 강화하고 직원 급파 핀란드도 요오드 사재기」 "일본 原電 안전 신화 무너졌다"」「해외 수주도 차질 불가피」「3월 15일 오후 3시 현재 방사성 물질 확산 예상도」「대기 상층은 항상 편서풍 하층에서도 당분간 서풍 "한반도 낙진 피해 없을 듯"」을 부제로 방사성 공포에 떨고 있는 주민상황들을 보도하고 있다.

⑦ 8페이지는 「"원전 폭발, 도망가라" 전화 빗발 … 당장 탈 것이 없었다.」 표제 아래 「문갑식 선임기자, 후쿠시마에서 이틀」「원전서 50km 떨어진 호텔 열차도 버스도 끊겨 "여기도 방사선 덮치나" 체르노빌 악몽 떠올라」「염강수·김진명 기자 도쿄서 센다이까지」「지방도로 돌고 돌아 주행거리 700km 넘어」「밤새 달리는 동안 여진 잇따라 발생」「문 연 호텔 못 찾아 주차장서 눈 붙여」 "지바(千葉)~센다이 400km 도로 끼어드는 차 한 대도 없어"」「선우정 기자가 본 '질서 있는 일본인'」「주유소·수퍼·화장실 … 수백m 행렬 가지런히 새치기 한 명도 없어」를 부제로 보도하고 있다. 또, 일본 최악의 지진 참사 이틀째인 12일 후쿠시마현 고리야마(郡山)시의 주민들이 공원에 나와 불을 받기 위해 줄을 서고 있다. 수도가 끊긴 지역 주민들은 정부가 공해 주는 식수를 받고 있다.

⑧ 10페이지는 「부서진 집만 2만 채 이상 … 피난민 60만명」이라는 표제 아래 후쿠시마 지역의 지도를 한 페이지에 크게 그려 「일본 지진·쓰나미 전국 피해 현

에 닿을 경우 세포와 DNA 등을 변형시켜 정상세포를 암 세포로 바꾸거나 백혈병을 유발할 수 있다. 방사능은 이런 방사선을 방출할 수 있는 물질이라고 이해하면 된다. 즉, 방사성물질은 방사능을 가진 물질, 다시 말해서 방사선을 내뿜는 능력을 갖고 있는 물질을 말한다. 방사능이란 원자로가 폭발하면서 세슘(Cs·Cesjum)·스트론튬(Sr·Strontium)·요오드(I·Iodine) 등의 방사능 물질을 방출하게 된다. 이들 방사능 물질이 체내에 들어오면 세슘·스트론튬은 뼈에, 요오드는 갑상선에 달라붙어 암과 같은 질병을 일으킨다. 또, 방사선량 측정단위인 마이크로시버트(μ Sv)는 1년 동안 자연적으로 노출되는 방사선량은 1000마이크로시버트다. 일본의 경우 시간당 피폭량이 500마이크로시버트를 넘으면 총리가 "원자력 긴급사태"를 선언한 뒤 대피명령을 내리도록 돼 있다. 우리나라의 공기 속에 자연적인 방사선 기준치는 0.1~0.2 마이크로 시버트이다.

황(13일 오후 현재)」을 소개하고 있다.

⑨ 12페이지는 「악몽의 열도 … 집도 가족도 삶도 다 쓸려갔다」 표제 아래 5개의 대피하는 사진을 싣고 있다. 「이제 어디로 가야 하나」「구조 나선 자위대」「텅 빈 상점」「일본 출신 선수들의 묵념」을 표제로 달고 있다.

⑩ 13페이지도 「바다야, 어쩌란 말이냐」「구사일생」「뭍에 오른 배」「1600억 원짜리 전투기도 어쩔 수 없어」 등의 부제와 함께 사진을 싣고 있다.

⑪ 14페이지는 「부서진 지붕타고 떠다니는 60代, 44시간 만에 극적 구조」 표제 아래 「절망 속 싹트는 희망」「창밖으로 손수건 흔들며 40시간 버틴 老부부 … 건물에 갇힌 탁아소 아동 67명도 이틀 만에 구조」「"한 살배기 내 손자 시신이라도 … "」「불바다 된 게센누마市 시청 생사 확인 인파로 북새통」을 부제로 보도하고 있다. 또 「"살았다"」는 부제 아래. 13일 일본 해상 자위대원들이 후쿠시마현 후타바에서 쓰나미에 휩쓸려 떠내려가 지붕위에서 구조를 기다리는 노인을 구출하는 극적인 사진장면을 싣고 있다. 마지막으로 「"日열도 2.4m, 지구 자전축 10축 10㎝ 움직였다"」「美·이탈리아 연구원들 주장」을 싣고 있다.

⑫ 16페이지는 「"이제 우리가 일본을 도울 때 … 한류 스타들도 팔 걷는다."」라는 표제 아래 「反日 시민운동 단체도 "이웃의 아픔 함께해야" 네티즌들 "힘내라 일본" 각계각층 모금운동 나서」「류시원 "피해자들 위해 기부할 것"」「배용준·이병헌도 "도울 방안 모색"」「"日 돕자" 12개 단체·병원 뭉쳤다」「韓 "긴급구조대 102명 파견" … 美, 항공모함 2척 투입」「국제사회 구호 손길」을 부제로 달고 일본의 구호활동을 보도하고 있다.

⑬ 18페이지는 「모든 자동차공장 가동 중단 … '주식회사 일본'이 멈췄다.」「도쿄전력, 사상 첫 '계획 정전' 실시」「"경제 피해 3000억 달러" 추정도 日本 GDP의 6%에 이르는 액수」「상자처럼 널브러진 컨테이너」「일본 주요 기업의 지진 피해」를 보도하고 있으나 '주식회사 일본이 멈췄다' 등 과장되고 자극적인 표제가 많다.

⑭ 34페이지는 특별기고 – 일본 대지진을 보고 「따뜻한 응원이 그들을 일으켜

세울 수 있다.」, 조용헌 살롱에는 한반도가 과연 명당, 일본은 태평양으로부터 밀려오는 지진을 막아주는 방파제 역할을 해주고 있다고 「일본열도 안산론(案山論)」을 주장하고 있다. 35페이지 사설에서는 「동원할 수 있는 모든 수단 통해 일본국민 돕자」「대한만국 原電 20기, 최악의 재앙에 대비돼 있나」, ⑮ 경제면 B1페이지에는 「車·전자 반사이익 … 해운업은 치명타」「일본 지진이 우리나라 주요 산업에 미치는 영향」「핵심부품 日서 조달하는 르노삼성은 조업차질 우려 "반도체 값 1~2달러 오를 것"」을 보도하고 있다. ⑯ B3페이지에서는 「日 대지진, 유가 하락세 유류 세 인하 신호탄 될까」「"유류 세 10% 인하하려면 휘발유 L당 80원 인하 효과"」「"유가 뛰는 상황선 체감 효과 떨어지고 재정 부담만 늘어" 정부, 시기 놓고 고민」을 부제로 보도하고 있다.

2. 『중앙일보』

중앙일보

일본 침몰

(1) 3월 12일자(토)

『중앙일보』 ① 첫 페이지에 「일본침몰」라는 표제로 「8.8 대지진 … 높이 10m 쓰나미 일본 동쪽 강타 '대재앙'」「사상 최악의 강진·쓰나미」「59명 사망 50여명 실종(21시 30분 현재)」「일본 최대, 사상 5번째 지진」「후쿠시마 원전 방사능 누출 우려」「도쿄 전철·철도 전면 중단」「나리타·하네다 공항 폐쇄」「이치하라 정유시설 화재」「하와이도 4.5지진, 해일 경보」로 톱뉴스로 보도하고 있다.

② 2, 3페이지는 「300채 마을, 100명 탄 배 순식간에 집어삼켜 검은 쓰나미 … 인구 100만 센다이 초토화 시켰다.」「강진·쓰나미 피해 속출」「도쿄 학교 졸업식장 지붕 무너져」「6개 도·현에서 화재 50건 이상」「정확한 피해 집계조차 어려워」를 보도하고 있다.

③ 4, 5페이지는 「수도권 전철 망 마비, 전화 불통, 845만 가구 정전, "더 큰 지진 온다." 1300만 도쿄 시민 공포」「순식간에 마비된 도시 인프라」「교통마비에 "무리한 퇴근 말라"」「도쿄-오사카 신칸센 전면 중단」「8.8 강진과 쓰나미 덮친 일본 열도」「해저 지각 종잇장처럼 찢어져 순식간에 해일 10m 치솟아」「규모 8.8 대지진의 위력은」「히로시마 원폭 2만3000배 위력, 지난달 뉴질랜드 강진의 5000배」「한반도는 안전한가」「일, 바리케이드 효과 … 직접 영향 없어」「서울 도심 6.5지진 땐 11만 명 사상」「도쿄 특파원 13층서 지옥 같은 10분」「사무실 앞 도로엔 전복된 트럭들, 도쿄타워 휘고 도심 피난처 생겨」로 표제를 달고 있다.

④ 6페이지는 「도호쿠 지역 한국인 2만3000명 … 관광객 1000명 안전 우려」「이 대통령 '최선 다해 지원', 정부 지원단 126명 급파 대기, 교민 피해 여부 파악 안 돼」「대지진에도 SNS·인터넷폰은 살아 있었다」「한-일 케이블·인터넷폰 '무사'」「교민·유학생 실시간 소식 전해, 국내 발 일본행 항공기 중단」을 메인 뉴스로 보도하고 있다.

⑤ 7페이지는 광고로 메우고, ⑥ 8페이지는 「대만·하와이·사할린까지 쓰나미 비상」「태평양 연안 50여 개국 경보」「필리핀·뉴질랜드·인도네시아 수만Km 떨어진 칠레까지, 대피령 내리고 전전긍긍」「자위대 함정 급파 … 군용기 배치」「간 총리 긴급대책본부 설치」「비상식량·비상약 동나」「정치권은 '휴전 선언'」「일본 원자력발전소 11곳 가동 중단」, ⑦ 9페이지는 전면광고, ⑧ 10페이지는 「환태평양 '불의 고리'는 대 지진공장」「1960년 칠레 진도 9.5 최강, 1970년 탕산성 60만 숨져」「도호쿠 대지진은」 등을 표제로 하고 있다.

⑨ 16페이지에는 「"최악의 일본 경제에 최악의 지진" GDP 1% 줄 듯」「세계 경제 일본발 쓰나미」「유럽 주요 증시 동반 하락, 엔 약세 땐 한국에 악영향, 여행업계

관광객 귀국 총력」「국내 반도체 라인 1시간 30분간 멈춰, 미세한 진동에도 민감한 탓」을 표제로 보도했고, 마지막으로 ⑩ 34페이지 사설에서는 「일본 대지진 참사, 한민족 인류애 보여주자, 최악의 지진·쓰나미 덮친 도호쿠 지역 국제구호 경험 살려 체계적인 지원을, 국내 지진예측 방재 대책도 점검해야」로 마감하고 있다.

(2) 3월 14일자(월)

『중앙일보』 ① 첫 페이지는 「절망에서 희망을 … 일본을 도웁시다/중앙일보·대한적십자사 공동 모금」을 표제로 달고 그 아래 주민들을 구출하는 장면을 싣고 있다. 중간 단에서는 「"방사능 샜다." … 21만 명 필사의 대탈출」「본지 이승녕 특파원, 대지진 강타 후쿠시마 원전을 가다」「1호 폭발 이어 3호도 위험 "피폭 피해 190명 넘어" 한국엔 직접 영향 없을 듯」「"사망·실종 4만 명 달해" 지진 규모 8.8 → 9.0으로 간 총리 "전후 최대 위기"」「숫자로 본 동일본 대지진」「'동일본 대지진'으로 호칭」을 부제로 보도하고 있다.

② 2~3페이지는 한 세트로 보도기사를 전하고 있다. 맨 위에는 「일본은 있다 … 대참사 앞에서 침착·배려·인내 … 세계가 놀랐다」를 표제로 하고, 「뭍으로 밀려 올라온 배들」이라는 부제와 함께 배들이 육지에 올라온 사진을 중앙에 크게 싣고 있다. 오른쪽에는 「본지 김현기 특파원이 본 대재앙 속 '일본의 힘'」이라는 주제로 다섯 가지 일본의 힘을 요약하고 있다. ❶ 「위기에도 양보」: 우동 10그릇, 50명이 서로 "먼저 드시죠." ❷ 「남 탓은 안 한다」: 유족들 원망하거나 항의하는 모습 안 보여 ❸ 「재앙 앞 손잡기」: 의원들 정쟁 중단하고 작업복 갈아입어 ❹ 「차분한 분위기」: 일본 전역에서 약탈 보고 한 건도 없어 ❺ 「메이와쿠 문화」[3]: "내가 울면 더 큰 피해자에게 폐 된다."

③ 4~5페이지도 한 세트로 보도하면서 「노심용융(爐心鎔融: meltdown) → 수증

---

3) 메이와쿠(迷惑)는 '남에게 폐를 끼치는 행위'를 뜻하는 일본어이다. 일본인들은 가정이나 학교, 사회의 교육적인 핵심이 되는 기본 예절로서 '남에게 폐를 끼치지 말라'라고 하는 교육을 하고 있다. 즉 다른 사람이 싫어하거나 폐가 되는 일이나 행위, 즉 사회 교범이나 규칙, 질서, 예의 등을 지키지 않는 행위 등이 메이와쿠에 해당 한다.

기 분해 → 수소 폭발 → 건물 외벽 날아가, "3호기 폭발 막아라." 최후의 수단 바닷물 들이부어」를 표제로 내세우며 '일본 후쿠시마 제1원전의 내부구조'를 사진과 그림으로 보도하고 있다. 또, 「후쿠시마 원전 1호기 폭발 Q&A」「섭씨 2000도 핵연료봉 피복 녹아 원자로 감싼 격납고는 괜찮아」「후쿠시마 나머지 2~3기도 위험」「냉각수 공급 못해 1호기처럼 아슬 체르노빌 같은 최악 참사 안 될 듯」을 부제로 달고 있다. 마지막으로 「한국원전, 핵 분열시-수증기 실 분리시켜 훨씬 안전」「일체형 후쿠시마 원전보다 신형 규모 7.0지진까지 견디게 설계」로 부제를 달면서 전문가들의 의견을 빌려 '한국형 원전이 일본보다는 더 안전' 하다고 주장하고 있다.

④ 6페이지는 「검은 쓰나미」라는 표제로 11일 오후 이와테현 미야코시 해안을 덮친 검은 쓰나미 사진을 싣고 있다. 그 아래는 「도시 전체 수몰된 미나미산리쿠 … 1만 명 행방불명」「본지 박소영 특파원, 최악 피해 센다이를 가다」「1만 7300명 도시 순식간 폐허 생존자들 가족 찾아 헤매」「"음식·물·모포 달라" SOS」「"3일 내 7.0이상 강진 가능성 높아"」를 부제로 달고 있다.

⑤ 8페이지는 「쓰나미에 휩쓸린 자위대 항공기」 사진을 싣고 있다. 또, 「자위대 10만 명(전체 병력의 40%) 재해복구 투입」「도쿄, 빠른 속도로 정상화 … 지하철, 나리타공항 재개」「지진 사흘째-구조작업 박차」「이와테현 5000가구 수몰 전체 대피자 63만 명 달해」「일본 대지진 주요 피해 지역」 사진, 그리고 「"전기 아껴 피해지역 보내자" … 일본은 지금 '야시마 작전'4) 중」「SNS 통해 절전 운동 확산」「"오후 6-8시 콘센트 뽑자" 정부는 정전 후 첫 강제 정전」「손정의 '문자 무료' 서비스 와이파이도 공짜로 제공」을 부제도 기술하고 있다.

⑥ 10페이지에는 「무라야마 실패(1995년 고베 대지진 능장대처)' 학습효과 … 간 총리, 헬기 타고 진두지휘」「"전후 최대 위기" 수습 속도전」「후쿠시마 원전 직접 둘러봐, 빠른 복구가 롱런 관건」「WP "고베 지진 이후 내진설계 강화 … 피해 최소화"」「외신, 일본 침착한 대처 감탄」을 보도하고 있다.

---

4) 1995년 안노 히데아키가 제작한 인기 애니메이션 '신세기 에반게리온'에서 전 일본의 전력을 끌어 모아 사도 라미엘을 무너뜨린 작전을 가리킨다. 야시마(屋島)는 헤이안 시대 말기 (1185년) 야시마(현 다카마쓰)에서 벌어진 전투 이름에서 유래한다.

⑦ 12페이지는 「한·미·중·러 구조요원 속속 도착 … 일본, 외롭지 않다」는 표제 아래 구조하는 사진 2장을 실고 있다. 또 그 사진 아래는 「전 세계 69개 국가·국제 기구 동참」「한국 즉각 지원, 수송기 3대로 102명 보내」「미국 레이건함 급파」「헬 기·상륙정으로 물자 배급」「영토 갈등 중인 중·러도 구호 팀·항공기·의료지원」 「미야기 교민(4439명) 3분의 1만 안전 확인」「도호쿠 1만1500명 피해는」「쓰나미 덮 친 오후나토(大船渡) 60여명 도호쿠 유학생 130명 연락 끊겨」를 부제로 달고 있다.

⑧ 20페이지는 「"가장 가까운 이웃 … 고통 받는 일본에 한국인 우정 보여주자"」 라는 표제 아래 「곳곳에서 따뜻한 손길」「적십자 개설 온라인 모금한 하루 만에 3000여 명 참여」「'동방신기' 팬클럽 '카시오페아' 아이티 지진 때 이어 자체 모금」 「정치권과 종교계도 위로의 목소리」 등 일본 돕기에 대한 여론이 급속하게 힘을 얻게 되었다. 또한, 「일 지진 직후 상황실 가동 … 방사능 계기판 밤샘 주시」「원 자력안전기술원 비상근무 24시」「전국 70곳 측정 수치 실시간 체크, "후쿠시마 근접 울릉도 변화 없어"」「"47층짜리 호텔, 대나무처럼 휘청" "밤새 여진 … 운동 화 신고 새우잠"」「귀국 한국인 지진 체험기」 등의 부제를 달고 후속 예진이나 방사능 확산에 대한 경계심을 강화하고 있다.

⑨ 26페이지에는 「소설가 한창훈의 '위로편지'」「이틀 전 걸었던 '눈의 나라' 아오 모리 … 파멸의 풍경 앞에서 말을 잃었다.」「우리가 이뤘다고 뻐기는 모든 게 한 순 간에 사라질 수 있지 않나 인간은 얼마나 무력한가」「일본 갔던 2NE1·카라·한 효주-일정 중단하고 서둘러 귀국」를 표제로 달고 있다.

⑩ 28~29페이지 맨 위에는 「'일본을 위하여'-스포츠 정신은 살아있다」라는 표 제 아래 이탈리아 럭비대표팀이 13일(한국시간) 프랑스와의 식스네이션스 경기에 앞서 희생자를 추모하는 사진을 실고 있다. 오른 쪽에는 일본의 싸이클 선수 후 미유키도 경기 전 묵념을 올리고 있는 사진을 실고 있다. 그 아래 길게 2페이지에 걸쳐서 벨트기사로 「착륙한 센다이 공항, 1시간40분 뒤 쓰나미가 덮쳤다 … 탈출위기 이륙(후쿠시마 공항) 40분 뒤 그곳 원전이 폭발했다.」라는 표제 아래 대형 쓰나미가 덮치는 사진을 실고 있다. 그 밖에 「안양 한라 아이스 하키팀이 겪은 악몽 1박

2일」「처음에는 지진 신기해 왁자지껄, TV로 상황 본 뒤 모두 얼어붙어」「귀국 편 찾으려 암흑천지 헤매고 그릇 다 깨진 호텔선 음식 못 먹어」「이튿날 겨우 귀국 비행기 탑승, 인천공항서 기다리던 정몽원 회장 그제서야 안도의 한숨」「한라 아이스 하키팀의 1박 2일」「일본 스포츠 일단 정지」를 부제로 달고 있다.

⑪ 33페이지 「일본 옛 지진」, ⑫ 34페이지 사설에서 「대재앙보다 강한 일본인」「죽음의 공포 속에서 질서 지키며, 침착한 국민성을 발휘하는 일본, 한국도 자성하는 계기로 삼아야」, 35페이지는 대표적 논객 송호근 칼럼에서 「흔들리는 땅, 침착한 일본인들」「"붕괴와 화재, 쓰나미 속에 매뉴얼대로 행동한 일본인, 3중 구조의 방재시스템 우리도 이런 대비 있는가"」를 부제로 보도하고 있다.

⑬ 중앙경제 E1페이지에는 「절망에서 희망을 동일본 거대지진」「예상 밖 엔화 강세 왜?」「글로벌 금융에 영향 작고」「막대한 해외 투자금 일본 회귀」「고베 대지진 학습 효과」를 표제를 달고 있다.

⑭ E2, E3페이지 중앙에는 「공장 가동 멈춘 일본 최대 정유사(JX NOE), SK에 "남는 원유 좀 대신 받아 달라"」라는 표제와 함께 쓰나미에 휩쓸려온 화물 컨테이너 사진을 크게 싣고 있다. 그 아래에는 「일본 산업 타격에 국내 기업들 파장」「삼성·LG 부품 쓰는 소니, 공장 6곳 가동 중단」「도호쿠지역 유통매장 타격 … 식품 수출도 차질」「일본 관광객 감소 전방에 명품·여행업계 울상」「일본 대지진 이후 조업이 중단된 주요 생산 현장(전국지도)」을 부제로 달고 있다.

⑮ E4 페이지에는 「일본, 본격 재건 땐 침체 경제에 되레 호재」「전화위복, '95년 고베 지진 복구' 때 일본 GDP 2% 증가」「유가 하락, 일본 세계 2위 석유 수입국 중동 시위 여파로 오래 안가」「세계 증시 영향 미미, 피해액 보상 보험사 주가, 당분간 약세 보일 가능성」「막대한 재건비(GDP 2~3%) 어쩌나' 일본 재정 지출 먹구름」「국가부채, 이미 CDP의 200% 국채발행도 매입 여력 의문, 신용등급 추가 하락 가능성도」「일본 국채 누가 가지고 있나」「국내 파장 제한적, 불확실성은 확대」「재정부 '긴급 경제정책회의' 일 부품 확보에 차질 가능성」을 부제로 보도하고 있다.

⑯ E7 페이지는 「생태·갈치 수급 비상 … '물가 쓰나미' 식탁 덮치나.」「일부 어종은 전량 일본서 수입 … 전문가 "현지 시세 최소한 2배 이상 오를 듯"」「과자·사케도 물량확보 어려워져, 일본 관광객 한국서 생필품 사재기」를 부제로 달고 있다.

⑰ E8 페이지 「기업일본에 계산 없는 우정 보일 때다」라는 조환익 코트라 사장의 특별 기고를 싣고 친구라고 생각하고 일본에게 우정을 보이라고 주장하고 있다.

⑱ E9 페이지에도 「롯데 휴~ 신동빈 회장 당일 '실종 30분' 연락 끊겨 초비상 걸렸다 해제 "놀랐지만 별 피해 없다"에 안도」5) 「한·일간 '대지진 통화량' 평소의 90배」「현지 통신시설 일부 파괴돼, 성공률은 평소의 반 토막 수준」「'일 지진 피해 중기 지원 대책반' 운영」을 표제로 보도하고 있다.

⑲ E12, 13페이지에는 「동일본 거대지진 돌출로 조정 길어질 듯」「고베 참사」땐 코스피 무덤덤, 닛케이 급락」「일본 대지진 국내 기업에 어떤 영향 주나」「자동차·철강 단기 호재 … 정밀 금속·기계엔 악재」「동일본 거대지진, 국내 주 수혜주·피해주」「공장 대부분 일본 서부 쪽에 있는 반도체, 시장에 큰 영향 없을 듯」「일본펀드 수익률 하락 불가피 건물 피해 큰 리츠펀드 큰 타격」「대지진과 아시아 증시」「2008년 중국 쓰촨성 대지진 나자 한국·일본·홍콩 주가 되레 상승」을 보도하고 있다.

---

5) 2011년 3월11일 오후 3시 서울 소공동 롯데 빌딩 26층 그룹비서 팀에 긴장감이 돌았다. 업무 차 일본 출장길에 오른 신동빈(56) 그룹회장과 연락이 갑자기 두절됐기 때문이다. 일본 롯데 그룹과도 유무선 전화 모두 불통이었다. 그는 일본 롯데 부회장 겸 지바 마린스 프로야구 구단주를 맡고 있어서 평소 한 달에 10일 정도는 일본에서 업무를 챙긴다. 부인과 자녀(1남 2녀)도 일본에 있다. 그러나 오후 3시 30분경 일본 롯데 본사 부근에 머무르고 있다는 것이 확인돼 상황은 종료되었다. 이와 같이 기업인이나 국가 수뇌의 재난을 상정하면 엄청난 피해가 예상된다.

3. 『동아일보』

東亞日報

日열도, 경악 … 공포 … 혼돈 … 비탄 …

(1) 3월 12일자(토)

동아일보는 ① 첫 페이지에 사진과 함께 「日열도, 경악 … 공포 … 혼돈 … 비탄 …」 표제를 달고, 「사상최악 규모 8.8 강진 – 10m 해일 … 마을 사라지고 공장 불타고 … 도로 – 철도 끊기고 공항 폐쇄 통신 마비 …」 「필리핀 하와이 칠레 … 태평양 연안 모든 곳 쓰나미 정보 발령」의 부제로 보도하고 있다.

② 2페이지는 「마을 삼키고 공항 할퀸 '괴물 쓰나미' 내륙 10㎞까지 습격」 「일본 강진 쓰나미 주요 피해 현황」 「평양까지 휩쓸고 간 해일, 2004년 印尼 때보다 거대, 주택 – 선박 – 자동차 둥둥 … "살면서 이런 건 처음 본다.", 최북단(홋카이도)~ 최남단(오키나와) 쓰나미 경보 … "사상자 급증 가능성"」 「영화 '해운대' 속 장면 같았던 쓰나미 현장」 「태평양 동쪽 끝 美」 – 칠레까지 쓰나미 경보 「러 쿠릴열도 – 하와이선 긴급 주민대피령」으로 보도하고 있다.

③ 3페이지는 「정유시설 30m 불기둥 … 건물 붕괴 – 화염 … 폭격 당한 듯」 「마을 덮치는 쓰나미」 「사이렌 울리자 수백 만 명 한꺼번에 대피 아수라장, 400만 채 전기 공급 중단 … 신칸센 – 지하철 올 스톱, "이런 지진 평생 처음 … 車" – 철강업계 등 피해 속출」 「도쿄 – 산업계 대혼란」 「휘어진 도쿄의 상징」으로 표제를 달고 있다.

④ 4페이지는 「전력 질주로 탈출하는 차량들, 쓰나미가 뒤쫓아 와서 덮쳐」 「물에 잠긴 공항」 「불타는 가스탱크(치바)」 「100명 태운 선박 쓰나미 휩쓸려 행방불명,

센다이 공항 승객들, 옥상으로 대피 발 동동」「진앙 日동북부 '아비규환'」「日原
電 긴급정지 … 인근주민 2000명 대피, 피해지역에 자위대 숩함정－전투기 급파」
「日정부 발 빠른 대응」으로 보도하고 있다.

⑤ 5페이지에는 「유라시아－태평양판 대충돌 … 히로시마核 1만5000개 터진셈」「전
쟁터 방불」「이번 강진 원인은」「규모 5~7 여진 40회 … 쓰나미 더 키워, 지각 판
충돌 잦아 또 다른 대지진 공포」「한반도는 안전한가, 日이 방파제 역할 … 쓰나
미 피해 없을 듯」「쓰나미 피해 왜 컸나, 해안~진앙 130㎞로 가까워 강한 충격」으
로 보도하고 있다.

⑥ 6페이지는 「한국 "119구조단－의료진 급파 … 공군 수송기도 지원대기"」「정부
대응－교민 피해」「외교부 "전화 끊겨 피해상황 제대로 파악 안 돼", 도호쿠 지역
한국인 1만 여명 … 교민보호 팀 파견, 국내 가족－일본인 유학생 "연락 안 된다."
발 동동」「일본 동북지역 한국인 체류 현황6)」「"安의사 기념비 세운 곳인데 …
안타깝다", 한국과 인연 특별한 미야기 현 최대 피해」「도쿄 도심 건물 붕괴 …
부상자 긴급구조」「李대통령, 지하벙커서 긴급 대책회의」「16년 전 한신대지진과
차이, 내륙 아닌 바다에서 시작, 광범위 지역 쓰나미 강타」 등으로 보도해 교민
피해에 깊은 관심을 보였다.

⑦ 16페이지에는 「中도 "더 큰 지진 오나" 불안 확산」「日 지진에 여야 "정치
휴전", 간 정치인생은 '구사일생'」.

⑧ 21페이지 스포츠 면에서도 「대지진, 日 스포츠 덮쳐 … 경기 '올 스톱', 프로
야구 중 선수－관중 긴급대피 … 축구－골프 등 취소 사태, 김연아 출전 도쿄 세
계피겨선수권 개최 불투명, 후쿠시마 현 아이스하키 亞챔피언 결정전 취소」,

⑨ 마지막으로 27페이지 사설에서도 「日 대지진, 피해 최소화와 조속 복구를
기원한다.」를 보도하고 있다.

---

6) 『동아일보』, 2011년 3월 12일자, 일본 동북지역 한국인 체류 현황: 미야기 현 4439명(센다이
포함), 아오모리 현 1070명, 아키타 현 770명, 야마가타 현 2099명, 이와테 현 1131명, 후쿠시
마 현 2061명, 총계 1만1570명, 자료 외교통상부, 아마 여행객은 제외된 숫자일 것이다.

(2) 3월 14일자(월)

① 1페이지는 「원전 폭발 … 4만 명 사망 – 실종 … 끝없는 비극」이라는 표제 아래 큰 피해 사진을 싣고 쓰나미에 1만 명 행방불명, 해안도시의 참극이라는 해설을 붙이고 있다. 또, 「東日本 대지진」「후쿠시마 190명 피폭 가능성, 오나가와 핵시설도 위기상태」「본보, 기자 3명 지진현장 급파」「"힘내요, 일본" 동아일보 – 사회복지 공동 모금회 – 韓赤 함께 모금」「한국, 아부다비 10억 배럴 유전개발 참여」로 표제를 달고 있다.

② 3페이지는 「東日本 대지진 "원자로 망쳐도 좋다, 폭발 막아라." 바닷물 끌어 냉각」이라는 표제 아래 원전폭발 사진을 2장 싣고 있다. 그 아래 「황태훈 – 원대연 기자 '원전 폭발' 후쿠시마 르포」「年 피폭량 넘겨 방사선 물질 누출 … 21만명 대피, 냉각 – 봉쇄대책 부실 … "안전 신화도 붕괴" 탄식」「"이 사람을 아시나요" 이산가족 찾기, 이름 – 연락처 대피소 게시판에 빼곡」「눈물 – 한숨의 피난민」「차가운 학교 체육관 바닥서, 추위 – 배고픔에 시달려」「체르노빌, 격납용기 없어 방사성 물질 누출 4000명 사망」「日유사 美 스리마일섬 사고땐」「철판 – 콘크리트의 격납용기」「원자로 둘러싸 피해 적어」로 보도하고 있다.

③ 4페이지는 「東日本 대지진, 원자로 냉각장치 고장 나자 압력솥 터지듯 "펑"」이라는 표제 아래 후쿠시마 원전 내부 모형도를 크게 싣고 분석하고 있다. 또, 「원전 폭발 원인」「쓰나미로 단전 → 물 공급 차질 → 과일·고압」「현재는 원자로 둘러싼 외벽만 뚫린 상태」「온도 못 낮추면 원자로가 터지는 최악 상황」「방사성 물질」「노심용융」「기상청 "방사성 물질 한국에 날아온다."」「"편서풍 불어 태평양으로"」「한국 원전 내진설계 규모 6.5까지 견뎌」「日처럼 '자동 중지'는 안 돼」라는 부제로 보도하고 있다.

④ 5페이지는 「東日本 대지진, 인구 2만3000명 도시(이와테현 리쿠젠타카타), 쓰나미 뒤 1만7000명 실종」이라는 표제 아래 「원전 공포 … "아저씨, 저 괜찮나요."」「"내 가족은 …" 생존자 명단 확인」「참사 사흘째 … 해안지역 피해 눈덩이」「3층

까지 밀물 … 집 8000채 중 5000채 수몰」「"미나미산리쿠 등 미야기현 사망 1만 넘을 듯"」「초토화 된 센다이, 13일에도 쓰나미, "하루 종일 감자칩 하나밖에 못 먹어"」「박형준 기자 센다이 르포」를 부제로 보도하고 있다.

⑤ 6페이지는 「東日本 대지진, 끊어진 도로 … 정전 … 미항 하코다테까지(홋카이도 관문) 유령도시」라는 표제 아래 쓰나미 현장 사진을 2장 싣고 있다. 그 아래 「마을 삼킨 쓰나미 … 마치 영화 장면 보는 듯」「육지로 밀려 온 오징어잡이 어선」「처참한 피해현장」「익사체 대거 발견, 인프라 붕괴」「기적의 생환도 잇달아」「'유령도시'로 변한 관광지」「미야기현에서도 200명 익사」「81명 탄 선박은 전원구조」「열차 4대 한때 연락두절」「최소 140만 가구 수도 끊겨」「가족과 통신두절 애간장」「편의점 식료품은 거의 동나」「도쿄에서 후쿠시마까지」를 표제로 보도하고 있다.

마지막 아래 단에는 「"3일내 7.0이상 여진 발생확률 70% 넘는다"」「규모 8.8 → 9.0상향 … 1900년 이후 세계 4위」「끝나지 않은 여진 공포」「5.0이상 150여 차례 발생, 日 기상청 '장기전' 대비」「규슈 신모에 화산 폭발, 후지산 폭발 공포까지」「일본 도호쿠 지방 여진 발생 상황」「지진 얼마나 강했나.」「1960년 칠레 9.5가 1위, 한반도선 1980년 의주 최고」「태평양연안 다른 나라는 큰 쓰나미 피해 없어」「위력 약해지고 미리 대피, 美 켈리포니아 1명 사망」을 부제로 달고 있다.

⑥ 8페이지는 「東日本 대지진, '3중 공포(지진·쓰나미·방사성 물질 누출)' … 그러나 통곡도 사재기도 약탈도 없었다.」라는 표제 아래 「성숙한 日 시민의식」「쇼핑객 길게 줄서서 기다리다 필요한 물건만 사가, 지하철 불통에도 항의하는 사람 찾아보기 힘들어」「물 배급 장사진 … 운동장에 줄긋고 대기(운동장에 긴 대기 줄 사진 게재)」를 보도하고 있다. 그 아래에는 「한국인 피해는, 진흙 밭 변한 피해지 교민 60여명 연락 두절」「외교부 "거주지 진흙밭 상태" 도호쿠大 유학 130여명도 미확인 주일대사관 비상근무 돌입」 등 교민 안전에 대한 뉴스를 싣고 있다. 또한 「일본 여행객 귀국러시 … 일본 내 한국인 출발러시 … , 한일공항 '항공권 구하기 전쟁'」「"무사히 돌아오는 길"」을 부제로 달고 있다.

⑦ 10페이지는 「東日本 대지진, "2차대전 이후 최대 위기" … 日 자위대 10만 명(전체 병력의 절반) 투입」이라는 표제 아래 「간 총리, 구조-복구 총력체제」「제트기-구축함 재난지역 급파 … 추정예산 편성 추진, 상황 발생 때마다 각료 생방송 회견 … 국민 안정 시켜」「주민구조(사진)」「피해지역 순시(간 총리 피해지 헬기 시찰 사진)」「벚꽃 필 무렵 … 봄을 잃은 도쿄, 충격 못 벗은 수도권」「지하철-버스 정상화 됐지만 도심상가 문 닫고 인적 끊겨」「휴대전화 불통 속 트위터-페이스북 통했다.」「소셜 미디어의 힘」「전화망과 달리 우회접속 가능」「생사 확인 등 통신연락 톡톡」을 보도하고 있다.

⑧ 12페이지는 「東日本 대지진, 간 총리 "가장 먼저 도착한 한국 구조팀에 감격"」이라는 표제 아래 한국 구조대원의 사진을 싣고 있다. 또, 「"힘내요, 일본" 우리 정부-민간지원 움직임」「MB, 日총리에 위로 전화 … 구조대 102명 추가 파견」「근로정신대시민모임 "애도" … 종교계 "구호 동참"」「이명박 대통령 제의에 일본 수락」「종교계·사회단체·정치권도 나서」「외교 일정 차질 … 안보지형에도 영향」「누리꾼들 "더 이상 희생 없길 …" 위로 물결」「침몰 등 자극적 표현엔 비판」「"우상숭배에 대한 하나님의 경고"」「조용기 목사 日지진 발언 논란」「국제사회도 줄 잇는 지원」「오바마 "가슴 찢어진다.", 피해 지역에 항모 급파」「러, LNG 공급확대 … 각국 구조팀 파견」을 부제로 달고 있다.

⑨ 13페이지는 「東日本 대지진, 생산 멈춘 日주력 車-전자(도요타·닛산·혼다·소니·도시바) … 산업피해만 최소 11조원」이라는 표제 아래 「수출 대기 자동차들 고철더미로」라는 부제와 함께 대기 자동차 사진을 크게 싣고 있다. 또한, 「세계3위 경제대국 위험, 일본 주력산업 줄줄이 가동 중단」「정유공장-제철소 잇단 폭발, 원전 20% 스톱 전력난 가중, 한국 "천연가스 긴급 지원"」「복구비 천정부정 … 글로벌 금융 큰 부담」「회복세 세계경제 부담, 日 재정적자 늘어나면 지구촌 금융위기 악화」「일본의 주요산업 대지진 피해 현황(표)」를 부제로 보도하고 있다.

⑩ 14페이지는 「東日本 대지진, 깐깐한 내진설계-대피훈련이 더 큰 피해 막았다」라는 표제 아래 피해 사진 두 장을 싣고, 「日 '최악 지진' 충격 줄인 안전장치들」

「고층건물 기초에 진동흡수 패드-실린더 의무화, 한신 지진 뒤 규제강화…대피 훈련 일상화도 한몫」을 부제로 달고 있다. 그 밖에「국내 내진 설계 대상 건물 84% 가 '무방비'」「국내 지진대비는」「판 경계 충격 쌓이면 '안전지대' 무너질 수도, 쓰 나미 대피 안내판도 주민 반대로 곳곳 철거」「과거 한반도 지진은?」「쓰나미도 위험하지만 대비 소홀」「지진재해 인프라 결여돼」「'日본토 2.4m 이동' 美 지질조 사국 발표, 국내 전문가들은 "GPS측정 이상일 뿐"」을 부제로 보도하고 있다.

⑪ 그 밖에 30페이지는「한류스타들 "우릴 아껴준 日팬들을 도와야 할 때"」,

⑫ 31페이지는「한반도 큰 지진 없어 안심 되나요」「일본 지진 원전사고, 무 시도 과장도 금물이다」를 부제로 달고 있다.

⑬ 경제면 B1페이지는「東日本 대지진, 긴박한 한국 기업들」「LG전자 위기대응 팀 가동, CEO에 실시간 상황 보고」「센다이 유통기업 큰 피해, 롯데주류 물류창 고 침수 진로는 배송에 차질 빚어」「대기업들 사태 예의주시, 포스코 마케팅실 주말근무, SK 日정유회사 피해 촉각」「중소기업들에도 비상대기, 수출에 악영향 미칠지 고심, 피해 中企 지원반 운영키로」를 보도하고 있다.

⑭ 경제면 B2페이지는「日도호쿠 대지진, "日 수입의존도 높은 부품 재고량 충분 …국내 영향 제한적"」이라는 표제 아래「긴급 경제정책조정회의」사진을 싣고 있 다.「정부 16개 부처 합동 '비상대책반 구성'」「日 재정적자 심화 땐 경기회복 찬 물 우려」「對日 수출입업체에 관세 분할납부 허용」「한국 증시에는 어떤 영향 미 칠까」「日자본 빠져 나가면 증시 부정적 엔화상승 땐 수출기업 강세 예상」「고베 지진 때 한국 증시 추세」를 부제로 달고 있다.

⑮ 경제면 B3페이지는「日도호쿠 대지진, 정유-석유화학 '맑음'…전자-반도체 '보통'…항공 '흐림'」이라는 표제 아래「한국 산업에 미치는 업종별 영향」「전자 '부품난' 부메랑 우려」「車부품업체 대체수요 기대」「철강은 장단기 전망 엇갈려」 「생필품 구매하는 日 관람객들(사진)」「관광성수기 앞두고 韓日 여행업계 타격 불가피」「도쿄지역 상품 등 예약취소 잇따라, 국내 관광객도 서둘러 귀국길에」

「일본산 생물생선 공급 비상」「생태·고등어 수입차질 예상, 갈치는 현지시세 50% 급등」「'日 대지진' 여행자보험 보상 받을 수 있다」「상해보험은 원전 피해만」을 부제로 달고 있다.

4. 『경향신문』

(1) 3월 12일자(토)

경향신문은 ① 첫 페이지에서 「최악 지진·10m 쓰나미 '넋 잃은 日열도'」「규모 8.8 사상 최대, 동북부 지방 해저서 발생, 사망 속출 "피해 상상 초월"」로 보도하고 있다.

② 2페이지는 「기상청 "日열도가 방파제 … 한반도 직접 피해 없을 듯"」「추가 지진 동해 쪽 발생 땐 동해안도 쓰나미 가능성, 확률 낮지만 안전 장담 못해」「우리 정부 대응, 이 대통령 지하벙커서 긴급대책회의」로 표제를 달고 있다.

③ 3페이지는 「거대한 해일 '괴물이 덮치는 듯' … 東北해안 '쑥밭'」「철도·항공 마비 … 원전 방사능 누출 우려, 미야기·후쿠시마·이와테현 긴급 대피령」「규모 7.0 이상 일본 강진 일지」「도쿄도 '흔들' … 도심 곳곳 불길·연기 치솟아」로 보도하고 있다.

④ 4페이지는 「태평양 전체 '출렁' … 호주·남미·북극까지 영향권」「일본 강진 쓰나미 예상도」「美 등 연안국들, 쓰나미 도착시간 촉각, 주민 대피령·시설 안전점검 초긴장」「불타는 건물」「떨고 있는 사람들」"내일이라도 집에 돌아갈 수 있을 런지 … "」 산케이신문 기타 요시히로 기자의 보도를 인용하고 있다.

⑤ 5페이지는 「"이런 지진 난생 처음" … 격한 흔들림에 행인들 비명」「서의동 도쿄 특파원이 겪은 '공포의 순간'」「"건물이 안전"·방송에도, 황당한 시민들 자리로, 기둥 붙잡고 "어떡해"」「불타는 화학단지」「휘어진 도쿄타워」「건물 벽 곳곳 균열 전화·JR 등 모두 '스톱'」으로 보도하고 있다.

⑥ 6페이지는 「1955년 '한신 대지진'보다 강력 … 최악 피해 우려」「8.8지진·쓰나미 위력은」「8.0 이상 지진 모두 7번, 관동 지진 14만여 명 사망, 한신 때도 6천여 명 희생」「장난감 떠내려 가듯」「동북지방 지진해일 피해, 2100㎞ 수십 개 마을 덮쳐, '인도양 쓰나미' 때 연상」「왜 일어났나, 태평양 지각 판, 북미 판 충돌 탓, 이틀 전에도 지진」「"日 GDP 1% 감소 가능성"」「주요 산업시설 큰 피해, 재정적자에 설상가상, "큰 충격 없다" 낙관론도」「일본 한신 대지진과 인도네시아 대지진 및 쓰나미와 비교」[7]를 보도하고 있다.

(2) 3월 14일자(월)

① 1페이지는 「일본, 이번엔 '방사능 공포' 후쿠시마 원전 '3호기'도 폭발 가능성 … 쓰나미 사망자 수만 명 추정」을 표제로 달고 미나미 산리쿠초 전역 피해사진을 크게 싣고 있다. 또, 「1호기 폭발보다 방사능 독성 훨씬 강해」「지진피해 눈덩이 희생자 집계도 못해 지진규모 '9.0' 수정」을 보도하고 있다.

② 2페이지는 「'안전신화'가 무너졌다 … 할 말 잃은 '원전 대국'」을 표제로 달고 「작동 중단 후 원자로 냉각 등 제때 조치 못해」「내진 설계 한계 … 에너지 정책 재검토 여론」「원전 안전 시스템의 한계」「정부의 늑장대응 도마 불신 초래」「노심용해」「세슘」「이 아이는 괜찮을까(방사능 검사사진)」「세슘·방사선 요오드 유출, 암 유발 등 심각한 후유증」「"방사성 물질 한반도 확산 가능성 거의 없어"」「기상청 "며칠째 서풍 … 태평양으로 이동"」「두개 원전 6.5 내진 … "의존 낮춰야" 지적도」「서풍으로 영향 미미」「국내 원전은 안전한가」를 부제로 보도하고 있다.

③ 3페이지는 「방사성 물질 허용치 3배 누출 … 주민 21만 명 대피 21 '안전신화'가 무너졌다 … 할 말 잃은 '원전 대국'」을 표제로 달고, 「11일 대지진 이후 후쿠시마 제1원전 폭발사고(폭발 전)」「폭발 후(12일 오후 3시 36분)」「폭발 후」「일본 원자력 발전소 분포」「후쿠시마 원자력 발전소 현황」 5개의 사진을 싣고 있다. 그 아래는 「지진·쓰나미 이어 '3차 재앙'」「속수무책 원전」「전력 끊겨 냉각장치 정지」「비

---

7) 한신대지진은 1995년 1월 17일 발생(인도네시아는 2004년 12월 26일), 지역(한신·고베/수마트라 섬 해안), 규모(7.3/9.1), 사망자(6434명/22만7898명), 부상자(한신은 4만2792명/인도네시아 이재민 170만 명).

상발전기도 무용지물」「온도 상승 연료봉 녹아내려」「원전에 무슨 일 있었나」
「방사능 공포」「현재 190명 피폭 가능성」「인근 평소 400배 검출」「암 발생 우려
정제수 공급」「'방사능 공포' 확산」을 부제로 달고 있다.

④ 4페이지는 「원자로 냉각 실패 때 '체르노빌 참사' 재연 가능성」라는 표제 아래
방사선 차단 마스크를 쓴 일본 경찰 사진을 싣고 있다. 또, 「'최악 사태' 오나」「원
자로 구조 다르지만 노심 점부 용해 땐 '재앙' 인체 영향은 판단 일러」「'원자력
대국'으로 가는 중국 '긴장'」「일본 열도와 가까운 동남연해에 주로 건설 감시·강
화 긴급 통지문」「쓰나미 위력 왜 커 졌나」「해저 면에 가까운 진앙 크게 엇갈린
단층 각도 9.0 강력한 지진으로」를 부제로 달고 있다.

⑤ 5페이지는 「"원전과 50Km … 여기도 위험" 주민들 잠 못 이뤄」라는 표제 아
래 미야기 현 미나미 산리쿠초의 피해지 사진을 크게 싣고 있다. 또, 「윤희일 기
자 고리야마 피난소 '1박 2일'」「"설마 했는데 갈수록 심각"」「원전 인근서 대피
주민들」「피폭 걱정 극도의 불안감」「주먹밥·담요로 숙식」「시외 교통편 두절
소식에」「대피소 길은 탄식·한숨」「산케이신문 리쿠젠 타카타·센다이 르포」「"무
조건 도망쳐라" 외침에 맨발 질주」「진흙탕 잔해더미 곳곳서 "살려 주세요"」「졸
업식 하려던 중학교」「대피 주민 1000명 몰려」를 부제로 보도하고 있다.

⑥ 6페이지는 「리쿠젠 타카타市 5000가구 수몰·1만7000여명 실종」이라는 표제
아래 이와테현 미야코 시에 쓰나미가 덮치는 순간의 사진을 크게 싣고 있다. 그
외 「직격탄 맞은 동북 해안도시 '거대한 진흙탕'」「방파제·수문 등 무용지물」「주
검 수백 구씩 잇단 발견」「교통·통신 두절 고통 가중」「떠밀려온 배」「'불바다'
게센누마시 거의 사라져」「어선용 연료탱크 전복 대형화재」「주민들 "지금 보고
있는 건 지옥"」을 부제로 달고 있다.

⑦ 8페이지는 「대피(일본 자위대원이 12일 미야기현 게센누마시에서 노인을 업어 대
피시키는 사진)」「눈물(미야기현 센다이시 주민들이 12일 폐허가 된 도시를 떠나며 눈물을
흘리는 사진)」을 맨 위에 싣고 있다. 그 아래 「330만㎡ 거대한 공장 이틀째 '화염'」
「지하철 7시간 올 스톱 '지옥철'로」「조홍민 기자 지바현 코스모석유 화재현장 르

포」「서의동 특파원 도쿄시내 '고난의 통근 길'」「교민 피해 '오리무중'」「피해 가
능성 커 발 동동 … 외교부 신속대응 팀 급파」「급수행렬(센다이시 한 학교운동장에
서 13일 주민들이 물을 받기 위해 줄지어선 사진)」을 싣고 있다. 그 외「미야기현 경찰
"사망자 1만 명 넘어"」「눈덩이 피해 … 구조 현황」「피해지역 자위대 10만 명 투
입」「여진 공포 속 6.0 강진 계속」「7.0이상 여진 발생확률 70%」「국제사회 지원
행렬」「美 항공모함 해상 지원 … 中·英 등 구조대 속속 도착」을 부제로 보도하
고 있다.

⑧ 9페이지는「日 차·전자산업 최대 타격 … "경제손실 1000억 달러"」라는 표제
아래「도요타·혼다·소니·캐논 등 공장 폐쇄·가동중단 속출」「중앙은행 수조엔 공
급 검토 … "경기 회복 제기될 수도"」「일본 산업 피해 상황」「세계 경제 '불확실성'
한층 커질 듯」「유가·금융시장에 영향」「경기 상승 둔화 배제 못해」「현지 진출 국
내 물류업체 발 묶여」「대부분 사무실 형태 피해 미미」를 부제로 보도하고 있다.

⑨ 14페이지는「"내가 지진 걱정 왜 하나"」라는 표제 아래「기쁨과 초조(13일 김
포공항 국제선 입국장 가족들의 반가운 만남(사진 2장)」을 싣고 있다. 또,「우리나라는 … 」
「내진 설계 기준도 82%가 안 지켜」「경보·대피 시스템 있으나 마나」「서울서 6.5
지진 땐 사상자 11만 명 발생」「지진발생시(집 안에 있을 때, 밖에 있을 때)」「쓰나미
(지진해일) 발생시(해안가에 있을 때, 선박에 있을 때)」「"이웃나라 돕자" 모금운동 활
발 … 격려·애도 글도 봇물」「다가간 네티즌, 가까워진 일본」「"영화 '해운대' 보
다 참혹" 배우 박중훈도 응원」「일부 '반일감정·종교논리' 누리꾼들에 빈축 사기
도」「돌아오는 한국인들 '겁에 질린 증언'」「"도쿄 전철 롤러코스터처럼 흔들렸
다"」「돌아가는 일본인들 '기대 반 우려 반'」「"가족 무사 다행 … 이웃 연락 안
돼 걱정"」을 부제로 달고 있다.

⑩ 17페이지는「일본 지진, 국내 경제에도 '먹구름'」이라는 표제 아래「장기 위
축 땐 타격 불가피 단기적으론 영향 제한적 "피해 지역, 주로 농업지대"」「"일본
업체들 고통 가중시켜서는 안 된다."」「단기적으로 재고 충분」「산업 영향, IT·전
자, 관광·항공 '타격'」「정유·화학·철강 주문 늘 듯」「일본 대지진이 국내 경제

에 미치는 영향(자료: 기획재정부 등 정부부처)」「변동성 확대·안전자산 선호 강화
될 듯」「금융시장 영향」「1995년 1월 17일 고베 지진 당시 코스피 지수 및 원·
엔 환율 추이」를 부제로 달고 있다.

⑪ 18페이지는 「일본 대지진, 실물경제 영향은」이라는 표제 아래 「생태 등 日
서 수입 수산물값 '꿈틀'」「고등어·내동꽁치도 수급 차질」「지진 피해, 여행자보
험 받을 수 있다」「천재지변도 대상에 포함」「정부, KNG 물량 日에 우선 공급」
「적십자·민간단체도 구호 나서」를 부제로 보도하고 있다.

⑫ 30페이지는 칼럼에서 「간바레 닛폰(힘내라 일본), "이웃에서 도와주면 큰 힘
될 것", 굳이 과거사를 떠올릴 필요 있나」.

⑬ 31페이지 사설에서는 「"유례없는 일본의 재앙과 우리의 자세, 원전 안전문제 경
종 울린 일본 지진 참사"」라는 표제로 보도하고 있다.

5. 『한겨레신문』

(1) 3월 12일자(토)

한겨레는 ① 첫 페이지에 「8.8강진·10m쓰나미, 일본 삼켰다」「일본 동북부 규
모 8.8 지진 쓰나미 발생」「동북부 해저서 발생 … 일 관측사상 최대 규모, 도쿄
등 완전마비 되고 원전 화재·공항 폐쇄, 인명피해 클 듯 … 태평양 연안국 쓰나미
경보」를 표제로 달고 있다.

② 2페이지는 「7m 넘는 파도가 육지 삼켜 … 집·선박·자동차 둥둥」「동북부해안
쓰나미 초토화」「미야기현·이와테현 직격탄, 논밭·공장지대 수면 아래로, 센다
이공항 활주로도 잠겨」「14 : 46 도쿄, 다급한 경보 끝나자마자 당·건물 '흔들흔들'」
「특파원이 전하는 당시 상황」「물건 '와르르' … 책상 밑 대피, 강한 여진 이어져
건물 밖으로」「차량스톱 … 시민들 대피행렬」로 보도하고 있다.

③ 3페이지에는 「쓰나미 피해지에 원전 4곳 … 방사능 유출될까 초비상」「불타는

일본」「1곳 터빈시설 화재 … 1곳은 냉각기능 이상, 일 정부 "현재로선 유출가능성 전혀 없다", 도쿄인근 정유공장 대형화재 수십 명 불길」「도쿄시내 전철 운행중단, 정전사태 … 신칸센 멈춰, 나리타, 공항 폐쇄 한다」「지역별 쓰나미 파고 및 체감진도」「일본 강진 쓰나미 발생 예상도」「지바제철소 대폭발」을 보도하고 있다.

④ 4페이지는 「'불의 고리' 위치 지진 빈번 … 사흘 새 17차례 관측」「대지진 주기설' 공포」「전 세계 6.0 이상 지진 20%, 매년 일본서 발생 '100~150년 주기 대지진' 불안 심리 더 키워」「규모 8.8 강진은」「지난달 뉴질랜드보다 7000배 위력, 1995년 한신대지진 이후 가장 끔찍」「열도가 방파제 구실 … 한국은 '휴~'」「한반도는 피해 없을까」「직접 영향은 받지 않을 듯」「최근 우리나라에 해일을 일으킨 일본 지진」[8]을 보도하고 있다.

⑤ 5페이지에는 「졸업식 학생들 지붕에 깔리고 도쿄타워 안테나 '휘청'」「늘어나는 인명피해」「도호쿠 지방 사상자 수백 명 … 대부분 어린이·노인들, 행방불명 신고도 잇따라 "내 평생 가장 강한 지진"」「도쿄증시·엔화 급락 '금융시장 대혼란' 세계경제에 '쓰나미 경보'」「주민들, 지진훈련 잘돼 차분 대응, 일 정부 자위대 총동원 '상황파악'」을 보도하고 있다.

⑥ 6페이지는 「정유·석유화학공장 타격 … 국제가격 급등 예고」「국내 산업계 파장은」「대일 의존도 높은 부품소재 수입차질 예상, 전자·철강 등 경쟁관계 업종 '반사 이익', 엔화 급락으로 국내 수출업체 경쟁력」「나리타·하네다 공항마비, 한-일 항공편 결항 잇따라」「일 동북쪽 항구도 폐쇄」「일 동북부에 '교민 1만 여명' 통신 끊겨 현황파악 안 돼」「수출입현황」[9]을 보도하고 있다.

⑦ 9페이지는 「일본여행 가족걱정 … 연락 안 돼 발 동동」「일본 사상 최대 지진」

---

8) 『한겨레』 2011년 3월 11일자, 1964년 6월 16일 나가타 외해 7.5 규모지진 부산·울산 수십cm 해일, 1983년 5월 26일 아키타현 서쪽 외해 7.7 규모지진 울릉·강원 동해안 2~5m 해일, 사망 1명, 실종 2명. 1993년 7월 12일 홋카이도 남서 외해 규모 7.8지진 동해 전역에 0.5~2m 해일, 선박 35척 파괴된 사례가 있다.

9) 『한겨레』 2011년 3월 11일자, 2010년 무역협회 자료, 대일 수출 281억8000만 달러, 수입은 643억 달러, 한국이 일본에 직접 투자 3억4000만 달러, 일본이 한국에 투자 20억8000만 달러, 일본에 진출한 한국기업 수는 약 300개 정도다.

「국내 거주 일본인들도 "이런 지진 처음" 극도 불안, "모두 무사하길" 시민·누리꾼들 현지 소식에 촉각」을 보도하고 있다.

(2) 3월 14일자(월)

① 1페이지는 「1만 명 실종마을 서너 곳 … "일 원전 추가폭발 우려"」라는 표제 아래 미야기 현 미나미산리쿠 초가 물에 잠긴 사진을 크게 싣고 있다. 또, 「미야기, 이와테 현 등 1만 명 이상씩 행방불명」 「후쿠시마 원전 3호기 "수소폭발 가능성" 원전 공포 계속 확산」 「숫자로 본 일본 동북부 대지진 규모 및 피해」 「일본 동북부 대지진」 「쓰나미 휩쓴 마을 흔적 없이 사라져」 「대지진 현장 르포」 「진흙 뒤 덮힌 마을은 유령도시처럼 변했고」 「충격의 피난소 사람들 "8m 파도 사람들 휩쓸어가"」 「쓰나미 지나간 자리」로 부제를 달고 있다.

② 2페이지는 「일본 동북부 대지진, 방사능 극한 공포 … 원전 인근 20만 명 비상대피」라는 표제 아래 「피폭자 긴급이송(사진)」 「방사능 검사받는 주민들(사진)」을 싣고 있다. 그 아래 단에는 「후쿠시마 원전 폭발」 「제1원전 반경 20Km 소개령 … 노인 등 발 묶여」 「"설계기준(규모 6.6) 넘는 지진 잦았는데 위협 과소평가"」 「무너지는 '안전 신화'」를 부제로 보도하고 있다.

③ 3페이지는 「7기 가동 중단 … 1호기 연료봉 공기 중 노출 녹아내려」라는 표제 아래 「후쿠시마 원전 1호기 외벽 폭발」이라는 부제와 함께 6장의 원전폭발 사진 및 모형 그림을 싣고 있다. 또, 「긴장 이어지는 후쿠시마 원전」 「압력 높아지자 증기 배내 … 방사성 물질 포함」 「방사선량 줄었다가 다시 상승 … '세슘'도 검출」 「1호기 건물외벽 폭발 … "원자로 폭발은 아니다"」 「노심용융」 「일본 원전 사고 역사와 현황, 피해상황」 「냉각기능 망가지며 '용융'」 「냉각재 대신 바닷물 주입」 「원자로 폐기 무릅쓴 선택」 「1·3호기에 무슨 일이」를 부제로 보도하고 있다.

④ 4페이지는 「일본 동북부 대지진, 한국 원전 내진설계 됐지만 규모 6.5 넘으면 '위험'」이라는 표제 아래 13일 대전 한국원자력안전기술원 직원들의 비상상황실 사진을 싣고 있다. 「국내 원자력 발전소 현황」 「정부 "방사능 누출 대비해 5중 방

호벽 갖춰"」「환경단체 "안전신화 허구 … 총괄점검 할 때"」「국내 원자력발전 상황은」「방사능 물질 한반도 날아올 가능성 적다지만 …」「기상청 "편서풍 뚫고 역류하기는 거의 불가능"」「원자력안전기술원, 전국 70곳 5분 단위 감시」「후쿠시마, 세계3대 원전사고 기록 될 듯」「스리마일,10) 냉각장치 파열 뒤 누출」「체르노빌, 흑연 냉각재라 피해 커」「후쿠시마, 비상전력 공급 불능상태」「3대 원전 방사능 누출 사고 비교」를 부제로 달고 있다.

제2절 일본의 신문과 방송들의 재난보도

1. 미야기현(宮城県)의 후쿠시마(福島)TV

┃ 사진 5-1 ┃ 福島TV

아나운서가 스튜디오에서 재난방송을 하면서 헬멧을 쓰고 있다.

---

10) 1979년 3월 28일 미국 펜실베니아주 해리스바그에 있는 스리마일섬의 원전에서 냉각장치가 파열돼 핵연료가 외부로 누출된 사고였다. 10만여 명이 대피하는 등 10억 달러 이상 재산손실을 보았다.

2. 일본 신문들의 재난보도

▌사진 5-2 ▌ 아사히, 요미우리, 마이니치 신문 등

제 6 장

김정일 국방위원장 사망과 언론보도

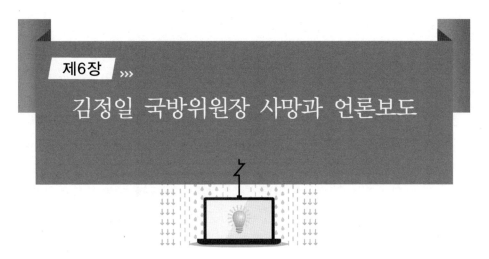

제6장 »

김정일 국방위원장 사망과 언론보도

1. 『문화일보』

(1) 『문화일보』, 2011년 12월 19일자(월)

① 한국 최초로 김정일 사망보도를 전한 신문은 12월 19일자 『문화일보』석간이 최초이다.

2011년 12월 19일자(월) 『문화일보』에 의하면, 일면 톱으로 「김정일 심장쇼크로 急死」[1]를 표제로 보도하면서 그가 생전에 평양광복지구 상업중심(대형마트) 현지 지도 때 공개한 '마지막 사진'을 싣고 있다. 그 밖에 맨 위쪽으로부터 「17일 오전 8시 30분 열차서 … 김정은 장의위원장에」「조선중앙TV보도」「李대통령, 안전보장회의 긴급소집, 전국 비상경계 태세 … 재외공관 대기체제」「북·미 대화도 연기」순으로 표제를 달고 있다.

② 2페이지 맨 위에는 김정일 사진 6개를 싣고, 그 아래 「고난의 행군 → 선군통치 → 강성대국 … 37년 철권통치 終焉」「김정일의 생애」「김정일 연보」「"北" 엄

---

1) 『문화일보』, 2011년 12월 19일자.

청난 충격파 밀려올 것, AP, CNN, NHK 등 외신들 긴급보도」의 부제를 달고 있다.

③ 3페이지는 「中언론 "김정은, 김정일 사망 직후 국가기관 모두 접수"」라는 표제 아래 '김일성과 김정일 사진' '김정일과 김정은' 각각 두 사람이 찍은 사진 2장과 함께 「北, 비상사태 대비 흔적, 당분간 큰 혼돈 없을 듯, 장기적 권력투쟁 불가피」「北美·남북관계 당분간 올 스톱」「1994년 김일성 사망 직후 北, 1~2년간 대외활동 안 해」「"과로로 야전열차 안에서 심근경색"」「北방송 사망원인 발표, "심장쇼크 합병 사망"」을 보도하고 있다.

④ 31페이지 사설에서도 「김정일 死亡 … 향후 南北관계 관리에 철저 기해야」로 언급하고 있다.

(2) 『문화일보』, 2011년 12월 20일자(화)[2]

문화일보는 19일에 이어 20일자 ① 첫 페이지에도 「美 "北의 안정적 정권전환 희망"」이라는 표제 아래 김정은과 군부 관계자와 귓속말을 나누는 사진을 크게 싣고 김정은의 앞날에 대해서 전망하고 있다. 그 밖에 「클린턴 국무, 김정일 사망 후 첫 언급」「"북·미관계 새 지도부 행동 보고 결정"」「北주민 슬픔 이해수준 弔意표시 검토」「정부, 미국과 공동 보조」「"김정일 사망사실 전혀 인지 못했다" 원세훈 국정원장 인정」「"北, 군사훈련 중단, 특별 경계 근무령 발령" 김관진 국방 국회 보고」를 부제로 달고 있다.

② 2페이지는 「北, 中 거주 주민들에 '귀국령' … 식당 문 닫고 기차표 동나」 표제 아래 압록 강변 신의주에서 북한 주민들이 배를 타는 모습의 사진 1장을 싣고 있다. 그 아래 단에 「"동요 없이 생활하지만 … 그래도 불안해"」「연평도·중부전선 르포」「"대피소 열어놓고 만일의 사태 대비"」「北 노동신문 1면 전면에 김정일 사진 게재」「특별방송 예고 등 보도, 김일성 사망 때와 같아」「노동신문」「北 유엔대표부 분향소 설치」를 부제로 싣고 있다.

---

2) 『문화일보』, 2011년 12월 20일자.

③ 3페이지는 「신중한 美, 김정은 체제 '소프트랜딩' 여부 예의 주시」 「北 돌발 상황 원치 않고 자극적 발언도 자제」 「北 새 체제 정착하면 대화국면 전환 포석」 「한국과는 공조 강화」 「韓 '김정은 체제' 대응책 가닥 못 잡아」 「조의 표명 긍정 검토 논란 남남갈등 부추길 우려도」 「日, 난민사태 포함한 다양한 시나리오 대비」 「中 '격하된 弔意 … 김정은 소극적 지지?」 「김일성 사망 때는 "김정일 중심" 명시, 이번엔 "당 중심" 표기」 「애도문 명의에서도 후진타오 주석 빠져」를 보도하고 있다.

④ 4페이지는 「휴민트(인적정보·HUMINT)' 붕괴돼 '시민트(신호정보·SIGINT)'만 의존 … 눈만 떴지 볼 수 없었다.」를 표제로 달고, 그 아래 원세훈 국정원장의 어두운 표정으로 국회에 입장하는 사진 한 장을 싣고 있다. 아래 단에는 「정보수집 어설프고 첩보활동은 번번히 적발, 국가정보원 왜 이러나」 「韓 정보기관에 기밀 제공 혐의, 리빈 전 주한 중국대사 체포돼」 「印尼특사단 숙소침입 국제망신, 리비아선 정보수집하다 추방돼」 「北, 남한사회 손바닥 보듯, 정찰총국서 대남정보 총괄」 「이산상봉단 직업까지 파악」 「中, 17·18일 두 차례 통보받아」 「17일 중에 사전 통보, 18일 '金 사망' 확인」을 부제로 달고 있다.

⑤ 5페이지는 「풋내기 권력' … 수렴청정·집단지도체제로 갈 수도」라는 표제 아래 김일성 동상 앞 모여 있는 북한주민들의 사진을 싣고 있다. 그 아래 단에는 「북한 김정은 후계체제 예상 권력 그룹」을 사진과 함께 도표로 분석하고 있다. 또, 「장성택 '고모부 정치' 유력, 리영호·최룡해 등도 약진」 「김정은의 사람들, 당분간 측근·후견인 도움」 「고무줄 나이' … 김일성 生年 끝자리 맞춘 탓」 「본래는 1983년 1월 8일生, 우상화 위해 1982년생으로」를 보도하고 있다.

⑥ 6페이지는 「정부조문 절대 안 돼 … '김정은 체제' 단명으로 끝날 듯」이라는 주제 아래 강인덕 전 통일부장관과 김영수 서강대 정치 외교과 교수, 이미숙 국제부장 세 사람의 대담기사를 싣고 있다. 그 기사 중에는 「개인적 조문은 막을 수 없어, 제3국 통해 처벌하는 방법」 「北 도발하기는 쉽지 않을 듯, 내년엔 美와 관계개선 힘쓸 것」 「3~4개월 내 권력투쟁 가능성, 당분간은 '유훈정치'에 집중」 「민생문제 외면 할 수 없는 상황, 변화의 가능성 어느 때보다 커」 「대북 압박정

책은 이롭지 않아, 북한을 고려해주는 정책 필요」「김정일의 과오 입증 좋은 계기, 어려운 시기 식량지원 효과적」을 부제로 보도하고 있다.

⑦ 7페이지는 「"北 체제 붕괴로 이어질 수 있는 시나리오 시작됐다"」라는 표제 아래 「빅터 차 美CSIS(국제전략문제 연구소) 실장 "주시하면서 기다려야", 북한 불안정상 대비해, 韓·美·中 긴밀 협조 필요」「"김일성 사망 후처럼 美와 대화에 응할 것"」「스트로브 前 美국무부 과장, "美·中 상호신뢰 깊지 않아, 北 미래 깊은 논의 어려워"」「뉴트 깅리치 "북핵 어떤 위협 될지 모른다(미 공화당 대선 예비주자 사진 1장)"」「"빈 라덴처럼 지옥 떨어져" 존 매케인(상원의원)」「"北주민 악공 빨리 끝나길(밋 롬니 전 매사추세츠 주지사)", 미 공화당 시각」「"북 단기간 내 큰 변화 없을 것"」「중국 점문가들, '김정은으로 권력이동 시작, 소요 가능성도 배제 못해'」를 부제로 싣고 있다.

⑧ 8페이지는 「"김정일, 2008년 한국 측 의료진 파견 제안 거부했었다"」 표제 아래 「수척했던 때 … 잠깐 회복됐을 때(비교 사진 2장)」「의료계 고위관계자 밝혀 "남측 인사 메신저 역할 자존심 때문 거절 할 듯"」「"김정일, 뇌졸중 때도 의식불명 위독 상태"」「김정일 수차례 치료한 佛 의사 프랑수아-지비에 루 박사(파리 생트-안 종합병원 신경외과 과장)」「뇌졸중 → 심근경색 … 예고된 사망, 당뇨·비만에 음주·흡연도 한몫」「金日成 닮은 가족력 추위에 과로도 겹쳐, 심장 쇼크에 손 못 써」를 부제로 보도하고 있다.

⑨ 9페이지는 「장의위원 명단이 권력지도 … 1위 김정은 후계자 공식화」「공식·실제 서열 반영, 명단 앞 쪽도 金 측근」「장례절차 어떻게? 12일장·금수산궁전 안치 … 김일성과 비슷」「13일 최장 애도기간 … 왜? 위기의식 고취 '김정은 결속' 노려」「왜 현지 지도에 집착했나? 아들 위해 건재 과시 … 이달 말 9건, 뇌졸중 회복 뒤 의식적으로 강행」「몰아치기 휴식 좋아해」를 부제로 싣고 있다.

⑩ 10페이지 「주민들은 헐벗는데 … 대남 공작·테러에만 '광분'」이라는 표제 아래 「지금 대전성기' 선전 속 '마이너스 성장만' 반복」「3명 중 1명 영양 부족 90년대 후반 30만명 탈북」「북한 경제 지표」「산업구조도 뒷걸음 … "300만명 굶어 죽

어」「광업으로 근근히 버텨 손쓸 수 없는 한계상황」「김정일 연보」「37년간 '끝 없는 만행'」「김정은, '核카드' 사용할까」를 부제로 달고 있다.

⑪ 11페이지는 「경제수장들 한 자리 … "24시간 전 방위 비상대응체체로"」라는 표제 아래 「경제 금융상황 점검회의」「금융－외환단국 핫라인 가동, 수출·통화 등 6개 FT 띄워, 재정부 부처별 상황실 총괄」「증시 전문가 전망, "추가 부정적 영향 작을 것 … 권력승계 과정이 변수", 유럽 이슈에 더 주목해야」「역대 '북한 리스크' 증시 영향 미미 … 왜?」「반복된 경험 학습효과, 개인투자자 대범해져, 되레 매수기회 활용도」를 부제로 싣고 있다.

⑫ 12페이지는 「유럽 재정위기에 北리스크 겹쳐 … 투자·소비 급랭 가능성」 표제 아래 「北권력승계 과정 정치 불안, 불확실성 증가 심리 위축 땐 금융시장 변동성 높아질 듯, 유연하게 변화에 대응해야」「개성공단 큰 차질 없이 정상 조업, 남측 근로자 입출입도 예정대로」「남북협력예산 증액 불가피, 北상황따라 예비비 늘려야」「"한국 국가 신용등급 당장 영향 안 미칠 것" S&P 등 "급변 가능성 희박"」을 표제로 싣고 있다.

⑬ 14페이지는 「"국민적 합의 우선" "갈등은 피해야" … 여야 '조문' 대립각」이라는 표제 아래 「한나라 '신중론' 우세」「민주 '94년 반면교사'」「北선 "조문단 안 받아"」「송영선 "북, 6개월 뒤 권력투쟁 벌어질 것"」「국회 '만반의 대책' 강조 "주민 대량이탈도 대비를"」「장제·현기환 의원 "내년 총선에 불출마"」「박근혜 '안보 리더십' 시험대에, 與 대표로서 전국 수습과제 '위기극복 능력' 입증 기회로」「MB, 일정 취소 '비상체제' 유지 靑, 29일까지 24시간 근무 유엔 등과 국제공조 논의」를 부제로 보도하고 있다.

⑭ 15페이지는 「"祝사망! 통일기회" vs "애도, 조문해도" … 또 '南南갈등'」이라는 표제 아래 「조의표명·조문 싸고 진보·보수 '갑론을박' 시민들까지 각 세워」「인터넷·SNS도 시끌 "추도 분향소 설치" 說 돌자 "천안함 생각해보라" 일침」「차분한 대학가, 김일성 사망 땐 '애도 대자보' 이번에는 "단순한 가십 거리"」「정부는 … '비상근무 4호' 신속대응, '4호' 정식발령은 이번이 처음, 통신·교통 시설 등

경제 강화」를 부제로 설명하고 있다.

⑮ 16페이지는 「檢, '김정일 추모' 이적물 100여건 수사 착수」라는 표제 아래 「北 찬양 등 위법성 조사 "단순 弔意는 처벌 안해"」를 부제로 보도하고 있다.

⑯ 17페이지는 「환율변동 촉각 … 산업계, 비상경영체제로」라는 표제 아래 「'김 정일 사망' 파장점검, 해외바이어 진정 등 주력, 사업계획 변형하거나 주목」「北 리스크 때마다 저가 매수하더니 … 강남 큰손, 이번엔 안 움직였다」「단기 악재 확산 없어 관망세」「"불확실성의 시대" 단기 악재」「불확실성의 시대 … 위험요 인에 철저한 경계태세를」-박재완 장관-의 부제를 달고 있다.

⑰ 23페이지는 「'김정일 사망' 낮 시청률 평소보다 1~3%P 상승」을 싣고 있다.

⑱ 또, 25페이지에는 「김정일 사망 3일전 안보전략硏 '유고 뒤 北전망' 발표회」가 열렸는데 여기에서는 「"수혜 vs 피해 세력 권력투쟁 … 민주화 혁명 가능성도"」를 예 상하고 있다. 그 밖에도 「서점가 '북 관련 서적' 주목」「"북한은 극우적 민족주의 국가"」「"개방 위한 정교한 대북 전략을"」「동아시아역사硏 학술대회, "탈북자 엘 리트 양성 통일 이후 사회통합 가교 역할 수행해야"」를 부제로 보도하고 있다.

⑲ 29페이지는 북한의 김정일 첫 아내인 고 성혜림(2002년 사망)의 오빠로 김위원 장의 처남인 성일기(79)[3]의 인터뷰 「"김정일은 독재자·냉혈동물 … 죽음에 의미 부여할

---

3) 『문화일보』, 2011년 12월 20일자, 성일기는 경남 창녕의 만석지기 집안에서 태어나 좌익 성 향이던 부모를 따라 평양에 간 뒤 학도병으로 징집됐다. 18세인 1950년부터 빨치산 활동을 시작했다. 성씨의 둘째동생인 성혜림은 1871년 김 위원장의 장남인 김정남을 낳았지만, 이 후 관심에서 멀어져 쫓기듯이 모스크바로 갔고 그곳에서 생을 마감했다. 첫째동생 성혜랑 은 성혜림을 간호하기 위해 모스크바로 나온 뒤 북한으로 돌아가지 않았다. 이후 한국으로 망명한 아들 이한영이 1997년 분당에서 북한공작원에게 피살되면서 성혜랑은 한국을 찾을 엄두를 내지 못하고 현재 유럽의 한 국가에 머물고 있다고 한다. 성일기씨는 김정일 때문에 우리 가족은 비극을 겪었고 신세를 망쳤다고 하면서 김정일을 냉혈동물로 비판하고 있다. 성혜랑의 아들 이한영은 1978년 모스크바 외국어대 어문학부를 전공한 엘리트 출신으로 프 랑스어 연수를 위해 스위스 제네바로 들어간 뒤 1982년 9월 서방으로 탈출했다. 같은 해 10 월 한국으로 망명한 후 1987년 12월에 KBS 국제국 러시아어 방송 PD로 입사한 뒤 결혼한바 있다. 그 후 저서 '김정일 로열패밀리'를 출간하고 북한 독재정권의 실상을 세상에 고발하던 중 1997년 2월 15일 밤 경기도 성남시 분당의 한 아파트 앞에서 북한 공작원 2명에 의해 총기로 피격당해 10일 뒤 사망했다. 동아일보(2010. 4. 21자)에 의하면 1998년 김대중 정부

필요 없어」「김일성·김정일 北 망쳐놔」「오열하는 북한 주민들 보며 "저게 어떻게 정상일 수 있나"[4]를 보도하고 있다. 그 아래 단에 "2001년 평양공연 때 김정일 만났었죠."」「김연자씨 사망소식 듣고 회상」을 부제로 달고 있다.

⑳ 30페이지는 박민 전국부장이 데스크 시각에서 「역사는 반복 된다」 31페이지 포럼에서는 「健在 과시하려다 죽음 재촉한 김정일」「김정은의 북한' … 統制불능 대비해야」 사설에서는 「굳건한 國論統合의 힘으로 한반도 運命 열어가야」「평양 弔問 거론하는 세력의 저의」「깜깜히 몰랐던 對北정보력 … 원인 찾아 전면 보완해야」 표제로 주장하고 있다.

(3) 『문화일보』, 2011년 12월 21일자(수)

① 1페이지에는 「김정일 死後' 北美 전격 첫 접촉」이라는 표제 아래, 김정일 시신 앞에서 울먹이는 김정은, 지켜보는 장성택의 사진과 함께 「뉴욕채널 식량 논의」"새로운 리더십" 표현」「美, 사실상 후계 인정」을 부제로 보도하고 있다. 그 아래 단에는 「北정보' 오락가락 軍」이라는 표제 아래 "김정일 열차 이동" 판단, 하루 새 "안 움직여" 번복」「정부 "민간 조의문 발송 허용"」「코스피 1800회복, 장중 51P … 급속 안정」을 보도하고 있다.

② 2페이지는 「"당장 권력공백 없겠지만 장기적으로 불안 … 절대권력 미지수"」라는 표제 아래 북 노동당 간부들이 금수산 궁전에서 김정일 시신 앞에 조문하는 사진을 크게 싣고 있다. 그 표제 아래 「정부 진단 '김정은 체제'」"김정은 체제 생각보다 안정적, 길게 보면 위기 번질 가능성도, 北 내부 시스템 더 복잡해질 것"」「안 보이는 MB … 이틀간 공식일정 없어, 상황관리 극도로 신중」「軍, 北 WMD 통제력 이양에 촉각」「통제 불능 사태 우려, '작계 5029' 대비태세」를 부제로 싣고 있다.

당시 국정원은 '이씨가 '대동강 로얄패밀리'란 책을 써 스스로 화를 자초했다'며 책임을 회피했다고 한다. 이에 이씨의 아내 김모씨는 국가를 상대로 소송을 걸었고, 2008년 8월 대법원은 이한영 씨가 북한 공작원으로부터 피살된 사건과 관련해 국가는 유족에게 60%인 9699만원의 손해를 배상할 책임이 있다는 판결을 내린바 있다.

4) 『문화일보』, 2011년 12월 20일자.

③ 3페이지는「韓·美·中·日 공동 타깃은 '北 불확실성 조기 제거'」라는 표제 아래 금수산 궁전에서 김정일 시신을 처음 공개하는 사진을 싣고 있다. 또한 표제 아래에는「美, 金사망발표 다음날 뉴욕채널 가동 대화모색」「中, 후진타오 직접 조문」「韓, 성탄트리 점등 자제」「北도 호전적인 성명없이 대화·유화적 자세 취해」를 부제로 달고 있다. 중간 아래 단에는「美·中, 북한의 새 체제 다독이기 경쟁 나선 까닭은? 결국 동북아 주도권 다툼」「한·미 공조, 더 공고해졌다」「조의 표명 여부부터 표현의 수위 조절까지 긴밀하게 의견 교환」「1994년 김일성 사망 때 양국 독자행보와 대비」를 부제로 보도하고 있다.

④ 4페이지는「"北 움직이고 싶은 세력들 애도 끝나는 29일 이후 도모할 것"」표제 아래「北 내부 안정 기로에 "애도기간 중 도발은 정당성지지 못 받아" 승계과정 불확실성도」라는 부제를 달고 있다. 오른쪽에는 김일성 3부자의 시신을 싣고,「'불세출의 영장' 김정은 띄우기」「당 중앙군사위, 권력중심 급부상」「김정은 부위원장 직함, 상설 최고군사기관 격상, 黨군사위서 권력 키울 듯」「존경하는 '천출위인 …', 北 매체 연일 찬양 호칭」을 부제로 달고, 맨 아래 쪽에는「장성택, 후견인일까? 경쟁자일까?」라는 부제 아래 장성택 부부의 사진을 싣고,「김정은 고모부 '제3 권력'」「배우 – 연출자 '공동운명체'」「"당장 나서기는 어려울 듯"」을 보도하고 있다.

⑤ 5페이지는「당 권력기반 취약 … 내치·외치 홀로 설까」라는 표제 아래「후계자 김정은 누구인가」라는 부제를 달고 그를 분석하고 있다. 그 아래 단에는「스타일은 명실상부 '北 최고 리더', 英 텔레그래프紙 보도 '김정은에 대한 10가지'」「김정일 직책' 그대로 물려받을 듯, 체제안정 위한 '고공승계' 가능성」「김정은 권력 승계 어떻게」를 부제로 보도하고 있다.

⑥ 6페이지는「"한반도서 '친족 후견 권력' 성공 사례 없어 … 김정은 미래 비관적"」라는 표제 아래 한반도 전문가인 니컬러스 에버스타드 미국기업연구소(AEI) 선임연구원이 주장한「김정일 땐 김영주 등 숙청」「김정은 어리고 경험 부족」「장성택 등 후견 구도 선택」「잠재적 갈등 요인 남긴 꼴」내용을 부제로 달고 있다.

또, 「김정은 체제, 조선 인종 즉위 때와 흡사, 인종·동생 지지세력 치열한 권력 투쟁」 「역사학자들 분석」「왕위 오르고 8개월 뒤 사망, 독살說」 나돌 정도로 알력 「김정은 체제 유약 … 통일 한층 가까워져」「美 싱크탱크 '합동토론회'」「北 몇 개월 내 도발 가능성 낮아, 韓·美·中 '계산착오' 최대 변수」를 부제로 소개하고 있다.

⑦ 8페이지는 「"김정은 세습제 폐기하고 정치 개혁해야 살아남을 것"」이라는 표제 아래 안찬일(세계북한연구센터 소장)과 하태경(열린 북한방송 대표)의 대담을 싣고 있다. 그 아래 단에는 「김일성 사망 땐 90%가 진짜 울어, 지금은 20% … 탈북자들은 환호」「SNS 애도바람 '정서적 종 북파', '진성 종 북파'는 전략적 침묵해」「화폐개혁으로 北, 바닥민심 최악, 민생 해결하고 개혁리더 해야」「김정은 휴대전화 통제 안 해 변수, 인터넷 도입 여부가 개방 가늠자?」를 부제로 달고 있다.

⑧ 9페이지는 「SNS에 "추모 위법성 검토는 나치행태" … '판사' 맞나?」라는 표제 아래 「정부방침에 "야만" 비난」「'가카 빅엿' 등 이어 논란」「'발언 수위 도 넘어' 지적」「진보단체 방북 조문단 구성·규모 논의」「영결식 D−7 … 공안당국, 월북 등 촉각」「檢, 분향소 설치 사태 등 대비」「한·미 대북인도지원 연내 성사 힘들 듯」「애도기간 감안 … '지체' 전망」「북핵협상 '김정은 선택' 주목」「北정권 아닌 주민에 "위로"·DJ−정몽헌 유족 답례조문만 허용」「南南갈등 최소화하면서도 北 배려」「'정권−주민 분리' 원칙 고수」를 부제로 달고 있다.

⑨ 10페이지는 「새터민들 "北에 피바람 불 텐데" … 남은 가족 걱정에 한숨」 표제 아래, 17일 북한을 방문했던 대북협력민간단체협의회 관계자가 21일 새벽 인천공항으로 입국하면서 북한 사정에 대해 기자들에게 답하고 있는 사진을 싣고 있다. 그 아래 단에 「공포정치 예감에 큰 걱정」「연락도 끊겨 불안한 나날」「민주화 불씨 될까 희망도」「공무원, 송년회·출장 줄줄이 취소」「"김정일 시조 묘 터 氣 균형 깨져, 북한 3대 세습 성공 힘들 겁니다."」「"2010년 이후 사망" 예언해 놓고 "내가 맞혔다.", 역술인들 '김정일 마케팅' 극성」으로 부제를 달고 있다.

⑩ 11페이지는 「내부유출 꺼린 北, 전파방해 공작 … 휴대전화도 안 된다」라는 표제 아래 「단둥 사흘째 표정」「"안가면 사상 의심" 생계 내팽개치고 조문귀국 충

성경쟁」「'독재자 낙인' … 뉴욕 분향소 한산, 英선 탈북자들 '祝 사망' 유인물, 해외 北 대사관 이모저모」「베이징 北유학생들 기말 시험 몰두」「동요 없이 평온한 일상생활」「고려항공도 평소보다 한산」「베이징 식당은 이틀째 휴업」「AP "평양은 눈물바다"」「"갖가지 추모행사 열려"」로 부제를 달고 있다.

⑪ 12페이지는 「김정일 사망날짜 17일 아닌 16일 가능성도 있다」는 표제 아래 평양주재 외국 외교관들의 조문행렬 사진을 싣고 있다. 그 아래 단에는 「수집정보 분석한 고위 당국자 밝혀 '관저 사망'도 제기」「韓–美 최첨단 정보망 가동했지만 … 평양의 철통보안에 막혔다」「위성 감청 방어시스템 구축, 통신장비·e메일 등 차단」「야전열차 안에서 사망 했나」「3大 미스터리」「현지지도 중이었나」「사망일자 17일 맞나」라는 부제로 김정일 사망사실을 분석하고 있다.

⑫ 14페이지는 「남북 무역지수 4년 연속적자 … "교역 위축 상당기간 지속"」이라는 표제 아래 「올 반입 1억 231만 달러 많아 개성공단 투자 확대도 난망」「올 北–中 교역 70% 급증 … 60억 달러, 南–北 교역의 3배 … 北, 中의존 심화」「"수입선 변경 계획 없다" 동요 없는 외국 바이어」「"이젠 후계 리스크 주목"」「경제금융상황 점검회의 이틀째, "불확실성 커졌지만 위험과 달라"」를 부제로 달고 있다.

⑬ 15페이지도 「상황 급변하는데 … 33억들인 '北정세지수' 아직도 미적미적」이라는 표제 아래 「2010년 완료한다 해놓고 18억+15억 … 내년 또 21억, 사업 실효성 여부도 논란」「개인·연기금, 학습효과로 "사자" 국내증시 버팀목 역할, 대형주 위주 저가매수」「외국계 시장 변동성 커져 "충격 미미" 시각 갈려」「JP모건 "권력계승 불확실" 골드만삭스 "준비된 상황"」「역시 믿을 건 金」「안전자산 인식 값 급등, 3,75g 시세 23만8000원」을 부제로 보도하고 있다.

⑭ 16페이지에는 「김정일 사망에 '정국 소용돌이'」라는 표제 아래 「"朴·安 시험대 … 새 '安保 리더' 뜰 수도"」「朴, 스탠스 잡기 어려울 듯, 안보 이슈에 安 불리해져, 군소 후보들엔 약진 기회」「'정권 심판론' 지고 '안보 이슈' 뜨고, 내년 총선 판도 요동」「정권비리 묻히고 경선 흥행실패 볼 보듯, 민주통합당 속앓이」「신중한 朴 … 비대위·중진회의 '비공개'」「국회차원 조문여부 질문에 "합의 없었다."」

짤막한 답변」「정운찬 "興의원들 박근혜 치마 밑으로 숨어", "이대로는 총선·대선 필패, 朴, 폐쇄적인 사람" 직격탄」이라는 부제를 달아 총선 정국에 미치는 영향을 분석하고 있다.

⑮ 19페이지는「유럽 발 한파 엎친데 김정일 사망 덮쳐, "연말특수 시즌인데 …" 전자업계 '울상'」이라는 표제 아래,「전 세계 노트북 판매량 두달 새 300만대나 줄어, PC불황에 D램 값 '뚝뚝'」「내년 외화채권 발행도 '빨간불'」「日투자자 北문제 특히 민감, 사무라이 채 발행 고전할 듯」을 부제로 보도하고 있다.

⑯ 38페이지 시론에서는「北경제, 회생 엔진이 없다」

⑰ 39페이지 포럼난에는「한반도에 '기회의 窓' 더 넓어질 수 있다」「한나라당, 새로운 未來 열려면 …」, 사설에서「정부의 '北주민위로' 談話로 조문 논란 끝내야, 對北 정보 혼선까지 빚는 국정원·국방부 … 왜 이러나, 김정일 추모 편들고 나선 理念편향 판사들」을 논제로 주장을 펴고 있다.

2. 『조선일보』

(1) 『조선일보』, 2011년 12월 20일자(화)

『조선일보』는 20일자 ① 1면 톱으로「66년 왕조 기로에 서다」로 대서특필하고「김정일 急死, 후계는 1년밖에 안 된 29세 김정은」「'강성대국' 元年 보름 앞두고 … 김정은에 권력핵심 당 비서·국방위 부위원장 미처 못 물려줘」「李대통령, 美·日·러시아와 대처 방안 논의, 전군비상경계령 … 美에 정찰활동 강화 요청」「김정일 1942~2011」으로 보도하고 있다.

② 2페이지는「美와 核협상 앞두고 "심근경색 사망" … 김일성과 닮은 꼴」「왜 어떻게 사망 했나」「"남은 수명 3년" 美 캠벨 예측 적중」「이달에만 공개 활동 9회 … 건재 과시하려 몰아치기」「김정일 심근경색으로 사망」「北 "부검했다" 발표 … 암살설 차단, 내부 동요 사태 막기 위해 김일성 때처럼 서둘러 밝혀」로 보도하고

있다.

③ 3페이지는 「화폐개혁 후 민심악화 … 김일성 때 눈물과 달라」「통곡하는 북 주민」「탈북자·북 주민이 전하는 북한 표정」「北 "영결식 때 외국 조문단 안 받는 다"」「김일성 장례 때와 거의 비슷, 시신도 금수산기념궁전으로」「100만 달러 들여 "김일성 미라" 만든 김정일 … 자신도 미라 되나」「벽화 앞 추모행렬」「中, 대규모 탈북 대비 국경지대 병력 증파」「접경지역에 가보니」로 표제를 달고 있다.

④ 4페이지에서는 「金씨 왕조 권력, 세자 김정은보다 인척 장성택에 쏠릴 듯」「北 왕족 권력 어디로」「美 캠벨 차관보 "김정은 체제 오래 못 갈 전망"」「김정일 여동생 김경희의 남편 장성택 국방·공안·외자유치 사업까지 장악」「김정일 후견인 장성택은 누구」「北 후계구도에서 밀려난 2人 운명은…, 김정일 이복동생 김평일, 23년째 해외 떠돌아」「김정일 장남 김정남, 신변위협 더 커질 수도」로 보도하고 있다.

⑤ 5페이지는 「北군부 세력화 당장 힘들어 … 黨 실세들 '집단체제' 가능성」「黨조직지도부 김정욱·황병서, 군인사장·감찰권 가져 핵심으로, 이들이 김정은에 충성할지 장성택과 협력할지 미지수, 軍 실력자 리영호는 김정은 편」「장성들 외출·밥 먹는 것까지 감시돼 군 편제도 '횡' 아닌 '종'으로만 연결」「北군부 '딴마음 왜 힘드나'」「보위부·호위총국 등이 일선 사단·군단 겹겹이 감시 "쿠데타 모의 매우 어려워"」「장의委 명단에 김정남·김정철·김평일은 빠져」「정치국 위원들 윗서열 위치 "당이 지도력 가질 것" 시사」「김정일 국가장의위원회 명단(상위 20위)」[5]으로 보도하고 있다.

---

[5] 『조선일보』, 2011년 12월 20일자, 1위 김정은 당 중앙군사위 부위원장, 2위 김영남 최고인민회의 상임위원장, 3위 최영림 내각총리, 4위 리영호 인민군 총참모장, 5위 김영춘 인민무력부장, 6위 전병호 내각 정치국장, 7위 김국태 당 검열위원장, 8위 김기남 당 비서, 9위 최태복 당 비서, 10위 양형섭 최고인민회의 상임위 부위원장, 11위 강석주 내각 부총리, 12위 변영립 최고인민회의 상임위 서기장, 13위 리용무 국방위 부위원장, 14위 김경희 경공업부장, 15위 김양건 통일전선부장, 16위 김영일 당 국제부장, 17위 박도춘 당 비서, 18위 최룡해 당 비서, 19위 장성택 국방위 부위원장, 20위 주규창 당 기계공업부장.

⑥ 6페이지는「中외교부 '김정은 없는 논평' … 추측 난무하자 한밤 애도電文」「北 체제 길들이기 나섰나.」「김일성 사망 땐, "전우이자 동지 잃었다" 덩샤오핑, 애도전문 따로 보내」「중국은 왜?, '당 대 당' 교류 중심 양국관계, 외교부가 먼저 나선 건 이례적 중 당국 말 못할 고민 있는 듯, 북의 공식발표 귀띔 없어 대응 시간 오래 걸렸을 수도」「"포스트 김정은 시대 … 동북아 각국에 역사적 기회", 중국 내 한반도 전문가 전망」「조기 내거는 주중 北대사관」「'김정일 사망＝北붕괴' 정말 그렇게 될까, 시나리오별 北체제 앞날」「북한 체제의 미래 시나리오」「시나리오①, 김정은 승계 → 군부 협조 → 3대 세습 완성」「시나리오②, 김정은 승계 → 주민 소요·대량탈북 → 북한 붕괴」「시나리오③, 김정은 승계 → 군부·당 권력 투쟁 → 세습 실패」「시나리오④, 북한 내 혼란 → 핵·미사일 통제 불능, 대량탈북 → 미·중 등 국제사회 개입」을 보도하고 있다.

⑦ 7페이지 광고에 이어 ⑧ 8페이지에는「北, 학 동결·식량지원 합의 직전 … "당분간 이 기조 유지할 듯"」「남북관계 어떻게 할까」「시나리오 ① 북, 취약기에 도발은 부메랑 될 수도」「시나리오 ② 북, 체제불안 불거질 땐 국지 도발 가능성」「北, 김정일 사망 발표 3시간 전 동해로 미사일 발사, 정부 "1주일 전부터 움직임 포착 … 金 사망과 무관"」「駐日 미군 정찰기 한때 출동」으로 보도했다.

⑨ 10페이지는「김일성 죽은 후엔 美와 核타협(제네바 합의) … 중심 없는 北의 이번 선택은?」「1994년 당시 김정일처럼 체제안정 시간 벌기 위해 대화 나설 수도」「정권위기 넘긴 '제네바 모델', 김정일 영변 핵 동결 대가로 중유 수십만t·식량지원 얻고 국제사회 대북지원도 끌어내」「김정은의 선택은, 협상 통해 유화국면 노리지만 김정일처럼 권력 못 다져 의문」「북한 핵·미사일 능력」「북한 주요 군사력 및 군사시설(핵무기 6~8개 분량), 생화학무기, 미사일)」「北 유사시 핵무기 통제 불능 땐 韓·美 특수부대가 침투해 확보」「北 급변사태 대처 시나리오 '개념계획 5029' 올해 초 훈련, 대량살상무기 무력화 힘들 땐 스텔스기 동원 폭격 방안도」「'작전계획 수준의 개념계획 5029' 6개 시나리오 연습」「시나리오①, 김정일·김정은 유고, 쿠데타 → 내전 상황: 우리군 대응 훈련, 한국군 또는 유엔 평화유지군이 사태 수습」「시나리오②, 주민봉기 → 불안정 사태: 한국군 또는 유엔 평화

유지군이 사태 수습」「시나리오③, 핵·생화학무기 등 대량살상무기(WMD)의 반군 탈취 또는 해외 유출: 한·미 특수부대가 WMD 기지 침투, 무력화·회수」「시나리오④, 북한 주민 대규모 탈북: 관·군 대규모 수용소 설치」「시나리오⑤, 대규모 자연재해: 인도주의적 지원 작전」「시나리오⑥ , 북한 체류 한국인 피랍(被拉) 사태: 특수부대 등 동원한 구출작전」「중국, 중국군의 북한 내 진주 상황도 상정: 유엔 평화유지군에 의한 해결」「어렵게 합의한 北 비핵화 회담은 일단 연기, 김성환·클린턴 韓·美 공조 협의」로 구체적인 시나리오를 상정해 보도하고 있다.6)

⑩ 12페이지에는「軍통수권자 李대통령, 金사망 모른 채 이틀간 일본 있었다.」「외교·안보라인 구멍 난 정부」「北특별방송 예고에도 식당 간 당국자들, 喪服 보곤 "으악" 청와대선 MB 생일잔치 … 국방장관은 의원 면담 차 국회로」「국정원 이번에도 깜깜 … "존재 이유가 뭐냐"」「全軍 경계태세 3급서 2급으로 격상」「陸, GOP·해안경계 경비 강화, 海, 美사령부와 정보공유 늘려, 空 전투기 초계전력 증강배치, 美는 E3 조기경보기 출격시켜」「군 대비태세, 공통, 육지, 공중, 해상」으로 표제를 달고 있다.

⑪ 13페이지에는「정부 '弔意표명' 종일 고민하다 결정 못해 … 野는 "조문해야"」「정부·정치권 움직임」「박근혜 前 대표 "천안함 ·연평도 아픔 여전한데 어떻게 조의 논할 수 있나"」「이희호 여사 "남편 서거 때 北 조문단 보내 우리도 조문하는 게 도리"」「노무현 재단 "정부에 요청 조의전문 보낼 것"」「애기봉 등 3곳 성탄트리 점등 안하기로」「한나라 "정부와 긴밀 협의" … 조의·애도 언급 없어」「민주통합당 "급서에 조의 … 불필요한 갈등 없어야"」「통합진보당 "애도 표명 … 긴장완화 위해 노력해야"」「정치권 논평」을 표제로 보도하고 있다.

⑫ 14페이지에는「아웅산·천안함 유족 "응어리 풀려 … 이제야 죗값 치른 것"」「北테러·납치 피해자 반응」「아웅산 테러 희생자 아내」「납북 배우 최은희씨」「천안함 희생자 어머니」「홍도 피랍학생 어머니」「'통영의 딸' 신숙자씨 남편」「연평

---

6) 『조선일보』, 2011년 12월 20일자.

도 희생자 어머니」「"바라던 일인데 얼떨떨 … 통일이 보여"」「"예측 안 되는 체제, 무슨 짓 할지 불안"」으로 보도하고 있다.

⑬ 16페이지에는 「세계의 언론 "은둔·굶주림·핵개발의 지도자가 세상을 떴다"」「미국의 대응, 오바마 이대통령과 통화, 백악관 중국 자극할까 우려 "면밀히 주시" 짧은 성명만, "연평도 포격과 같은 긴급대응사태가 아니라 긴 호흡으로 지켜야"」「日 안보회의 소집 … 자위대 경계태세 강화, 러 "태평양함대 경계 수준 평상시와 같아"」「각국 반응, 영국 "북한의 새 지도부는 국제사회 적극적으로 상대하길", 프랑스 "주민들 언젠가 자유 찾기를 … 승계 결과에 주의 기울여"」「NYT "생일·고향 … 시작부터 끝까지 파악 불가"」「외국 언론의 김정일 평가, 월스트리트저널 참모습은 끝까지 베일 속에, CNN 협상의 상식을 벗어난 인물, AP 새 시대의 낡은 지도자」로 보도하고 있다.

⑭ 18페이지는 「황태자로 53년, 王으로 17년 … 核 주무르다 빈손으로 갔다」「김정일의 70년, 조작된 출생, 지도자 수업」「1941년 수련에서 태어났지만 우상화 위해 출생지·연도 바꿔, 김일성 재혼에 반발 계모 김성애를 어머니라 안 불러」「영화 좋아하던 청년 후계자로, 치열한 권력투쟁 과정 겪으며 김일성 우상화에 집착」「김일성 사망 이후, "등소평 옳았소." 한때 개방정책에 관심 보여」「후계자 김정은 내세워, 건강 악화·후계 불안에 천안함·연평도 등 강경도발」「2007년 10월 남북정상회담 때의 노무현 대통령과 김정일 국방위원장 사진」「2002년 평양에서 만난 한나라당 박근혜 전 대표와 김정일 국방위원장 사진」「김정일 출생에서 사망까지」[7] 등을 보도하고 있다.

---

7) 『조선일보』, 2011년 12월 20일자, 1941년 2월 러시아 하바로프스크 부근 출생, 1945년 소련에서 귀국, 1961년 7월 노동당 입당, 1973년 6월 당 선전 선동부부장, 1973년 9월 당 비서국 조직 및 선전담당 비서, 1974년 2월 당 정치이원회 위원 및 후계자 확정, 1980년 10월 6차 당 대회에서 당 중앙위원회 위원, 1982년 생년월을 1942년으로 변경(김일성 주석과 나이차가 30년이 되게 하기 위해), 1983년 중국 후야오방(胡耀邦) 공산당 총서기 초청으로 후계자로서 첫 방중, 1990년 5월 국방위원회 제1부위원장, 1991년 12월 군 최고 사령관 임명, 1992년 4월 군 원수 칭호, 1993년 4월 국방위원회 위원장 추대, 1997년 당 총 비서에 추대, 2008년 뇌 혈관계 질환으로 쓰러짐, 2011년 12월 17일 오전 8시 30분 열차서 사망 등.

⑮ 20페이지는「안으로는 경제파탄·인권유린 … 밖으로는 테러·무력 도발」「악행으로 점철된 김정일 철권통치 37년」「권력 과시형 경제운용 … 굶어죽는 주민 속출」「先軍 내세운 폭압 정치로 목숨 건 탈북자 양산」「육영수 여사 저격·아웅산 폭파 등 정치테러」「핵실험 2차례 후 핵 보유 선언 … 전 세계 협박」「KAL기 폭파 등 민간인에까지 무차별 테러」「판문점 도끼 만행부터 천안함까지 직접 도발」「김정일 전 국방위원장 통치 시절 일어난 사건들」[8]을 보도하고 있다.

⑯ 34페이지는「리더십 空白에 빠진 북한」한승주 교수의 칼럼이 있고, ⑰ 35페이지는「김일성·김정일 王朝 몰락과 우리의 자세」라는 주제가 사설란 전체를 메우고 있다. 동일본 대지진 때와는 달리 경제면 1페이지에도 ""北 후계 불안" 김일성 사망 때보다 금융시장 쇼크」, ⑱ 2페이지「개성 공단 앞날은 "천안함·연평도 때도 공장 가동 … 北 상황 지켜볼 수밖에"」「북한 경유하는 한·러 가스관 사업도 전망 불투명」「개성공단 제외한 대북 사업, 개점휴업 상태인 대북 정책, 이미 위축된 사업에 찬물」, ⑲ 3페이지는「北 경제, 중국 의존도 더 높아질 것 … 한국 경제엔 불리」「北 2년 연속 마이너스 성장」등을 표제로 보도하고 있다. ⑳ 4페이지는「증시에 미칠 영향은 "유럽 위기도 힘든데 … 외국인 매도 늘며 단기 충격 불가피"」「북한 리스크 일상적 … 중장기적 충격 약할 듯」「한국 신용등급 현재로선 큰 문제없다, 국제신용 평가사들」, ㉑ 5페이지「유럽 재정위기 속 북한변수 돌출 … 환율 변동 예의 주시」「더 멀어진 금강산, 현대아산 대북사업 재개 늦어질까 우려」「관광객 피격사건으로 3년 넘게 사업 중단 5000억 넘는 매출 손실」「"경제 악영향 최소화 위해 사회혼란 막는 게 급선무, 경제 5단체 성명"」을 보도하고 있다.

(2) 『조선일보』, 2011년 12월 21일자(수)

『조선일보』는 21일자 ① 1면 톱으로 「"北주민에 위로의 뜻" 대북 첫 弔意」을 보도하고 그 아래 「정부 조문단 안보내기로 DJ·정몽헌 유족만 訪北 허용 美 "北주

---

8) 『조선일보』, 2011년 12월 20일자, 1974년 2월 김일성의 후계자 확정, 1974년 10월 육영수 여사 저격, 1976년 판문점 도끼 만행, 1983년 미얀마 아웅산 테러, 1987년 11월 KAL 858기 폭파. 1991년 12월 군 최고사령관 취임, 1999년 6월 연평해전, 2002년 6월 서해교전, 2006년 10월 1차 핵 실험, 2007년 7월 금강산 관광객 살해, 2009년 5월 2차 핵 실험, 2010년 3월 천안함 격침, 2010년 11월 연평도 포격 등.

민들의 안녕 우려", 中후진타오 北대사관 조문」을 전하고 있다. 중간 단에는 "17일 달리는 열차에서 김정일 사망" 北발표 놓고 「국정원 "열차 안 움직였다" 軍 "움직였다" 한국 최고 정보기관이 서로 다른 판단 '혼란'」「"북한, 당 중앙군사위 중심으로 과도통치"」「"위원장 김정일, 작년 9월 부위원장에 김정은 앉히고, 리호영·장성택도 함께 위원장에 임명 … 군사정책 총괄"」「"당시 감사원·금감원 고위급 2명에게 7000만원 줘"」를 표제로 달고 있다.

② 2페이지는 「"여기는 평양 … 모두가 흐느끼고 있지만, 큰 동요는 없다"」라는 표제 아래 평양의 김일성 광장과 중국에 거주하는 북한 여성들이 북한 대사관을 찾아 분향하면서 흐느끼는 사진 2장을 싣고 있다. 그 아래 「지금 평양에서는, 평양 주재 英대사관 서기관 "주민들 특이한 움직임 없어", 외국인 비자발급 전면중단, 美 선교사 등 출국시켜, 외국인 숙소 밖 못나와, 공항서 평양 사진 삭제시켜」를 표제로 달고 있다. 오른쪽 중간 하단에는 「"귀국하자" "北에 없으면 찍힐라" 단둥에선 열차표 경쟁」「"弔花사자" 北 주민들, 값도 안 묻고 꽃 사가 … 中 꽃집 특수」 등을 보도하고 있다.

③ 3페이지는 「"북한 현상유지 하자" 美·中, 의견 일치 본 듯」 표제 아래 힐러리 클린턴 미 국무장관의 사진을 싣고, 「美, 한반도 안정 최우선, 클린턴 "안정적 전환 원한다" 한반도 불확실성 제거 기대, 中 김정은 공식 인정 외교부 '조선 영도자'로 지칭, "편리한 시기 訪中 환영" 밝혀」를 보도하고 있다. 오른 쪽에는 후진타오, 시진핑을 대동하고 주중 북한대사관에 조문하는 사진을 게재하고 있다. 그 아래 중간 단부터 「정부, 28시간 고민 끝에 '낮은 수준' 弔意, 미국처럼 北정권 아닌 주민에 위로 표명」「美·中, 또 우리 머리 위에서 공 돌리나」를 표제로 달고 있다.

④ 4페이지에는 「① 유럽유학(스위스) ② 승부욕 ③ 군사학교 ④ 애송이 콤플렉스, ⑤ 김일성 흉내」를 표제로 달고, 그 아래 「김정은을 읽는 5가지 키워드 아래, 베일 속 후계자, 스위스 유학 후 지도자 수업, 北 내부서도 "경험 없다" 평가에」 등을 보도하고 있다. 또, 「지난 1년간 어떤 후계 수업 받았나, 김정은, 軍·공안 장악에

온 힘 쏟아, 134차례 시찰 중 軍·보안기관 41회」「김정은 '위대한(19일) 영도자' 지칭 하루만에 '존경하는(20일) … 전출위인'으로」를 부제로 달고 있다. 김정은의 사진과 함께 「김정은 누구인가」라는 제목 아래에선 가계도를 그려 정밀하게 해부하고 있다.

⑤ 5페이지 톱뉴스는 「北권력, 국방위서 黨군사위로 … 사실상 계엄사령부 역할」란 표제 아래 김정은이 20일 당·군·정 수뇌부를 이끌고 조위를 표하는 사진을 싣고 있다. 그 아래 「과도통치 이렇게, 김정은 중앙군사위 부위원장에, 권력 장악 쉽진 않을 듯」「김정은, 우동측·리명수 내세워 보안기관 장악 나서」「중앙군사위 18명 중 민간인 출신 5명 … 파워는 막강」을 부제로 달고 있다.

⑥ 6페이지는 「야행성에 심장질환 김정일, 영하 12도 아침에 열차 탔다고?」 표제 아래 「김정일 사망 미스터리」「사망 시점·장소 불투명, 북한 조작했다면 왜」「김정일 열차 미스터리」 등의 부제로 김정일 사망원인에 대해 의문을 제시하고 있다. 그 밖에 「3년前 김정일 뇌졸중 치료한 佛의사 "김정남이 먼저 찾아왔었다"」 프랑스 신경외과 전문의 프랑수아 자비에 루(Roux) 박사 20일 인터뷰 기사를 싣고 있다. 또, 「빌 클린턴 방북 때 의사 데려가 김정일 건강정보 수집」「"김정일 수명 3년 남았다" 캠벨 차관보 예측 토대돼」를 부제로 비국의 김정일 정보수집 내용을 보도하고 있다.

⑦ 8페이지 「연평도 때도 엇갈리더니 … 국정원·軍당국 또 정보 충돌」이라는 표제 아래 국정원장 「김정일 열차 정반대 보고, "김정일 열차 16~18일 사이 평양에서 움직인 적 없다"」, 군당국자 「"김정일 탔는지 알 수 없지만 평양역에서 움직인 건 분명"」 국가 안보 중요 사안 놓고 기본적 정보조차 공유되고 있지 않음을 보도하면서 국정원과 군 당국의 대북정보 부재를 강하게 질타하고 있다. 또, 「北방송 20분전, 국회 정보위원장 "金 죽었느냐" 묻자 국정원 고위관계자, 세 가지 근거 대며 "아니다" 부인」「美·日도 사전에 몰랐던 듯 … 中은 알았을 가능성」「외신 "中, 17일엔 北 중대사건, 18일엔 金 사망 통보받아"」를 부제로 보도하고 있다. 그러나 실제로는 김정일이 사망 전 스트레스가 극에 달해 부실 희천발전소 현장 찾아가

던 중 급사한 것으로 알려졌다.[9) 2012년 12월 25일자 조선일보에 따르면, 작년 2011년 12월 19일 정오에 발표한 북한 당국의 김정일 사망설의 진상은 12월 17일 오전 8시 30분경에 뇌졸중으로 쓰러져 사망한 것으로 보인다. 이로써 김정일 사망 당일 미스터리는 어느 정도 풀린 것으로 보인다.

⑧ 10페이지에는 「휴민트(Humint: 인간정보)[10) 붕괴 10여년 … 위성·감청만으론 北핵심정보 못 얻어」 표제 아래 「韓·美 정보 당국 왜 몰랐나.」 「위성의 한계, 24시간 감시 불가능해, 북이 의도적 피할 수 있어, 열차 안 움직임도 포착 못해」 「감청의 한계, 北 통신 감청 못하도록 90년대 중반 광케이블 깔아, 유선전화 통화 잡아낼 수 없어」를 부제로 보도하고 있다. 또, 「한·미 양국 주요 정보 수집 수단 능력과 한계, 정찰위성 정찰기 분야는 미국이 한국보다 압도적 우위, 통신 감청 및 인간정보는 한국이 미국에 비해 우위」로 부제를 달고 있다. 그 밖에 「對北 휴민트, DJ·盧정부 때 '찬밥', 현 정부 들어 복원 나섰지만 최고위층까지 선 닿지 않아」 「"김정일 혼자 양치질" 알려준 핵심 정보원마저 발각돼 숙청」 「김관진·원세훈 "김정은 체제, 얼마나 길지 예단 못해"」 「의원들 "모호한 대답에 답답"」을 부제로 보도하고 있다.

⑨ 12페이지는 「金국방 "核통제권 김정은 손에" … 지도부(당 중앙군사위) 공동결정

---

9) 『조선일보』, 2012년 12월 25일자.

10) '휴먼(human)'과 '인텔리전스(intelligence)'의 합성어로 쓰인 휴민트는 인적 네트워크를 통한 정보 수집을 뜻한다. 우리나라의 경우는 국정원, 군 정보요원 활용 및 북 권력 핵심부에 요원침투 방법이 있으나 최근 침투요원에는 어려움을 겪고 있다. 감청(DMZ 인근 도서지역에서의 북한 전역 교신감청, 유선교신은 감청 불가) 등 신호분석을 통해 정보를 얻는 시진트(Sigint:signal intelligence)와 함께 정보수집의 양대 수단을 이루고 있다. 정찰위성(KH-12: 미국)은 수백km 상공에서 15cm 크기의 물체식별 및 김정일 전용열차 이동 주로 추적, 야간에도 감시추적 가능하다. 한반도 상공에 정지해 있지 않고 북한 상공을 하루 3~4차례 통과해 24시간 감시는 불가능한 상태다. 뿐만 아니라, 북한도 KH-12 위성의 통과시점을 알고 있어서 대처가 가용하다. 미국의 U-2정찰기의 110km 이상 떨어진 곳에서도 수십cm 크기 물체 식별, 촬영가능 할 뿐 아니라, 330km 떨어진 곳 통신감청도 가능하다. 그러나 악천후의 경우에는 비행이 불가능하고, 한 번에 8~9시간 비행하는 데는 어려움이 따른다. RC-135(무기주파수 정보수집, 교신 내용 감청 및 광케이블 등 유선교섭 유선 교신 감청 불가능) 등이다. 한국의 금강백두 정찰기(한국)의 경우는 평양에서 백두산까지 농구공 크기의 물체 식별 및 촬영가능(금강정찰기), 또, 북한 전역에 걸쳐서 통신감청이 가능하고, U-2 정찰기 대비 감시 정찰능력 제한 및 유선교신 감청은 불가능 상태다.

가능성도」표제 아래 「불투명한 核 통제권」「북한 핵무기 열쇠」「李대통령, 이번에도 후진타오와 통화 못했다」「"中, 긴급 사안 발생 때 정상 간 전화는 잘 안해"」「이희호 여사·현정은 회장 조만간 방북 조문」「정부 "과거 문상에 대한 답례성격" … 노무현 재단 "우리도 가게 해 달라"」「독재자 急死에 탈북 동료들은 새 희망 꿈꾼다.」를 부제로 달고 있다.

⑩ 13페이지에는 「두 번째 보는 '北 권력급변 드라마'에 국민들 무덤덤해졌다」표제 아래 「김일성 사망 때와 달리 동요 없이 차분한 대한민국」「예고된 죽음이 무관심 불러」「"북 통제가능" 정서도」「좌파단체 "정부 조문단 파견하자" 주장에, 보수단체 "악마에게 조문하자는 것이냐"」

⑪ 37페이지 「김정일 사망 후 50시간의 충격적 '정보 실패'」 ⑫ 38페이지 「北 세습 성공해야 평화 온다는 사람들」 ⑬ 39페이지 사설에서는 「천안함 弔問 몰라라 하던 사람들이 '北 조문' 저리 서두르나」「'김정일 사망' 아닌 '北 도발 징후' 이틀 동안 몰랐다면」부제로 보도하고 있다.

3. 『중앙일보』

(1) 『중앙일보』, 12월 20일자(화)

『중앙일보』는 2011년 12월 20일(화)자 ① 첫 페이지에 김정일 사진을 싣고, 「1942~2011 김정일 사망」「북한 "17일 08시 30분 열차서 심근경색·심장쇼크" … 중국, 김정은 후계지지」로 표제를 달고 있다.

② 2페이지는 「MB·오바마 긴급통화 … 한·미 차분한 대응 합의」「MB도 북한 방송 때까지 정확히 몰라, 정부 대북 정보망에 허점 드러나」「북, 오전 미사일 발사 … 군 뒤늦게 공개, 휴가 장병 귀대명령은 사실과 달라」「이명박 대통령 19일 오후 청와대에서 국가안전보장회의 주제 사진(왼쪽부터 원세훈 국정원장, 김관진 국방부 장관, 김황식 총리, 이 대통령)」「정부, 조의 표명할지 토론했지만 결정 못해」「민주통합당 "급서에 조의 발표", 박세일 "정부 차원 조문단만 보내야"」로 표제를 달고

있다.

③ 3페이지에는「**영하 13도**(평양 올겨울 최저기온) … **혈전이 심장혈관 막아 심근경색**」「특별열차 내 의료진 있었지만 손쓸 수 없는 중증 상태 가능성」「사망 전날 당 간부 만난 재일교포 "평양에 비상사태 움직임 있었다."」「김일성 34시간, 김정일은 52시간 뒤 발표」「장의위원 숫자는 김정일이 적어, 과로로 심근경색 사인 똑같아」「김정일의 2008년 와병 전후 공개 활동」[11]「김정일 최근 행적」을 보도하고 있다.

④ 4페이지는「**김정은 버팀목은 핏줄 김경희·장성택, 과외선생 이영호**」「232명 장의위원 명단으로 본 북 권력 구도 … 맨 앞에 김정은」「명단에 없는 변수 인물, 퍼스트레이디 김옥 역할 주목, '우암각의 난' 형 정남 행보도 관심」「김정일 장의위원 명단」「김정은 체제 이끌 북한 파워 엘리트」로 보도하고 있다.

⑤ 5페이지는「**후계구축 김정일 20년, 김정은 15개월 … 군부 지지가 관건**」「27세 '영도자' 3대 세습 앞날은」「중국 후견인 역할 땐 체제 안정, 경제난으로 배급제 무너져, 80만대 휴대폰, 민심 흔들 수도」「김정일 가계도, 북송 재일교포 무용수 고영희가 생모, 어린 시절 스위스 베른 국제학교 유학」「권력 물려받은 김정은」으로 보도하고 있다.

⑥ 6페이지는「**김일성 사후 궤도 이탈한 남북관계, 정상화 기회 왔다.**」「포스트 김정일 시대 ① 한반도 어디로」「한·미 군 수뇌 긴급회동」「외국 조문단 안 받겠다는 북한 왜」「외부접촉 차단 목적인 듯」「94년 김일성 사망 때처럼, 못 이기는 척 조문 받으며, 김정일 신격화 선전할 수도」를 표제로 보도하고 있다.

⑦ 8페이지는「**중국 "김정은 영도 아래 전진 믿는다."**」「19일 김정일 국방위원장의 사망 소식을 전해들은 평양주민들이 오열하고 있는 사진」「사망 발표 직후

---

11)『중앙일보』, 2011년 12월 20일자, 2007년 현지지도 87건. 2008년 뇌혈관관계 질환발병, 현지지도 97건, 2009년 현지지도(전년 대비 1.6%로 증가) 159건, 2010년 9월 28일 제3차 조선노동당 대표자회의 김정은 '당 중앙군사위 부위원장' 후계자 공식 등장, 현지지도 161건, 2011년 5월 20일~26일: 중국 영저우·베이징 방문, 2011년 12월 15일까지 현지지도 145건 등이다.

지지 표명 … 4대 기관명의 애도 전문」「북한 핵, 누가 관리하고 있을 까, 김정일 심복 주규창 관할, 핵무기 이미 실전 배치 소문, 이영호 영향력 커질 수도」「유훈통치' 천명 … 경제·대외정책, 김정일 노선 계승 메시지」「북한 발표문에 담긴 의미」를 보도하고 있다.

⑧ 10페이지「미 "한반도 안정 최우선" … 일 "북 정권 붕괴 가능성 낮아"」「긴박한 미국·일본·러시아」「한밤중 보고받은 백악관 "한국과 긴밀한 접촉 유지"」「노다, 행사장 가다 관저 U턴, 국가안전보장회의 소집」「메드베데프 러시아 대통령, 김정은에게 애도 전문」「CNN, JTBC와 전화 인터뷰로 '김정일 사망' 전 세계 보도」「중국 베이징 주중 북 대사관 직원들이 19일 인공기를 조기로 게양」「AP "변덕스런 지도자 숨져"」「아사히 "후계작업 불충분"」「외신 동시다발 긴급 속보」로 보도하고 있다.

⑨ 12페이지 경제면에도「유럽 위기에 북한 리스크 겹쳐 트리 폴(주가·원화가치·채권값) 약세」「금융시장 반응, 19일 코스피 움직임, 주가 장중 한때 89P 급락, 원화가치도 16.2원 내려」「김일성 사망 때도 단기 악재, 일부선 "큰 충격 없을 듯"」「중국, 단둥~신의주 통행 어제부터 차단」「북·중 접경지역 가보니, 19일 오전까지는 전혀 몰라, 트럭 100여 대 북한 들어가」를 보도하고 있다.

⑩ 14페이지(김정일 1942~2011 출생에서 사망까지)「유년기-대학시절, 김정숙 '정' 김일성 '일' 따서 이름 … 일찍부터 제왕 교육」「7세 때 출산 중 김정숙 사망 "혁명가로 길러 달라." 유언」「중2 때부터 대학 때까지 유명 선생이 특별과외」로 보도하고 있다.

⑪ 16페이지「후계자 부상~김일성 사망, 안에선 숙청하며 밖에선 아웅산·KAL기 테러 주도」「후계부상, 김일성 우상화 진두지휘, 27세 때 인민무력부장 제거」「32세 때 '공화국영웅' 칭호, 38세 때 '미래의 수령' 지위」로 표제를 달고 있다.

⑫ 18페이지에는「고난의 행군－정상회담, 선군정치로 고난의 행군 돌파, DJ 회담 뒤 '은둔' 벗어」「김일성 사망, 1990년대 말에 수십만 굶어 죽어 체제 존립 위험

한 지경까지」「신의주 특구 등 개방정책 시도, 막혔던 경제 정상회담 뒤 숨통」
「고난의 행군과 선군정치 대두」「강성대국 건설」「남북 정상회담 '우리 민족끼리'」,
그리고 「2000년 6월 13일 평양 순안공항에 도착한 김대중 대통령이 영접 나온 김정일
국방위원장과 악수하는 사진」「김정일 국방위원장이 2000년 6월 29일 평양을 방문
한 정주영 현대건설 명예회장 등과 기념촬영 사진」 등을 보도하고 있다.

⑬ 19페이지는 「뇌졸중, 그리고 사망, 핵 게임, 2년 새 3회 방중 … 어린 김정은 후
계 서둘러」「뇌졸중과 후계체제 가속화」「핵에 의존하려다 극심한 경제난, 마지
막 보루 중국에 지원 기대」「장성택 중용 등 친정체제 강화, 2010년 9월 대물림
공식화」, 그 밖에도 「2009년 8월 4일 평양을 방문한 클린턴 전 미국 대통령과 김정일
국방위원장의 사진」을 보도하고 있다.

⑭ 20페이지는 「솔직하고 거침없는 화법 … 군부 눈치 본다는 느낌」을 보도하고
있다. 22페이지에는 「최선생, 나 난쟁이 똥자루 같지 않소」「원로배우 최은희의
기억, 피랍 일주일 뒤 회식자리, 현관까지 마중 나와 농담」「연회장서 직접 지휘
하기도, 용서할 수 없지만 명복 빌어」 등 최은희 배우의 사진과 인터뷰 기사를
싣고 있다. 이 밖에도 「이춘희(북한 TV간판앵커 사진) '중대보도' 전하며 60일 만에
등장, 상복 입고 중간 중간 눈물」을 보도하고 있다.

⑮ 25페이지는 「백령도 소라잡이 배 5척, 소식 듣고 급하게 귀항」「비대위원장
박근혜 첫마디 "북 관련 0.1% 가능성도 대비"」 등이 보도 되었다.

⑯ 33페이지 「"조문 못 가도 조의 표해야""남북관계는 우리하기 나름", 전문가
긴급좌담 '김정일 사망과 한반도 정세'」는 전날 JTBC에서 좌담한 내용을 싣고
있다.

⑰ 34페이지 사설에는 「김정일 사망 … 차분하고 초당적으로 대처하자, 주변 4강
개입 가능성 경계한다」와 「대북 조문, 굳이 막을 일 아니다」의 논설을 싣고 있다.

⑱ 35페이지도 「절대 권력자 김정일의 빈자리」라는 주제로 중앙시평을 하고
있다.

⑲ 경제면 첫 페이지에도「한국 경제 안 흔들린다. 해외에 자신감 보여라」「"내가 만난 북한 사람들은 변화 기다려"」를 보도하고,

⑳ 2, 3페이지에는「원화 약세 불가피 …"환률 1200원 선 염두 둬야"」「은행 외화 조달비용 상승 … 금리에도 부담」「연말 대목 노리던 여행·유통업계 타격 우려」를 보도하고 있다.

㉑ 4페이지에는「남북 경협 연착륙 가능 … 북한 스스로도 그걸 원해」「개성공단 자발적 조업 중단」「현대아산 '시대 반 우려 반'」으로 보도하고 있다.

㉒ 6페이지는「불확실성 커졌지만 한국 신용등급 강등 방아쇠는 아니다」「아시아 증시 차분 … 낙폭 1% 안팎」등으로 보도하고 있다.

(2) 『중앙일보』, 12월 21일자(수)

『중앙일보』12월 21일자 ① 첫 페이지는「중국, 김정일 사망 당일(17일) 알았다」표제 아래 붉은 천으로 덮은 인민복 차림의 김정일 위원장 시신 사진을 게재하고 있다. 그 아래「뉴스분석, 발 빠른 중국」이라는 표제 아래 중국지도부의 움직임을 다음과 같이 분석하고 있다.

중국 이렇게 움직였다	17일	17일 또는 18일	18일	19일 정오	19일 오후	20일 오전
	주 북한 중국 대사관, 김정일 사망 첩보 입수	중국 최고지도부 비상대책회의 추정	북한, 김정일 사망 중국에 통보	북한, 김정일 사망 공식 발표	중국, 애도 논평 및 김정은 지지 발표	후진타오 주 중국 북한대사관저 조문

앞의 『중앙일보』분석에 따르면 김정일 사망 사실을 제3국에서 제일 처음 첩보를 입수한 국가는 중국으로 보인다. 그 밖에「김정일 열차, 사망 시각 용성역(평양) 정차(停車) 중」「의원들, 원세훈 국회발언 전해 "달리는 열차" 북 발표와 달라 타자마자 사망했을 가능성도」「이희호·현정은 방북 허용」「정부 차원 조문단 안 보

내고 "북 주민 위로" 조의 표명」「김정일 사망 조의 표시 어떻게 하나」를 부제로 달고 있다.

② 2, 3페이지는 한 세트 기사로 보도하고 있다. 맨 위에는 「김정은, 당·정·군 대동하고 조문 … '유훈통치' 내외 선포, 천안함-대화 사이 … 조의로 대북관계 리셋 신호」라는 표제 아래 「시신 바라보는 김정은」의 사진을 중앙에 크게 싣고 있다. 동시에 「북한 통신·방송들 일제히 '존경하는 김정은' 수식어 붙여」「신문도 '3대 세습' 정당성 선전」「유훈통치」「12시 사망 방송에 호텔 종업원 울음바다 식당서 주문 못해 오후 3시 반 점심 먹어」「방북자·북한 주민이 전한 분위기」「사망 날 밤 인민군에 비상경계령 장마당 폐쇄했지만 뒷골목선 장사」「정부나 민간 조의·조문 찬성 48.7% 반대 49.9% 본지, 전국 710명 여론조사」「북 주민 위로 형식 빌려 김정일 사망에 조의 표해」「북 강경파 득세 빌미 남측이 줘선 안 된다 판단」「류우익 통일부 장관 "북한은 대화 파트너"」, 노동신문은 「"김정일, 의료진 만류에도 강행군"」으로 부제를 달고 있다.

③ 4, 5페이지도 세트 기사로 「시험대 오른 김정은 체제 … 배고픈 인민 달래기가 열쇠 연평도 포격 주도한 김경식(전 4군단장) 장의위원(232명) 명단서 빠져」를 표제로 달고, 중앙에 김정은 군사위 부위원장이 군 장성과 귀엣말을 나누는 사진을 싣고 있다. 또, 「북한 미래 손에 쥔 27세 '영도자'」「북 주민 이미 지도자로 인식 권력 공백 없지만 길게 보면 불안」「대량살상무기 장악한 김정은, 김정일보다 덜 합리적일 수도」「장의위 232명 중 당 중앙위원 115명 직책분석」「군(41명) 당(31명) 정(24명) 기타(43명)」「권력서열 보여준 '장의위 정치학' – 당 63명 군 56명 내각 37명」을 부제로 보도하고 있다.

마지막으로 「'백두혈통' 김정은 앞세운 집단지도 체제 유력」이라는 부제 아래 북한의 앞날 시나리오를 분석하고 있다. ❶「집단지도 체제로 가면」「장성택이 당·군·내각 구심점 역할」「3대 이어지는 유훈통치 내세울 듯」 ❷「쉽지 않은 김정은 1인 체제」「급하게 권력 상속해 아직은 취약」「북 주민들 존경심도 예전과 달라」 ❸「개방파 vs 강경파 갈등」「장성택 세력 – 김영춘 측 충돌 가능성」「군사 도발 – 대량 탈북도 배제 못 해」를 부제로 보도하고 있다.

④ 6페이지는「김정일 사망 깜깜 … 질타 당한 원세훈(국정원장)」「국회서 '휴민
트' 붕괴 추궁」「원세훈 "김정은 체제 예측 불허"」「김관진·류우익 장관도 몰라
의원들 "방송 보고 알다니"」「"김정일 측근 신·구파 갈려" 원세훈, 북 세력 내부
분석」「한·미, 북 급변 대비 수차례 도상 훈련」「내전·WMD(반군의 대량살상무기)
유출 등 상정 '작전계획 5029' 가동」[12]「김정은 1984년생 , 29세 아닌 27세, 한·
미 당국 84년생 표기」를 부제로 보도하고 있다.

⑤ 8페이지는「클린턴 "북한, 안정적 권력 전환 희망"」「베이징 견제 나서는 워
싱턴」「"대화 기조 변한 것 없다" 유연하고 적극적인 입장」「94년처럼 조의 표명
검토 관계개선으로 이어질지 주목」「**중국, 김정일 뇌졸중(2008년) 뒤 치밀하게 대비**」
「북한 선점' 노리는 베이징」「위기대응 수순 착착 진행 탈북 방지책도 내놓을 듯」
「비상 상태 북한 자극 말라 주변국에 계산된 메시지」의 부제와 함께 후진타오 중
국 국가주석이 20일 베이징 북한대사관을 찾아 박명호 대리대사에게 조의를 표
하는 사진을 싣고 있다. 그 옆에「북 번호판 단 차량 조화 가득 싣고 가 … 꽃 없
어 못 팔 지경」「사망 발표 이틀째 단둥 표정」「신의주 쪽 강변엔 인적 끊겨 군
부대·가정마다 조기 게양」을 표제로 기술하고 있다.

⑥ 10페이지는「개성공단은 정상 가동 핵 대화 당분간 힘들 듯」「남북회담 어떻
게 될까」「체제 확립 급한 김정은, 6자회담 나올 것」「포스트 김정일 시대 ② 북
한 선택은 - 오코노기 마사오 교수」「김일성과 공동통치 김정일 독자체제 구축에
4년 걸려」「김정은, 갑자기 권력 승계해 장성택 부부와 협력 불가피」를 부제로

---

12) 『중앙일보』 12월 21일자 p. 6. '작전계획(OPLAN) 5029' 1990년대 중반 북한의 붕괴 가능성이
제기되면서 한·양국이 공동으로 수립한 실질적인 작전계획. 1999년 존 틸럴리 당시 한미연
합사령관이 제기한 계획인데, 2005년 노무현 정부 때 NSC는 주권침해 가능성이 있고 북한
을 자극할 수 있다고 반대했다. 2008년 이명박 정부 첫 해인 이상희 국방장관과 로버트 게
이츠 미 국방장관이 워싱턴에서 만나 합의해 발전시킨 것이다. 이 '작전계획(OPLAN) 5029'
는 5~6개의 시나리오를 상정하고 있다. 김정일 유고에 따른 ① 정권교체와 쿠데타 등에 의
한 내전 발발 ② 반군의 대량살상무기(WMD) 탈취나 해외 유출 ③ 북한 주민의 대규모 탈
북 사태 ④ 대규모 자연재해 발생 ⑤ 북한에 체류 중인 한국인의 인질 사태 등이 포함 돼
있다. 당국은 공식적으로 인정하지 않고 있지만, 이미 작전계획 5029에 따라 수차례 도상훈
련이 진행된 것으로 알려져 있다. 2011년 2월 키 리졸브 연습 때도 김정일의 유고와 WMD
탈취 등을 상정한 훈련이 진행되었다고 한다.

달고 있다. 12페이지는 「북한 경제, 중국 의존 더 심해질 듯」 「'양날의 칼' 북·경제 밀착」 「김정은 체제 안정 위해 중국에 기댈 수밖에 없어」 「개방 유도하는 효과 있지만 남북 경제 고리는 약해져」 「김정일 사망에 예산국회 정상화 디도스 수사 미진하면 특검 도입」 「황우여·김진표 합의」를 보도하고 있다.

⑦ 14페이지는 맨 위에 「김정일 안치된 금수산기념궁전」 사진을 싣고, 그 아래 「김일성 유리관 직접 고르는 김정일, JTBC 1994년 금수산궁전 영상 공개」를 표제로 싣고 있다.

⑧ 16페이지는 「김정은 체제 안착할 것 … 북 개혁·개방으로 가게 유도해야」라는 표제 아래 중앙일보·JTBC 공동으로 '포스트 김정일 시대 한반도 대변화'라는 전문가 좌담회를 보도하고 있다. 참석자는 전현준(통일연구원 선임연구위원), 유호열(고려대 교수), 고유환(동국대 교수), 윤덕민(외교안보연구원 교수), 사회에 김영희 중앙일보 대기자이다. 전현준 「앞으로 3년은 유훈통치 강조」, 유호열 「북한 내 다양한 계층을 어떻게 조율하느냐가 관건」, 고유환 「중·미 영향력 확대 적극 나설 듯 한국, 관망만 하면 주도권 놓쳐」, 윤덕민 「사인·장례식 명단 무리 없이 발표 '김정은의 북한' 첫 고비는 넘겨」, 김영희 「MB정부 대북정책 강경 일변도 새 지도자 상대할 새 라인 필요」를 표제로 보도하고 있다.

⑨ 17페이지는 「2011년 독재자들 최악의 해」라는 표제 아래 「튀니지의 벤 알리」 「이집트 무바라크」 「리비아 카다피」 「예맨 압둘라 살레」 「북한 김정일」 등의 사진을 싣고 있다. 그 아래 「**야**반도주(벤 알리)·**사살**(카다피)·**급사**(김정일) … 독재자 6명 올해 몰락」 「뉴스 위크 '철권통치 종말의 해'」 「무바라크·그바그보, 체포돼 재판 살레, 종신 집권 노리다 권력이양」 「시리아 알 아사드는 10개월째 버텨 군함·대포 동원해 무지비한 진압」 「중남미 김정일의 친구들 카스트로·차베스 '깊은 애도'」 「쿠바, 3일 동안 애도기간 선포 차베스 "동지의 죽음, 큰 슬픔"」을 부제로 달고 있다.

⑩ 18페이지는 「"측근 행적 5분마다 체크 김정은, 감시 장치 있다"」 「강철 서신 저자 김영환」 「아웅산·KAL기·이한영 테러 김정일 고발 사건 마무리」를 부제로

보도하고 있다.

⑪ 37페이지는「김정은의 정정보도 요구?(배명복의 세상일기)」「김정은, 권력의 유복자(남시욱 국가안보전략연구소장)」의 시론이 있다.

⑫ 8페이지 사설에는「대북 전략 새롭게 가다듬어야 할 때」「박근혜, 그리고 김정일」

⑬ 39페이지는 박보균의 세상 탐사「역사의 굉음」이 있다.

⑭ E1페이지에는「김정일 사망 리스크 얼마나 될까」「한국 대기업·은행에 강한 신뢰 … 시장은 떨지 않았다」

⑮ E2, E3페이지는「5대 금융지주 회장들이 본 북한 리스크 … 군부가 걱정이다」「디폴트 된 북한 국채 값이 올랐다, 왜」「골드먼 삭스 '한국 경제 충격 없다' 보고서」를 표제로 달고 있다.

4. 『동아일보』

(1) 『동아일보』, 2011년 12월 20일자(화)

『동아일보』는 12월 20일자 ① 첫 페이지 톱 뉴스로「北, 29세 청년에게 넘어가다」를 사진과 함께 싣고,「김정일 17일 심근경색 … 37년 철권 내리막」「北 '김정은 영도자' 첫 호칭 … 세계 유래 없는 3대 세습」「中도 "김정은 영도 하에" 조선 … 후계자로 사실상 인정」「20일 장례식 … 中 대량탈북 대비 병력 2000명 국경투입」「정부 비상태세 … 北 어제 미사일 발사」「MB, 美－日－러 정상과 통화」「14개월 전 주석단에 올라 사열하는 김정일－김정은 父子」를 부제로 보도하고 있다.

② 2페이지는「사망 51시간 지나도록 청와대도 국방장관도 까맣게 몰랐다」「대북정책 구멍」「靑은 李대통령 생일 축하」「김관진 오전 내내 국회에」「합참의장 전방부대 방문」「올 5월 김정일 방중 때도 "정은 동행" 예측해 망신살」「中은 이미

알았을 수도」「北, 金사망 발표 날 미사일 쐈는데 軍은 "특이동향 없다"」「軍당국 주특기는 '모르거나 숨기나'?」「北 51시간 30분 철통보안 … 이틀 늦춘 사망발표 4大 의문점」「① 열차 안 사망? 이례적 … 강경파가 일 벌였나」「② 부검실시 이유, 난무하는 각종 說 차단 필요성」「③ 늦은 의사결정, 취약한 김정은 권력기반 방증」「④ 급변 무서웠나, 국경봉쇄 조치 등 시간 걸린 듯」「두 달 만에 등장한 이춘희」「북한 조선중앙통신이 전한 김정일 국방위원장 사망 발표문 요지」를 보도하고 있다.

③ 3페이지는 「中, 발 빠른 세습 지원 … 동북아 주도권 노린다.」「북한 김정은 후계체제 예상 그룹(조직도)」「김정은 세습 연착륙 내년 2, 3월이 고비, 당분간 고모부 장성택의 '섭정' 불가피」「北 후계체제 앞날은」「김정일 이후 北, 어디로」「〈1〉 '한반도 헤게모니' 경쟁」「北−中 밀월 심화, 김정은 체제 조속안정 위해 공개적 지지」「美의 포위에 반격, '北 확실한 내편 만들기' 위해 파격 후원」「美의 움직임은, 한국정부와 긴밀한 공조 원칙만 재확인」으로 부제를 달고 있다.

④ 4페이지부터는 김정일 일대기를 보도하고 있다. 「김일성의 '수령 절대주의' 물려받아 독재체제 구축−강화」라는 표제에 이어 「출생에서 사망까지」「1942년 러시아 연해주 출생 … 어려서부터 권력욕 강해」「1974년 공식 후계자로 낙점 … 개인숭배 유일사상 확립」「냉정하고 권력욕 많아 … 두 형 제치고 후계 낙점」「29세에 권력 쥔 김정은」「김정일 후계자 김정은은 누구?」「뇌 중풍 후유증에 한파−과로 겹쳐 쓰러진 듯」「심근경색 사망 원인은」「김일성 사인과 똑같아, 가족력 작용 추정」을 부제로 보도하고 있다.

⑤ 5페이지는 「1995년부터 '고난의 행군' … 3년간 350만 명 굶어 죽었다」「2000년 김대중−2007년 노무현 前 대통령과 정상회담」「MB정부 들어 천안함 폭침−연평 도발로 국제고립 자초」「'고난의' 김정일 시대」「김정일 말 말 말」「탈북 작가 림일이 쓰는 김정일 이야기 ① 현지지도」「김정일에 눈도장 잘 찍으면 최고 표창, 군부대−공장−농장 '모심사업'에 사활」「탈북 작가 림일은?」「현지지도 유치 '수천 대 일', 호위총국서 최종장소 선택」「예정지 한 달 전부터 특별관리, 김

정일 동선 세 겹으로 경호」를 보도하고 있다.

⑥ 6페이지에는「"주민들 김일성 땐 땅치며 통곡 … 이번엔 카메라 비추자 눈물"」「1994년 김일성 사망 시 김일성大 다녔던 주성하 기자가 그 때와 비교해보니」「17년 전 김일성 동상 앞 곡소리 평양 흔들어, 닭 잡아 제사상 준비한 사람도 많아」「올해는 대다수 서서 머리만 숙이고 있을 뿐 뒷줄 일부 주민들은 무표정한 얼굴」이었다고 보도하고 있다. 사진도「주저앉아 오열」「고개 숙여 묵념만」하는 장면을 내보내고 있다. 마지막 아래 단에서는「김정일 시신 금수산기념궁전에 안치」「이중철책에 둘러싸인 철옹성, 김일성 시신도 방부처리 안치」로 표제를 달고 있다.

⑦ 8페이지에는「弔意 부담-남북해빙 기회-南南갈등 우려 … 정부 '3각 고민'」「李 대통령 "국론 분열 안 되는 게 무엇보다 중요"」「정부 "아직 결정된 것 없어 … 美 침묵도 고려", '민간차원 애도 표명 묵인' 제3트랙 가능성도」「"조문, 인도주의적 차원서 접근해야", "종북 좌파 주장에 경악 금할 수 없다"」로 보도하고 있다. 또,「1994년 김일성 장례행렬」사진 한 장과 함께「野-이희호 여사 "조문이 도리"」「與 일각서도 "애도 표명"」「보수진영 "일절 불허해야"」「檢 "분향소 설치-방북 엄단"」「北찬양 등 SNS동향도 주시」로 부제를 달고 있다.

⑧ 10페이지는「정부, 北군사도발 우려 애기봉 성탄등탑 점등 연기할 듯」을 톱뉴스로 전하면서「23일 애기봉 등 3곳 예정, "충격에 빠진 북한軍 점등 강행 땐 공격 가능성", 김포시 행사 취소 건의」를 보도하는 한편, 우리 군이「철통 경계」하고 있는 모습을 사진으로 보여주고 있다. 또,「MB, 긴급안보회의 소집 … '워치콘'은 3단계 유지」라는 표제 아래「정부 비상 대응태세」「이 대통령 "평화와 안정"」「"동요 말고 정책 활동 전념을" 이 대통령 대국민 메시지」「한미 군 당국 긴급회장, "아직까진 도발 움직임 없어"」「채널A '준비된 해설'로 신속-심층보도」「신석호 첫 북한학박사 신문기자, 3년 전부터 준비한 기사로 활약」「대북정보감시태세, 워치콘(WATCHCON) 단계[13]」를 부제로 달고 있다.

13)『동아일보』, 2011년 12월 20일자. WATCHCON 1단계: 적의 도발이 명백함, 2단계: 국익에 현저한 위험이 초래될 징후 감지, 3단계: 국익에 현저한 위협이 초래될 우려 감지, 3단계: 국가

⑨ 12페이지는 「北 권력공백 곳곳 위험변수 … MB 대북정책 진짜 시험대에」라는 표제아래 「베이징 북 대사관 '애도'(사진)」「위기의 남북관계」「국방부 찾은 서면사령관(사진)」「겹경사 날에 金 사망발표(19일은 MB생일 – 결혼기념일)」「남북정상회담 가능할까」로 보도하고 있다. 또, 「도발 가능성 낮지만 … 내부결속 위해 핵실험 할 수도」라는 중간 표제 밑에는 「북 군사향동 나설까」「혼란기 핵 – 화학무기 유출 땐 한미 특수부대 투입해 제거」「대량 탈북사태 발생하면 정부, 20만 명 수용시설 지정」「북한의 급변사태에 따른 정부의 대응계획」[14]을 부제로 보도하고 있다.

⑩ 13페이지에는 「단둥 주재 北관리 – 주민들, 사망발표 직전 기차로 대거 귀국」표제 밑에 「北中 접경 – 해외공관 표정」「폭풍전의 고요 단둥, 중국행 북한차량 전면통제, 북 영사관 분향소 조문행렬」「외부접촉 기피 해외공관, 유엔 북 대표부 굳은 침묵, 중 주재 대사관 접근 차단, 일 총령본부 TV로 사망 알아」로 보도하고 있다. 중간 하단에는 「한반도 주변 강대국 반응」「美, 심야 한반도 안보라인 총 소집, 日 노다 총리, 비상경계 태세 지시」「美 CNN 등 정규방송 끊고 긴급보도」「NYT "우스꽝스러운 독재자", 中신화통신, 한국군 반응 소개」「19일 낮 일본 도쿄 시내의 한 전자상가에서 시민들이 김정일 북한 국방위원장 사망을 알리는 TV 속보를 지켜보고 있다. 도쿄＝AFP 연합뉴스(사진)」을 보도하고 있다.

⑪ 14페이지는 「"北지도부 위기감에 당장은 뭉쳐도, 시간 지나면 분열할 것"」이라는 표제 아래 「전문가 긴급대담 '김정일 사후 북한'」「북한 내부 권력투쟁 일어날까」「김희상 "천안함 사과요구 포함 대북원칙 지키길"」「김성한 "北개방 필요하지만 불안 조성 자제해야"」「대북 기조 바꿔야 하나」「김정은 대화에 나설까」「북한 김정일 국방위원장이 1983년 9월 1일 평양에서 김일성 주석과 얘기를 나누고 있는 모습(사진), 평양＝로이터 연합뉴스」「김일성 주석과 김정일 국방위원장

안보에 중대한 위협이 초래될 우려 감지, 4단계: 잠재적 위협이 존재하는 상황으로 일상생활을 하지만 계속적인 감시가 요구되는 상태, 5단계: 문제가 없는 평상상태.

14) 『동아일보』, 2011년 12월 20일자, 작전계획 5026: 유사 시 북한 주요 군사시설에 대한 공중 정밀 타격계획, 작전계획 5027: 북한의 남침에 대비해 통일까지 가정한 5단계 전쟁대비 종합계획, 개념계획 5029: 북한의 대량살상무기 유출을 가정한 한미 양국의 합동 대응계획, 충무 3300 계획: 유사 시 북한의 수용계획, 충무 9000 계획: 북한 정권이 붕괴할 경우 임시 행정기구를 설치하는 내용의 북한 비상통치계획이다.

사망 발표 비교」를 부제로 달고 있다. 중간 하단에는 「닮은꼴 父子, 사망 때도 닮은꼴 ① 심근경색 ② 뒤늦게 사망발표 ③ 금수산궁 안치」 표제아래 「1994년 김일성 사망과 비교」 「김일성 숨겨진 34시간 만에, 김정일은 51시간 만에 정오 특별방송 형식 공개, 애도기간 13일 … 父는 10일」로 보도하고 있다.

⑫ 16페이지에는 「'정오의 충격'에 한때 술렁였지만 생필품 사재기는 없었다.」의 표제 밑에 「시민들 1994년 김일성 사망 때보다 차분」 「우려와 기대 교차」 「김일성 사망 때보다 차분」 「"남북 평화국면 시작될 수도", 일부 시민들 기대감 표시」 「"한국이 평온한 게 더 충격", 외국인 관광객 되레 긴장」 「파주 DMZ 내 대성동 마을, 성탄절 행사 취소하고 관망」 「접경지역도 큰 동요 없어」 「김정일 사망 소식에 쏠린 눈, 서울역 맞이방(사진)」을 부제로 달고 있다. 중간 하단에는 「"남편(고 신상옥 감독)이 저 세상서 잘못 뉘우치라고 할 듯" 원로배우 최은희」 「"독재자가 저지른 죄, 사과 못 받아 아쉽다" KAL 폭파 김현희」 「북한 관련 인사들 반응」 「'통영의 딸 남편 오길남씨' "북에 있는 가족 보게 될 것"」 「대북전단 살포 박상학씨 "주민 굶주림 해결 됐으면"」 「"북한 민주화 계기 돼야" "교류 − 협력 지속해 나가야"」 「시민단체 엇갈린 반응」으로 보도하고 있다.

⑬ 18페이지는 「'블랙홀' 만난 쇄신-통합 … 내년 총선-대선 보혁 갈등 깊어질듯」이라는 타이틀 아래 「여도 야도 "비상 국면(사진)"」 「국내 정치 영향은」 「총선 앞두고 보혁 갈등 깊어질 듯」 「안철수 등판, 앞당겨 질 수도」 「정국 주요 키워드 변화」 「복지 전략 경쟁하던 여야, '안보' 이슈로 대치 가능성」 「대선 정국 '북한' 변수」 「보수표, 박근혜에 쏠릴지 관심, 안철수 '새로운 도전' 관측도」를 보도하고 있다. 중간 하단에는 「'박근혜 비대위' 첫 업무는 대북문제 대책회의」 「朴, 2002년 김정일과 회담 인영」 「한나라당 박근혜 비상대책위원장(왼쪽)이 2002년 5월 15일 평양에서 김정은 국방위원장과 찍은 기념사진」 「박 "국민만 보고 가겠다."」 「한나라 비상대책위원장 선출, 靑서 '김정일 사망' 보고 받아」를 부제로 보도하고 있다.

⑭ 20페이지는 「"대형 불확실성" … 亞 증시까지 동반하락」 표제 아래 「증시 급

락-환율 급등 … 금융시장 대혼란」「19일 아시아 주요 증시 동향」「北 분위기
어때요?(개성공단에서 온 남측 트럭을 취재진이 멈춰 세운 뒤 운전사에게 분위기 묻는 사진)」
「김정일 쇼크에 놀란 여야, 오늘 등원 3개 상임위 개최」「"비상상황 초당적 대처"
각 당 비상대책위 구성」을 보도하고 있다. 하단에는 「개성공단 정상 조업 … 南주
재원 707명에 '말조심' 당부」「입주업체들 신변안전 촉각」「통일부 현지에 상황실
설치」「北 근로자 오늘도 정상 출근」을 보도하고 있다.

⑮ 23페이지는 「지구촌 세습 독재국 … 北 '3대'는 언제까지 … 」「북한 김일성,
쿠바 피델 카스트로, 토고 에야데마 나싱베, 가봉 오마르 봉고온 딤바, 시리아 하
페즈 알아사드, 아제르바이잔 게이다르 알리예프, 콩고민주공화국 로랑 카빌라」
「87세 '검은 김정일' 무가베, 끝없는 권력욕」 등을 보도하고 있다.

⑯ 35페이지는 전문가 특별기고 「김정은 체제 생존, 경제해결에 달렸다」와 사설
「김정일 사망, 反인륜 체제 종식의 출발선이다」「거국 비상 태세로 대응하자」라
는 표제로 보도하고 있다.

⑰ 이어서 경제면 1페이지에는 「김정일 사망 1942~2011 경제단체들 우려-경계
목소리」「전경련-경총 "우리 경제 흔들려선 안돼 … 정부-정치권서 안정 위해
노력을"」「철강-조선업계 '환율 촉각' … 여행-항공업계 '노심초사'」「산업계 비
상경영」「대기업 관망 속 지표 주시」「"한국경제 과거 비해 안정"」「전문가들 적
극 홍보 주문」「대기업, "대형 추가 악재" 우려」「김정일 사망에 따른 주요 업종
별 여파 및 비상경영 움직임」「"한국 신용등급에 큰 영향 없다"」「세계 3대 평가
기관 반응」「여행, 항공업계에는 직격탄」「北 급변 따라 조정 가능성도」로 보도
하면서 국가 안보보다는 역시 경제에 초점을 맞추고 있다.

⑱ 경제면 2페이지에는 「글로벌 경기 침체에 北변수까지 겹쳐 … 한국경제 리스크
가중」이라는 표제 아래 「한국號 비상 국면 돌입」「물가 불안에 소비 둔화로 경기
악순환 우려」「통일비용 추정치」「외국인 자금 유출 러시로 환율 상승」「물가불
안 가중에 내수까지 위축 땐 내년 경제성장률 3.8%도 장담 못해」「北 권력다툼
등 최악 상황 오면 남에 천문학적 재정부담 초래, 수백조원 통일비용 준비 안돼」

「급변사태 시엔 천문학적인 재정 부담 불가피」「김중수 한국은행 총재 등 사진, 연합뉴스」「1992년 이후 총 22차례 '북 리스크', 코스피 당일 하락 후 빠르게 반등」「역대 北변수와 주가관계」「과거 북한 리스크 관련 코스피 움직임」「한국업계 연로 추가로 싣고 비상사태 대비」「산업계 '대형 악재'에 울상」「한국경제 안전성 널리 알려야」를 부제로 보도하고 있다.

⑲ 경제면 9페이지는 「김정일 사망 1942~2011 증시 긴급진단」「투매 – 저가매수 자제 … 당분간 신중 대처를」「과거보다 불확실성 커질 듯」「증시 빠르게 안정 되찾아, 단기 충격보다 불확실성 변수 일각 "단기매수 기회" 전망도」「NORTH KOREAN STATEMENT 앞으로 주목해야 할 증시 변수(김정일 사진) 연합뉴스」「외국인 – 환율이 추가 변수」「지정학적 리스크 '안개 속'」「외국인 자금흐름＝엔화 추이 등, 주가보다 환율움직임 주시를」「사재기 – 안보 불안에 … 음식료 – 방위산업株 급등」「남북 경협 주는 널뛰기」를 보도하고 있다.

(2) 『동아일보』, 2011년 12월 21일자(수)

① 첫 페이지에는 표제 없이 인민복 차림의 붉은 천을 덮은 김정일 국방위원장의 시신사진을 싣고, 그 아래 「김정일, 열차에서 숨진 것 맞나?」를 표제로 보도하고 있다. 또, 「원세훈 "전용열차 평양 용성역에서 안 움직여" 역 인근 '21호 관저'에서 사망했을 가능성도」「조의는 절제 "北 주민에 위로의 뜻 … 조문단은 안가」「성의는 표시 DJ – 정몽헌 유족 답례성 방북만 허용」「김정일 조문 어떻게 해야하나」「"정부만 조문, 민간 불허" 32%」「모두 허용 vs 불허 26% 팽팽」「민간만 허용은 8% 그쳐」를 부제로 보도하고 있다.

② 2페이지는 「"유연한 대응을" vs "독재자 조문 안돼" … 고육지책 선택」이라는 표제 아래 「정부 담화문 전문」「정부 "北 주민에 위로의 뜻"」「국론분열 막기 최우선, 성탄등탑 점등 안하기로」「한나라도 "北주민에게 위로"」「이희호 "권양숙 여사도 가야"」「유리관 속의 김정일, 눈을 훔치는 김경희」「김일성 땐 조문 불허하자 北 강력 반발」「美도 김정일 애도 없어 "北주민 위해 기도"」「김일성 사망땐 "심심한 조의" 이번엔 국무장관 성명 그쳐」「김일성 사망 때와 김정일 사망

때 미국의 조의 비교 성명」「MB, 中 후진타오와 이틀째 통화 못해」를 부제로 보
도하고 있다.

③ 3페이지는 「'휴민트' 무너지고 … '정보 먹통' 非전문가들 전횡」무용론 휩싸인
국정원 「여야 "원세훈 원장 그만둬야"」「여야, 정보력 부재 질타, 특별방송 예고
에도 감 못 잡아, "국정원이 잠자는 숙박원이냐"」「왜 이 지경까지, DJ때 와해된
휴먼트 복구 소홀, 전자장비에만 정보수집 의존」「CIA도 몰랐다?」「빈소에 모습
드러낸 '청년 영도자'(사진: 북한 김정일 국방위원장의 후계자인 김정은 노동당 중앙군사
위원회의 부위원장 및 간부 일동이 금수산 기념궁전에 조의)」「"천출위인" … 北, 김정은
에 김일성 급 존칭」「이름 앞에 '존경하는' 수사어, 평양 외국인들 탈출 경쟁」「김
정일 숨진 날 전용열차 안 움직였다」「北 '인민위해 일하다 사망'으로 포장 시도?」
「김정일 16일 저녁 사망설에 원세훈, 시인도 부인도 안 해」로 부제를 달고 있다.

④ 4페이지는 「경제 파탄 … 민심 이반 … 우상화 균열 … 김정은 앞날 가시밭길」
「김정일 이후 北, 어디로」「(2) 김일성大 출신 주성하 기자가 분석한 '후계체제
운영'」「반감과 체념 뒤섞여, "나라 망치고 아들 시켜먹어 염치도 없다는 게 일반
민심" 조직적 저항할 생각은 못해」「간부층 중심 불만 확산, 막연한 부정부패 청
산 명목 지난 1년간 무자비한 숙청 "목 달아날라" 불안에 떨어」「김정일 유산은
공포−핵무기−, 주민들 동요 잠재우기 위해 철권통치에 더 매달릴 듯, 충성심 약
해져 한계 올 수도」를 표제로 달고 있다. 그 아래 「이영호(총참모장)가 '김정일 시
대 오진우(전 인민무력부장) 역할하나'」「1994년 김일성 사망 이후 김정일 버팀목
된 듯처럼 군부 충성다짐 이끌지 관심」「김정은 바로 옆에」이영호(두 사람 사진)
「北, 60년 만에 집단지도체제 실험, 로열패밀리−군부−黨실세, 당분간 국정운
영 손잡을 듯」「위기국면 벗는 내년 하반기 권력투쟁−합종연횡 가능성」을 보도
하고 있다.

⑤ 5페이지는 「20대 56.5% "北 3대 세습 말도 안돼" … 50대 다음으로 많아」를
표제로 남한 내에 긴급히 실시한 여론 조사 내용을 싣고 있다. 또 그 아래는「남
북통일, 20대 56% "통일에 부정적 영향" 60대 이상 절반은 "긍정적"」「선거北風,

"총선–대선 영향 없을 것" 47.6% … "한나라에 유리" 23.2%」「정부대응, "위기상황 관리 못해" 52% … "현재 정책기조 유지" 56.2%」「김정일은 선군정치, 김정은은 과학정치?(CNC 컴퓨터 제어기술)」「선군 벗어난 통치이념 필요, 'CNC' 치적으로 집중 홍보 첨단화 … 세계화도 내세울 듯」「軍心에 바짝 매달린 김정은, 1년 3개월간 131회, 공개 활동 軍관련 행사 40차례로 최다」「안정적 세습이 시급한 과제 다른 분야에 눈 돌릴 여유 없어」를 부제로 보도하고 있다.

⑥ 6페이지는 「김정일이 그랬듯 김정은도 '아버지 힘' 빌려 결속 다질 듯」 표제 아래 이틀째 이어진 애도 행렬 사진을 싣고, 「유훈통치 이어 받을까」「김정은 사상은 장군님 사상' 北 벌써 '김정일 유훈' 강조 동상 건립 등 신격화 예상」「영원한 주석 김정일 '영원한 국방위원장 김정일' 김정은, 새 최고직책 만들 듯」「김정일 식 유훈통치 가능성」「국가 중앙군사위원장 자리 만들 듯」「강성대국 진입 차질?」「머리–안경–미소 … 영정 사진도 부전자전」「김일성 영정과 비슷 동일 화가가 그린 듯(로동신문)」「佛의사 "김정일 3년 전 뇌중풍 위독 … 직접 치료"」「"김정일 佛 영화–와인에 해박, 정은 만났으나 대화는 안 해"」를 부제로 달고 있다. 특히, 3년 전 2008년 김 위원장을 직접 치료했던 프랑스 파리 생트 안 병원의 뇌신경외과 과장인 '프랑수아 자비에 루 박사(60)'의 19일자 AP통신 인터뷰를 싣고 있다. AP통신에 따르면, 1993년에 북한 측이 루 박사에게 낙마(落馬)로 머리에 상처를 입은 환자에 대해 의학적 견해를 물어왔다는 것이다. 그 후 2008년에 다시 북한 측의 몇몇 관리가 갑자기 찾아와 루 박사에게 평양으로 갈 것을 요청했다고 한다. 처음에 루 박사는 누구를 치료하러 가는지도 몰랐다고 한다. "그들은 과묵하고 비밀스러웠다고 했다." 루 박사가 평양의 적십자 병원에 도착하자마자 북한 측은 환자는 보여주지 않고 몇몇 환자의 차트만 건네주고 처방전을 요구했다. 대부분 별 문제가 없었지만, 유독 한 환자의 상태가 매우 나빠 있었다. 루 박사는 직접 진찰해야 한다고 요청했지만 북측이 받아들이지 않자 몇 시간 실랑이 끝에 접촉을 허락했는데, 그 환자가 김 위원장이었다고 했다. 당시 김 위원장은 '생명이 위독한(life–threatening)' 상황이었고, 의식도 없이 집중치료실에 누워있었다고 한다. 루 박사는 당시 열흘정도 머물다 김 위원장이 눈을 뜨고 말도 몇 마디 하게

되자 평양을 떠났고, 한 달 뒤인 9월말 다시 루 박사는 평양을 방문했다고 했다. 김 위원장은 자기가 정상적으로 걷고 일할 수 있을지에 대해 매우 궁금해 하면서 솔직한 답변을 원했는데, 그의 질문은 매우 논리적이었다고 회상했다. 두 사람은 개인적인 얘기도 여러 차례 나누었는데 프랑스 문화에 대한 김 위원장의 해박한 지식에 루 박사는 놀랐다고 했다.

⑦ 8페이지는 「29세 후계자, 권력 장악 과시 위해 3차 핵실험 감행할 수도」「'핵 단추' 향배는」「30곳 이상 핵시설 운용 권한 그동안은 김정일이 독점」「김관진 "김 정은이 승계" 강경 군부가 장악 땐 예측 불허」「힐 美 국무부 前 차관보 "김정은 아직 독립적인 결정권 없어"」「스트라우브 前 한국과장 "장례식 뒤 권력 투쟁－ 숙청 시작 될 것"」「김정일 시신 안치 예정지 금수산기념궁전」「20일 공개된 김 정일 사진」「김정일 시신 안치 영생 관 내부」「김정일 시신 방부처리 → 영구보 존 → 관리비만 年20억 예상」「북한軍 최고계급 '원수' 이을설만 남았다」「빨치산 출신의 90세 원로 장의위원으로 건재 과시」를 보도하고 있다.

⑧ 10페이지 「北, 국경 폐쇄하고 3중 경비 … "탈북 발생 땐 모두 처벌" 공언」「北－ 中 접경지대 단둥－투먼 르포」「통제 강화되는 북－중 접경지역」「탈북루트 차 단, 세관 문 닫고 식당 영업중지 휴대전화 통화도 불가능해져」「北영사부엔 조문 행렬, 인파 몰려 단둥 국화 값 4배로 압록강 너머 사진취재 제한」「북한군 일부 부대 야간철수, 동계훈련 중 주둔지로 복귀 전군이 경계근무 강화」「中국경 주변 관광객 검문」「국경 폐쇄 등 탈북 루트 차단」「탈북 작가 림일이 쓰는 김정일 이 야기」「기관총－스텔스 장비 갖춘 '달리는 요새' 20량 중 김정일 어디 탔는지는 일급보안」「방러 때 24시간 탈 정도로 교통수단으로 기차만 고집」「유럽産 3개 세트 60여량 회의실－침실－접견실 등 구성」「김정일 특별열차(사진)」「집무·회 담 전용 칸 내부」를 부제로 달고 있다.

⑨ 12페이지는 「조문 간 후진타오 "김정은 동지 영도 하에 강성국가 건설을 … "」 를 표제로 보도하면서 그 아래에는 「北 대사관 찾은 후진타오와 中 지도부」 사진 을 싣고 있다. 또, 「中, 北 김정은 3대 세습 공개 지지」「중국 국가주석, 김일성

이래 첫 외국 지도자 직접 조문」「차기 권력자 시진핑도 조문 "김정은 訪中 언제라도 환영" 사전 통보 못 받아 속으론 불쾌」「"김정은 중국방문 환영"」「김 부위원장이 당, 국가 인민군지도자 인솔해 참배" 관영매체 김정은 부각」「클린턴 "北, 평화적 – 안정적 전환(transition) 원한다."」「美 고위당국자 첫 공식 언급」「北체제 안정이 최우선' 판단, 정치세력 개편과정 지켜볼 듯」「CNN 주요 뉴스로 보도」를 부제로 발표하고 있다.

⑩ 14페이지는 「"지금이 주식 싸게 살 투자 기회" … 코스피 하루 만에 반등」「금융시장 – 산업계 빠르게 안정 되찾아」「불안상황 아닌 투자 기회」「체제 자신감?」「北리스크에 면역?」「외국인 관광객도 놀란 '무덤덤 코리아'」「"일정취소 – 변경 거의 없어"」「탈북청소년 "북 가족들 더 힘들어질까 걱정"」을 보도하고 있다.

⑪ 16페이지는 「北, 경제보다 체제유지에 민감 … 개방 '모험' 가능성 낮아」「김정일 사망에 따른 북한 경제구조 변화 시나리오」「개방형, 현상유지형, 폐쇄형」「경제변화 시나리오」「① 현상유지, 세습 아직 불안 … 시장통제 이어갈듯」「② 빗장 강화, 개방 노선투쟁 일어나면 체제 흔들려」「③ 개혁개방, 미래 지도자 이미지 필요 … 中도 압박」「北 "애도기간 장마당 폐쇄" 주민통제 강화」「달러는 포기 못해 … 개성공단은 가동」「현정은 '조문' 금강산 관광 길 다시 열까」를 싣고 있다.

⑫ 16페이지는 「박근혜의 대북관, 美 외교전문지 '포린 어페이스' 기고문 통해 보니」「"도발땐 강력응징" 채찍엔 채찍」「"협력 요청 땐 지원" 당근엔 당근」「다자주의 외교 강조」「北변화 이끄는데 中역할 중요, 한미동맹만큼 한중 관계 강화」「안보 – 교류 균형 추구」「남북관계 경색 옳지 않다 생각, 위협 줄어들면 협력 나설 듯」을 보도하고 있다.

⑬ 20페이지는 「"MB 뼛속까지 친미" "가카의 빅 엿" 논란 빚었던 판사들 이번엔 '김정일 추모 차단' 비난」「최은배 판사 페이스북에, "조문 빌미 공안정국 조성 사람생각 지배하려는 야망"」「서기호 판사 트위터에선, "조의 표하면 죄인가" 질문에, "꼬투리 잡아 불법이라 하니"」「김정일 추모 인터넷 카페 2곳 적발」「안철수

研 "김정일 동영상 악성코드 조심" 「"金 올해 사망" 美포브스 – 역술인 예언 적중」「전주 김씨 시조 묘 등 화제, 가보고 싶다던 전북 시조 묘, 김정일이 11년 전 선물한 풍산개」「11년 전 선물한 풍산개 한 쌍」「DJ에 선물했던 풍산개 한 쌍 올해 병치레 – 수술 건강악화」「역술인 예언도 화제」를 보도하고 있다.

⑭ 23페이지 「김정일 ⋯ 카다피 ⋯ 후세인 ⋯ 독재자들 수명은 69세?」「말로 비참한 듯 보여도 절반 이상 평화롭게 자연사」를 싣고 있다. 34페이지는 칼럼 「최은희와 김정일」「29세 '대장 동지'」

⑮ 35페이지 기고 「北권력 정치적 퇴로는 중국뿐」 사설 「경제와 시장, 북한 변수에 과민 반응할 일 아니다」「北 '특별방송' 예고 후 2시간 정부는 잠잤나.」「국회나 정당 차원의 조문도 부적절하다」를 싣고 있다.

5. 『경향신문』

(1) 『경향신문』, 2011년 12월 20일자

『경향신문』 12월 20일자 ① 첫 페이지는 「김정일 사망(1942~2011)」이라는 표제 아래 김정일 김정은 부자 사진을 싣고, 다시 그 아래에 커다란 김정일 사진과 함께 「17일 오전 8시 30분 급성 심근경색으로」사망했다고 보도하고 있다.

② 2페이지에는 「이 대통령, 모든 일정 취소한 채 국가안전보장회의」라는 표제를 달고, 「정부, 북측 발표 때까지 까맣게 몰랐다」「'조의 어떡하나' 정부 고민 거듭」을 보도하고 있다.

③ 3페이지는 「침통한 평양 ⋯ 검은 상복 입은 앵커 "유훈 지키자"」라는 표제 아래 울부짖는 인민군 사진과 함께 「발표까지 이틀간 후계 구축 완료했을 듯」「시신 부검은 의혹 없애고 권력승계 정리 뜻」을 부제로 보도하고 있다.

④ 4페이지는 「29세 김정은, 거침없는 성격·승부욕 ⋯ 군부는 장악한 듯」이라는 표제 아래 박수치는 김정은 사진과 함께 「김정일, 다섯 부인에 3남 4녀, 장남 김

정남은 해외 떠돌아」「김정일 북한 국방위원장 가계도」를 보도하고 있다.

⑤ 5페이지는 「"김정은 권력 기반 탄탄" 중론 … '1인 절대권력'은 미지수」 표제 아래, 평양시 주민들이 땅바닥에서 울음을 터트리는 사진과 함께 「사망 이틀 후 발표는 '안정적' 신호」「후계수업 기간 짧고 경제사정 최악, 94년 김정일 세습 때보다 상황 나빠」를 보도하고 있다.

⑥ 6페이지에는 맨 위에 평양 주민들이 김일성 동상 앞에 모여들어 애도하는 사진을 싣고, 그 아래 「'핏줄' 장성택·김경희, '측근' 리영호·최룡해 4인방 주목」「장의위 명단 김정은·김영남·최영림 순 232명」을 부제로 달고 있다.

⑦ 8페이지는 「뇌졸증·당뇨 합병증에 과로·추위가 복합작용」이라는 표제 아래, 김정일 위원장의 열차 이동경로를 사진과 함께 설명하고 있다. 또, 2011년 드미트리 메드베데프 러시아 대통령과 만나 악수하는 장면 등의 사진과 함께 「해외 순방·시찰 등 왕성한 활동, 건재 과시하려 무리하다 돌연사」「김정일도 같은 병 사망 … 가족력」을 보도하고 있다.

⑧ 9페이지는 김정일의 투병 중 변화하는 모습들을 여러 장의 사진으로 보도하고, 「얼굴변화」「몸매변화」「신발변화」 등의 사진으로 대조하면서 김정일의 변화를 추정하고 있다.

⑨ 10페이지는 「군, 특이동향 없다더니 … 오전 북 미사일 발사 왜 숨겼나」의 표제 아래, 우리 군이 북한을 주시하는 초병들의 사진과 함께 「북한 급변사태 대비 '개념계획5029' 다시 주목」「북한의 급변사태 유형」「시민들 "경제 악영향 걱정", 정부 '정보력 부재' 비판도」를 부제로 보도하고 있다.

⑩ 11페이지는 「정부의 '차분한 대응' 뒤엔 미국 입김 있었다」라는 표제 아래, 「여야, 조속한 시일 내 국회 정상화 합의」「방북 정치인들 "김정일 만나 보니 호탕·솔직"」「납북·탈출 배우 최은희 "한편으론 안됐다 생각"」으로 부제를 달고 있다.

⑪ 12페이지는 「1946년(김정일의 유년시절), 젊은 시절, 1942년(김일성과 함께 찍은

사진)」사진 3장 소개와 함께 그 아래에는 김정일 국방위원장의 연보를 벨트형식으로 나열해 보도하고 있다. 또, 그 아래에는 「먹거리 해결 못해 '고난의 행군' … 남북교류 물꼬는 평가」를 부제로 보도하고 있다.

⑫ 13페이지도 「2000년 5월(장쩌민 당시 주석과 사진), 2000년 6월(당시 김대중 대통령과 사진), 2009년(김 위원장 당시 집단농장 방문 모습)」사진 3장을 맨 위에 게재하고 있다.

⑬ 13페이지에 이어 김정일 국방위원장의 연보를 게재하고 있다. 연보 밑에 「3대 세습 목전 유일체제 종식」을 부제로 보도하고 있다.

⑭ 14페이지는 정중앙에 베이징 북한대사관에 조화를 들고 조문하는 북한사람들의 사진을 싣고, 왼쪽에는 「"지켜보자 미국 신중"」, 오른쪽에는 「"벗 잃었다" 중국 애도」를 표제로 올리고 있다. 또 「미, 북 체제 안정 후 대화 나설 듯」「"중 정부, 미리 통보받았을 것"」을 각각 부제로 올리고 있다.

⑮ 15페이지는 「일 총리, 가두연설 취소 … 시민들 불안 속 "납치 해결" 기대도」를 표제로 올리고, 그 아래 '김정일 총서기 사망'이라고 쓰인 요미우리 호외를 읽는 일본 시민들의 사진을 보도하고 있다. 또, 아랫단에는 「메드베데프 러 대통령, 김정은에 조전」「인니 대통령 애도 … 각국 언론 신속 보도」를 부제로 달고 있다.

⑯ 16페이지는 「"당 장악·리더십 확보가 과제 … 당분간 대외관계는 신중"」이라는 표제 아래 대북관계 전문가인 경남대 김근식 교수와 인제대 김연철 교수의 대담으로 한 페이지를 메우고 있다.

⑰ 18페이지는 맨 위에 2008년 9월 북한노농적위대가 김일성 광장에서 북한 정권 수립 60주년 기념식에서 열병을 하고 있는 사진을 벨트형식으로 옆으로 길게 보도하고 있다. 그 밑에 관련 국내 전문가 여섯 명의 사진을 게재하고 있다. 제일 밑의 단 왼쪽에는 미국의 전문가들이 「"주변국 불확실한 미래에 봉착"」이라는 표제로 북한을 분석하고 있고, 오른쪽에는 「"한국 정부가 입장 가장 난처"」라는 표제로 일본 도쿄대 명예교수인 와다 하루키(和田春樹)와 도쿄대 대학원 교수

인 기미야 타다시(木宮正史)의 분석을 게재하고 있다.

⑱ 19페이지는 서울 을지로 외환은행 본점 딜링룸의 사진과 함께 「주가 급락·환율 급등 '김정일 사망 쇼크'」「일본·중국·대만 증시도 동반 하락」 "한국 경제 엎친 데 덮친 격", "불확실성 커 오래갈 수도"」 "경제 악영향 우려" 재계 비상체제」를 표제로 경제전문가들의 진단을 보도하고 있다.

⑲ 20페이지는 「남북관계 국면전환 될지 주목 … 북·미 대화도 연기 될 듯」이라는 표제 아래 「남측 인원 902명 북 체류 …, "특별한 징후는 없어"」「북, 내년 강성대국 선포도 차질 불가피할 듯」으로 부제를 달고 있다.

⑳ 34페이지는 동국대 고유환 교수의 시론 「김정은 체제의 불확실성 대비를」신고 있으며,

㉑ 35페이지는 사설에서 「한반도 안정을 최우선 과제로 두고 대응해야, 김정일 사후 우리의 태도」「조의 표명, 남북관계 개선 계기 될 수 있다.」를 주장하고 있다.

(2) 『경향신문』, 2011년 12월 21일자(수)

『경향신문』 12월 21일자 ① 첫 페이지에는 「지금 북한에선 … '상주'로 각국 대사 조문 받아」를 표제로 보도하면서, 그 아래에는 20일자 『로동신문』을 그대로 게재하고 있다. 20일자 노동신문 좌측에는 「위대한 령도자 김정일 동지는 영생할 것이다」라고 쓰인 표제와 함께 김정일 국방위원장의 사진을 전면으로 게재하고 있다. 경향신문이 게재한 노동신문의 표제를 살펴보면, 「위대한 령도자 김정일 동지의 서거에 즈음하여」「비분에 떠는 삼천리강토, 하늘땅에 차 넘치는 민족의 대 슬픔」「영원한 우리의 김정일 동지」「백두의 혈통을 이어 주체의 혁명위협 끝까지 완성하리!」「위대한 령도자 김정일 동지의 서거에 즈음하여」「전체 당원들과 인민국 장병들과 인민들에게 고함」 등으로 선동적인 문구로 가득 차 있다. 그밖에 「평양 주재 영 대사와 인터뷰」「정부 "북한 주민에 위로 뜻" 표명」「미·중·일 '김정은 체제' 사실상 인정」을 표제로 올리고 있다.

② 2페이지는 「북한 조문 받았던 이희호·현정은 '조문 답방' 하기로」「보수단체 "천안함·연평도 두고 조문이라니"」「정부, 민간차원 방북은 불허 갈등 예고」를 부제로 달고 있다. 또, 대북 우호 관계 「후진타오 중국 국가주석(중공 당 명의): "중국 당, 정부, 인민은 김정일 동지의 서거에 깊이 비통해 하며 영원히 그를 그리워할 것이다. 김정일 동지는 비록 서거했지만 그는 영원히 조선 인민의 마음에 남을 것이다."」「드미트리 메드베데프 러시아 대통령: "서거에 깊은 애도를 전한다. 러시아는 김정일의 서거가 러시아·북한 양국의 우호관계 발전에 악영향을 미치지 않기를 바란다."」「유고 차베스 베네수엘라 대통령: "동지에 죽음에 깊은 연민을 표한다. 북한 국민들이 번영과 평화를 위해 나아갈 수 있을 것이라고 확신한다."」, 대북 적대 관계 「존 메케인 미국 공화당 상원의원: "김정일이 더 이상 존재하지 않게 돼 세계는 한층 더 나은 곳이 됐다. 김정일이 카다피, 빈 라덴, 스탈린과 함께 지옥에 떨어져 자리를 함께 한다는 사실이 만족스럽다."」「밋트 롬니 미국 공화당 대권주자: "북한 주민들은 길고 잔인했던 국가적 악몽 속에서 고통을 받고 있다. 김정일은 북한 주민들은 굶주리는데 자신은 호화로운 생활을 한 무자비한 독재자였다."」「뉴트 깅리치 미국 공화당 대권주자: "세상은 위험하다. 김정일의 후계자가 어떨지, 핵으로 무장한 북한이 어떤 위협이 될지 우리는 알지 못한다."」, 기타 「힐러리 클린턴 미 국방부 장관: "김정일 국방위원장의 죽음으로 북한이 국가적 애도 기간을 보내고 있다. 우리는 북한 주민의 안녕을 걱정하고 있다. 우리의 기도와 염려가 그들과 함께 할 것이다."」「반기문: 유엔 사무총장: "슬픔을 겪고 있는(북한) 주민들에게 위로를 전한다. 유엔은 북한 주민들에 대한 지원을 계속 할 것이다."」「후지무라 오사무 일본 관방장관: "일본은 김정일 총서기의 서거에 애도의 뜻을 표하며 이 사건이 반도의 평화와 안정에 좋지 않은 영향을 미치지 않기를 희망한다."」를 부제로 달고 있다.

③ 3페이지는 「"김정은 체제 안정이 우선" … 정부 고심 끝 '절반의 조의'」「94년엔 정부 입장 유보해 진보·보수 이념 논쟁 불러」「군 지도부, 김정은에 경례」「조의 논쟁 1994년과 2011년」「미국도 '두루뭉술한 조의' 표명」「김정일 아닌 북한 주민 위로 … 한·미 동맹과 미국 내부 여론 고려」를 부제로 달고 있다. 특히 여기에서

주목되는 것은 아래와 같이 1994년 김일성 사망 때와 이번 김정일 사망 때의 조의 논쟁에 대한 비교 논란이다.

표 6-1 조의 논쟁 1994년과 2011년 비교[15]

구분 \ 연도	1994년 김일성 사망 때	2011년 김정일 사망 때
정부 발표	사망 발표 후 열흘 만인 7월 18일 이영덕 당시 국무총리가 발표	사망 발표 이틀 뒤 류우익 통일부 장관 발표
정부 입장	"김일성은 민족분단 고착과 동족상잔의 전쟁 책임자" "그럼에도 최근 재야·운동권 학생들이 조전 발송, 조문단 파견 논의하는 것은 역사적 사실을 외면한 무분별한 행동"	"북한 주민들에게 위로의 뜻을 전한다." "정부는 조문단을 보내지 않기로 했다. 김대중 전 대통령과 정몽헌 전 현대 회장 유족의 방문 조문을 허용할 방침이다"
논쟁 촉발	이부영 민주당 의원 "정부의 조문 사절 파견" 국회 외통위 질의, 대학가 중심으로 분향소 설치	여·야 의원, 조의 필요성 제기 참여정부 내각, 조문 공식 요청
여 론	국론 분열 극심, 대립 격화	진보·보수 단체 찬반

④ 4페이지는 「백악관 "북한 새 지도부 인정" … 자극 않으려 발언은 조심」 제하에 후진타오 주중 북한대사관 조문 사진을 싣고 있다. 또, 「공화 강경파는 "체제 붕괴" 기대」 「일본, 납북자 해결 … 러시아, 경협 지속 희망」 「중, 김정은 인정 … 속내는 복잡」 「다른 실력자 그룹 염두에 둔 행보 해석도」를 부제로 달고 있다.

⑤ 5페이지는 '첫 머리에 김정일 위원장의 시신 사진을 싣고', 그 아래 「사망 78시간 만에 시신 공개 … 김정은, 끝내 '눈물'」이라는 표제를 달고 있다. 그 아래에 「첫 번째로 조문 '승계자 인증'」 「북, 평온함 속 조문정국 … 김일성 때와 '대조'」 「북한 매체들, 김정은에 일제히 '존경하는' 수식어」를 보도하고 있다.

⑥ 6페이지는 「국정원장·국방장관 "방송 보고 알아" … 무너진 대북 정보력」이라는 표제 아래 국정원장, 국방부장관, 통일부장관, 외교통상부장관의 사진을 게재

15) 『경향신문』, 2011년 12월 21일자, p. 3.

하고 있다. 또, 「외교안보라인의 김정일 사망 인지 계기」「여야 "정보·외교안보 라인 교체" 한 목소리」로 부제를 달고 있다. 특히, 아래 표와 같이 대북 정보력 부 재를 비판하고 있다.[16]

한국 외교안보라인 주요 인사들의 김정일 사망 인지시점

이명박 대통령				
천영우 청와대 외교안보수석	김관진 국방장관	류우익 통일장관	김성환 외교장관	원세훈 국정원장
발언 없음	"뉴스를 보고 알았다" (20일 국회 국방위)	"정보사항이라 말씀드리기가 곤란하다" (20일 국회 외통위)	"정확한 상황을 보고하기에는 정보사항들이 있어 (곤란하다)" (20일 국회 국방위)	(북 조선중앙 TV보도 이전에는) "몰랐다" (20일 국회 정보위)

⑦ 8페이지에는 「북한 주민 귀국 줄이어 … 압록강변 분향소서 조문도」「북·중 접경지 단둥에 가보니」「개성공단 북한 노동자들 동요 … 이틀째 조업 차질」「북 당국 사망 사실 늦게 알려」를 보도하고 있다.

⑧ 9페이지는 「김정은, 김일성의 외모·김정일의 정치적 욕심 '닮은 꼴'」「청년대 장 → 대장동 → 영도자로 호칭 격상」「김정일 치료 의사 "정은, 정기적 병문안 왔다"」를 보도하고 있다.

⑨ 10페이지는 「한반도 급변 때 '중국과 핫라인 불통' … MB외교의 한계」라는 표 제 아래 이명박 대통령이 20일 청와대 벙커에서 외교안보장관회의를 주재하는 사진을 싣고 있다. 또, 「한반도 안보 '51시간 30분의 공백'」「북·미 회담 재개 불 투명」을 보도하고 있다.

⑩ 11페이지는 '김정은이 정부 조문단을 대표하여 금수산 기념궁전의 김정일 국방 위원장 시신 앞에서 울먹이는 사진'을 톱으로 싣고 있다. 그 아래 탈북자들이 광화 문 앞에서 김정일을 '비난' 하는 사진과 「북·중 접경 단둥 거리 풍경」사진을 싣고 있다.

---

16) 『경향신문』, 2011년 12월 21일자, p. 6.

⑪ 12페이지는 「동요 없이 차분한 시민들 … "시민의식 성숙·북한 변수 영향 줄어"」라는 표제 아래 「송년회 등 도심 평소처럼」「합참, 사이버테러 등 대비 '정보 경계태세' 한 단계 격상」「훈련 중 북한군 일부 부대 복귀」「폐과 위기 '동국대 북한학과' 다시 주목」「취업률 탓 '비실용적' 평가 … 김정일 사망계기 교수들 맹활약에 희색」을 부제로 보도하고 있다.

⑫ 13페이지는 맨 위에 한국은행, 금융위원회, 금융감독원, 지식경제부 관계자들이 「경제금융상황 점검」 회의 사진을 싣고 있다. 그 아래 「글로벌 투자은행 "한국경제 영향 제한적" 전망」「세계 유명 투자은행의 '북한 리스크 분석'」「국내 전문가 "내년 4월 태양절 지나봐야 알아"」「금융시장 '쇼크' 하루 만에 빠르게 안정」「밖으로 나올 수밖에 없는 북한 안으로 다시 밀어 넣지 말아야(북한대학원대학교 교수)」를 부제로 달고 있다.

⑬ 14페이지는 「북한의 당정군 권력기구도」를 게재하고, 그 아래 「'당'에 무게 실려 … 군·내각 '김정은의 사람' 윤곽」「'마지막 부인' 김옥, 해외체류 정남·정철 운명은」을 부재로 달고 있다. 또, 김옥, 김정남, 김정철, 김한솔의 사진도 싣고 있다.

⑭ 16페이지는 「김정은 연착륙, 유훈통치 기간 '지도력'에 달렸다」 표제 아래 만수대 의사당 앞에서 울부짖는 인민들의 사진을 싣고 있다. 그 아래는 「장성택의 선택도 '권력투쟁' 변수 될 듯」「'김정일 없는' 강성국가 건설 중대 기로에」를 부제로 싣고 있다.

⑮ 17페이지는 「"백두혈통 아니면 통치 못해 … 김정은 실권 강화될 것"」정세현 전 통일부 장관의 인터뷰 기사를 보도하고 있다.

⑯ 18페이지 「"한·미, 북에 '붕괴 의도 없다'는 분명한 사인 보내야"」「미국 사회과학원(SSRC) 리언 시걸 국장」「"후계·경제 안정 위해 중국 의존 커질 것" 이종원 일본 릿쿄대 교수」「"김 위원장 사망 애도 … 평양선언 지속되길" 고이즈미 전 일본 총리」를 부제로 싣고 있다.

⑰ 23페이지는 「또 '북한 징크스' … 묻히는 박근혜 정치」 「민주당, 국회 등원 결정 … 30일 예산안 처리 방침」 「청와대, 대통령·여야대표 안보회담 철회 해프닝」을 표제로 달고 있다.

⑱ 25페이지는 「방통심의위 친북 게시물 심의 논란」 「시민단체 "법적 근거 없고 표현의 자유 침해"」를 보도하고 있다.

⑲ 35페이지 사설에는 「김정일 사망 성숙한 대응 자세 견지해야」 「'먹통 정보력'으로 북 급변사태 대응 가능한가」 「금융 불안 완화와 비상계획 점검에 집중해야」를 부제로 기술하고 있다.

6. 『한겨레신문』

(1) 『한겨레』, 2011년 12월 20일자(화)

『한겨레』는 ① 첫 페이지에 「김정일 위원장 사망 … 격랑의 한반도」라는 제목 아래, 김정일 국방위원장의 사진을 크게 싣고, 「조선중앙통신 "17일 8시 30분 열차 안 서거", 김정은 승계 공식화 … 28일 평양서 영결식」 「정부·여당, 이번엔 '조문' 신중 검토」 「북 시스템 안착, 김정은 후견 그룹에 달렸다, 이종석 전 통일장관의 '한반도 진로' 분석」 부제로 보도하고 있다.

② 2페이지는 「"현지지도 길에 급성 심근경색·심장쇼크 합병"」이라는 표제 아래 「김 위원장 사망 원인은」 「2008년 뇌졸중 뒤 건강 악화 … 최근 강행군 속 과로」 「북, 사인 논란 불식하려는 듯 부검결과 확인 발표」 「"발병 1시간 내 치료해야 … 열차 위 조처 지연된 듯"」과 함께 사진을 6장 싣고 있다. 즉, 「김정일 건강상태 비교」 「2008년 8월 4일 뇌졸중 수술 직후」 「2011년 5월 17일」의 두 개의 사진을 비교하면서 그 아래 다시 「2005, 2006, 2008, 2010년」의 사진을 비교하고 있다. 마지막 아래 단에는 「"핵보유국·군사강국 전변" … '유훈통치' 예고」 「김 위원장 사망 발표문 보니」 「"김정은 동지 영도 따라 억세게 투쟁해야", 1994년 김일성 주석 사망 발표문 판박이」를 표제로 보도하고 있다.

③ 3페이지는 「예정보다 1년 이른 권력이양 ⋯ '3대 세습' 안착 불투명」 아래 김정일 부자 사진을 길게 보도하고 있다. 그 아래 「김정일 가계도」를 사진과 함께 보도하고 있다. 또, 우측에는 「김정은 체제 순항할까」 「김정은 '후계자' 지위 확보 ⋯ "크게 혼란스럽진 않을 것"」 「권력층 내부 합의 본 듯 ⋯ '권력분점 구도 가능성' 분석도」를 보도하고 있다. 마지막 아래 단에는 「후계자 공식데뷔 겨우 1년 남짓, 나이도 추측뿐 ⋯ 만 28살에 무게」 「김정은 누구인가」를 보도하고 있다.

④ 4페이지는 「대북정보력 '먹통' ⋯ 청와대도 국정원도 전혀 몰랐다」라는 표제아래 오열하는 시민들의 사진을 싣고, 「허찔린 정부」 「청와대선 MB 생일파티 ⋯ 국방장관은 의원 회동 중, 미국도 사전정보 없던 듯 ⋯ 중국, 인지시점 말 아껴」를 표제를 달고 있다. 마지막 아래 단에는 「발표 미룬 52시간 북에선 무슨 일이 ⋯, "'김정은 체제'로 이양하려 긴급히 내부정비 했을 것"」 「"중국 쪽에 사망소식 알리고 이해·협조 구했을 가능성도"」를 표제로 달고 있다.

⑤ 5페이지는 「"김정은 '내부결속' 시험대 ⋯ 남북관계 풀 계기 될 수도"」라는 표제 아래 「한반도 어디로/전문가 진단」을 보도하고 있다. 즉, 「미국이나 중국은 불확실성 원치 않아(경남대 김근식 교수)」 「후계체제 정비돼 특별한 변화 없을 듯(인하대 김연철 교수)」 「남북관계 돌발 상황 빚을 가능성 줄어(서강대 김영수 교수)」 「이미 김정은 시대, 정치적 위치 안정적(세종연구소 백학순 연구위원)」 「김정은 1인 집중되는 리더십 쉽지 않을 듯(이관세 전 통일부 차관)」의 대담을 보도하고 있다. 오른쪽 맨 위는 「북한의 권력기구」 「조선노동당」 「국가기구」를 도표와 사진으로 설명하고 있다.

⑥ 6페이지는 「여권서도 "조의 표명·조문단 보내야" ⋯ 당·정·청 '신중 고민'」이라는 표제 아래 「정치권 '조문' 논란」 「원희룡 등 "남북관계 개선" ⋯ 보수단체선 "안 돼"」 「한나라 '극우발언 단속' 문자 ⋯ 박근혜는 말 아껴」 「당·정, 이희호·현정은 등 '민간 조문단' 파견 검토」 「한나라·선진 "안보대책 철저 준비를"」 「민주통합 등 "긴장완화 위해 노력을"」 「정당 반응」을 표제로 보도하고 있다. 마지막 아래 단에는 「이 대통령 "한반도 평화와 안정이 무엇보다 중요"」 「공식일정 취소

비상체제 전환」「미·일·러 정상과 통화 '협력다짐'」「전군 비상 경계령」「북한군 특이 동향은 없어」를 표제로 싣고 있다.

⑦ 8페이지는 「**"통 큰 지도자" "무능한 권력자" 극과 극 평가**」라는 표제 아래 사진 4장을 싣고, 「김정일 연보」「김정일(1942. 2. 16~2011. 12. 17)」「출생부터 사망까지」「20살 노동당 입당」「김일성 사망 뒤 '선군정치' 강성대국 도모」「핵 억제력 싸고 미국과 벼랑 끝 힘겨루기」「2차례 남북정상회담 하며 돌파구 모색」을 보도하고 있다.

⑧ 10페이지는 「김정은 맨 앞에 … 장성택·김경희 등 '후견인들' 포진」「김정일 국가장의위원회 명단」「장의위원회 명단 살펴보니」「북 당·청·군 수뇌 232명 권력 서열대로 공개」「노동당중앙위원들 '앞자리' 차지」「김정남·김정철 배제, 내부 권력투쟁 차단」「10일장 치른뒤 주검 금수산궁 안치」「김일성 주석 때와 장례 일정 '판박이'」「장례식 어떻게 진행되나」「28일 영결식 … 29일까지 애도」「외국 사절 안 받고 녹화방송도」「리춘희 아나운서, 상복 입고 울먹이며 '비보' 전해」를 보도하고 있다.

⑨ 11페이지는 「**"어떻게 이렇게 갈 수 있나" … 흐느끼는 평양**」이라는 표제 아래 소녀가 울고 있는 사진과 함께 「행인들 눈물 … 김정일 초상화 앞 추모객 몰려」「방송은 추모노래 … 베이징 북 대사관엔 '조기'」「"수수께끼 북 지도자 숨겼다" 긴급타전」「세계 주요 외신들 반응」「한반도 정세불안 등 우려, 김정은 정권장악엔 의구심」「중 "친구 잃었다" 깊은 애도」「미·일, 비상채널 가동 긴박」「미·중·일 반응」「백악관 "상황 예의 주시"」「일, 위기관리센터에 대책실」「중 "북 인민 일심단결할 것"」을 표제로 보도하고 있다.

⑩ 12페이지는 맨 위에 「김대중 전 대통령과 김정일 국방위원장이 손잡고 치켜들고 있는 장면」「노무현 전 대통령과 김 위원장이 악수하는 장면」 두 장의 사진을 게재하고, 그 아래 「절대권력 17년' 역사 속으로 지다」라는 표제를 달고 7장의 관련 사진을 싣고 있다.

⑪ 14페이지는 「금융시장 '출렁' … 코스피 63p 급락·환율 16원 급등」 「외국인 주식·외환시장」 「외국인 급격한 이탈 없었고 연기금 구원 나서 낙폭 줄여」 "단기적으로 제한적 영향" "상당기간 불안" 전망 갈려」 「재계 당혹 "우리경제 부정적 영향 경계"」 「환율급등 등 사태변화 주시, 항공업체는 연료 추가 탑재」 「개성공단 정상조업 … "특별한 지시 없었다."」 「남쪽기업 123개·896명 체류, "핵실험 때도 조용히 지나가 이번에도 큰일 없을 것" 기대」를 표제로 싣고 있다.

⑫ 15페이지 「'급변사태 오나' 촉각 … 시민들 대체로 차분한 반응」이라는 표제 아래 사진 3장과 함께 「김 위원장 사망 발표하던 날」 「점심 먹던 직장인들 충격 "정국혼란·경제 불안 걱정" 정부 정보력 질타 누리꾼도」 「탈북자·실향민들은 '반색' "통일에 한 걸음 가까워져"」를 부제로 달고 있다. 아래 단에는 "정부 성숙한 대응을" "북한 주민의 전환점"」 「진보 – 보수단체 엇갈린 표정」 「'트위터 조의' 갑론을박」 「유명 인사들 표명에 누리꾼들 찬반 논란」, 오른쪽 아래에는 「연평도 큰 동요 없지만 … "혹시나 도발 있을까" 긴장」 「서해5도 접경지역은」을 보도하고 있다.

⑬ 29페이지는 「1994년 조문 논쟁의 교훈(이부영 전 열린우리당 대표 기고문)」,

⑭ 30페이지는 「비상한 시기, 한민족의 성숙함을 보여야(권태선 편집인 칼럼)」,

⑮ 31페이지는 사설에서 「김정일 국방위원장 사망 이후 한반도 안정성이 최우선이다, 정세변동의 전향적 이용 경계해야, 남북대화 복원해 위기를 기회로」를 싣고 있다.

(2) 『한겨레신문』, 2011년 12월 21일자(수)

『한겨레』 12월 21일자 ① 1페이지에는 「정부, 이희호·현정은 '조문 방북' 허용」 표제 아래 「"북 주민들에 위로" 담화」 「정부차원 조문은 않기로」 「전방 성탄트리 점등 유보」를 보도하고 있다. 그 아래 금수산궁전에서 김정은의 주도 하에 김정일 시신 앞에 북한의 수뇌부들이 조의를 표하는 사진을 싣고 있다. 그 외 「김정일 위원장 최후 행적」 「김정일 열차 출발지는 함흥」 「평양 거의 다 와서 숨진 듯」

「클린턴 미 국무 "북 안정적 전환 원해"」「북 연착륙 희망' 신호 … 핵 해결 발판
으로」「내부 혼란 땐 급변상황 우려, 동시에 주변국과 긴밀 협력, 중국도 북 안정
화에 최우선」을 부제로 달고 있다.

　② 2페이지는 「1조 예산 쓰면서 '먹통' … 원세훈 국정원장 교체론 급부상」을 표제
로 달고 「정보 공백' 난타당한 국정원」「국정원 "TV 보고 알았다" "북 정보수집
에 쓴다더니" 민주, 예산삭감·감사 목청」「인민복 차림에 붉은 천 덮고 '절대권
력' 투명 유리관 속으로」「북, 김 위원장 주검 공개」「금수산 기념 궁전에 안치돼
김정은 부위원장이 첫 참배 방부 처리해 영구 보관할 듯」을 부제로 달고 있다.

　③ 3페이지는 「보수·진보 눈치보다 절충 … 결국 '반쪽' 조문 외교로」를 표제로
달고 중국 단둥의 북한 영사관에 마련된 조문소의 사진을 싣고 있다. 또, 「정부,
김정일 사망 발표 하루만에 '조의 표명'」「북 정권 아닌 주민에 애도 '전략적 선
택'」「애도표명 찬성 50% 여론도 부담된 듯」「보수 반발 의식해 민간 조문 엄격
제한」「이희호·현정은씨 곧 조문단 꾸릴 듯」「노무현 재단 "방북참여 요청할 것"」
「진보 쪽 "조문단 허용 폭 넓혀야"」「보수 쪽 "방북 조문 막을 것"」을 부제로 달
고 있다.

　④ 4페이지는 「10년 전 요리사에 "난 매일 제트스키 … 일반 국민은 타나"」「김정
은 궁금증' 감질나는 '11문 11답'」「요리사·유학시절 동기 발언 등이 전부」「168㎝
추정 … "10대 시절 배우 장클로드 반담 좋아해"」「"강한 승부욕에 대담" … 세심
하단 증언도」「김정은 인적사항, 출생년도 부모 학력 경력 정치행보 신장/체중」
「김정운'에서 '김정은'으로」「언제 어디서 태어났나?」「스위스 유학 시절」「취미」
「포격에 능한가?」「강한 승부욕과 리더십」「세심한 성격도」「김정은 결혼했나?」
「김정일과 김정은」「언제부터 후계자 수업?」「김정은의 건강 생태는?」을 부제로
싣고 있다.

　⑤ 5페이지는 「노동당 힘 강화해 군 통제, 중국식 통치전략 택할 듯」을 표제로
싣고, 김정은이 군부 지도자와 함께 자강도 희천발전소를 둘러보고 있는 사진을
싣고 있다. 그 밖에 「김정은 체제 집중 분석」「선군청치' 내세운 김정일 방식서

변화」「당이 체제 구축 '플랫폼' 핵심역할 할 듯」「리영호 군 장악해 군부 불안요인 줄어」「전문가분석/김정은으로 권력 이양 집단지도체제 가능성」「국방위원회 약화되나」를 부제로 달고 있다.

⑥ 6페이지는 「"장성택(김정은 고모부)은 김정은 멘토이면서 동시에 경쟁자"」「크리스토퍼 힐 "결정권 아직 못 가져"」「김정일 동생인 부인 김경희 배경」「당·군·보안기관서 막강한 영향력」「'권력욕 의한 분파행위' 한때 쓴맛」「"피 안 섞인 곁가지 불과" 평가도」「북한 군부 조직」「김정은 돕는 '실세 3인방'」「지난해 급부상 리영호 총참모장이 '군부 핵심'」「김영철 정찰총국장도 부각, 혁명 2세대 최룡해 '당 핵심'」을 부제로 달고 있다.

⑦ 8페이지는 「군부 김경옥(당 조직지도부)·보안 우동측(국가안전보위부 제1부부장)·선전 김기남(당 선전 선동부) '친위세력' 포진」 부제 아래, 「떠오르는 김정은의 사망」「군 황병서·김원홍도 측면 지원」「40대 맹경일 신진관료도 두각」「친인척-지배층 권력투쟁 가능성은」「김정남, 올초 김정은 인정」「김정철, 정치 영향력 미약」「"권력승계기간 적지만 체계적으로 마무리 단기적 위협세력 없다"」「"김 위원장 사망으로 정치적 생명 끝났다"」「네번째 부인 김옥 앞날은」을 부제로 달고 있다.

⑧ 9페이지는 「슬픔속 안정 찾아가는 평양 … 국경선 주민 감시 강화」「동상·초상화 설치된 곳마다 조문행렬 이어져」「"체제비판 우려 접경 주민 5명 이상 못 모이게"」「각국 북 대사관 조문객 맞이」「지도부 교체 '코앞' 북 안정 절실 '김정은 체제지지' 강력 신호」「중국 움직임」「후진타오 주석 대사관 조문」「국경지역에 군 2천여 명 증파」「'인민일보' 등 "우호 공고히"」를 부제로 보도하고 있다.

⑨ 10페이지는 「"김정은 위상 이미 확고 … 평화체제 구축 메시지 보내야"」를 표제로, 김정일 이후/전문가 좌담으로 사회는 한겨레평화연구소소장, 대담에는 문정인(연세대 정외과 교수), 최완규(경남대 북한대학원대학교 부총장) 교수의 의견을 싣고 있다. 또한, 부제로는 「북한 불안정해질까, 김정일 사망이 급변사태? 위기 급박성·불확실성 없어」「권력투쟁 일어날까, 장성택이 보좌 역할 맡아 정은 중심 의사결정 할 듯」「지도체제 방식 바뀔까, '군 ⇨ 당' 권력이동 예상 인민생활 향상

에 힘쓸 것」「조문 문제는 어떻게, 정부 조문 허용은 바람직, 한·미, 기회로 생각
해야」를 기술하고 있다.

⑩ 13페이지 "내가 만난 김정일"에는 「"어깨 치고 껄껄대도 호탕 철권통치? 만
나보면 달라"」(최학래 한겨레신문사 고문: 당시 한국신문협회장), 「"미군철수는 국내 정치
용 강퍅함 뒤엔 여유 묻어나"」(박지원 민주당 의원)「2008년 김 위원장 치료한 프랑스
의사 "뇌졸중 김정일, 혼수상태였다"」「고이즈미 "독재자 이미지 없어"」「11년 전
속 요리사 후지모토 "초밥 등 일본요리 좋아했다"」를 표제로 달고 있다.

⑪ 14페이지는 「북-미 3차 대화·식량논의 '안갯속'」「북, 베이징 식량지원 회담
서 미 요구 수용 뜻 시사, 6자회담도 불투명 … 김정일 애도기간 뒤 방향 '촉각'」
「남북관계 개선 '기회이자 위기'」「북 체제정비에 소강국면 예고, 민간 조문단
'지렛대' 역할론도」「이 대통령, 국내의 상황 점검 '분주한 하루' 외교안보회의
주재 … 반기문 유엔 총장과 대북공조 논의」「부시소장 "집단지도체제 핵심은 장
성택" 크롤리 전 차관보 "평양의 봄 안올 듯", 미 전문가들 전망」을 부제로 달고
있다.

⑫ 15페이지는 「시험대 오른 박근혜 '보수 본색'」「북에 조의 거부 … "연평도·천
안함 고통 여전"」「MB정부와 차별화 대신 '보수층 결집' 선택」「WFP(유엔 산하 세
계식량계획) "대북지원 계획대로 진행"」을 표제로 달고 있다.

⑬ 18페이지는 「유럽 발 외풍에 '북풍' 가세 … 커진 불확실성」을 표제로 김정일
위원장 사망 이후 한국경제의 영향에 대해서 전문가들이 진단한 내용을 기사로
싣고 있다. 대담에는 양문수(북한대학원대학교수), 이종우(솔로몬투자증권 리서치센터
장), 오형석(삼성증권 투자전략팀장), 홍익표(대외경제정책연구원)이 참가하고 있는데,
부제로는 「"코리아디스카운트보다 장기적 불안정성 키워"」「지정학적 리스크 부
각된 한국경제」「"뉴스 효과 거의 사라져 가끔씩 리스크 부각될 수도"」「"중국식
개방 가능성도 장기적으로 부정적 아냐"」「좋아질 것도 나빠질 것도 없는 남북경
협」「아시아 시장도 영향권」「외국계 투자은행 시각은」「"북 권력안정 여부가 관
건"」「골드만삭스 "영향 제한적"」「USB "자산 가치 하락 할 것"」「학습효과? 금융

시장 진정」「주가 오르고 환율 하락, 외국인은 팔자세 지속」을 보도하고 있다.

⑭ 34페이지에는 김정일 사후를 보는 진보와 부수의 시각과 제언을 보도하고 있다. 진보 측은 「'기회의 창'은 열려있다」란 제목으로 「보수진영이 흡수통일의 비현실성을 깨닫는다면 오히려 전화위복의 계기, 한·미의 조의 표명, 인도적 지원, '키 리졸브' 중단 등 과감한 조처」를 제안하고, 보수 측은 「핵포기·민주화 유도해야」라는 부제로 「성공적 권력승계 가능성 높지만 급변사태 가능성 배제할 수 없어, 개혁·개방이 남북의 공생공영에 기여하리란 점을 적극 설득해야」한다고 주장하고 있다.

⑮ 35페이지는 김종구 논설위원의 「'비상사태'의 허와 실」, 사설 「지나치게 미흡한 대북한 조의 표명」「북의 움직임 전혀 모르는 남쪽 정부」「경제 불안 해석하려면 남북경협 사려야」를 기술하고 있다.

제 7 장

신속한 재난복구와 미래의 방재시스템

제7장 >>>
신속한 재난복구와 미래의 방재시스템

제1절 **일본의 재난극복과 부흥의 과제**

1. 재난극복을 위한 부흥청(Reconstruction Agency)의 설립

대형 재난이 발생한 이후에는 이를 어떻게 신속하게 복구하고 피해를 최소화 하느냐가 중요한 관건이다. 이를 위해 일본정부는 2011년 12월 9일에 동일본대진재 피해를 전담할 부흥청(復興庁)을 설립해 조직적으로 대응하게 되었다. 대형 재난 이후 피해자들이 입는 피해와 상처는 쉽게 치유되거나 사라지지 않는다. 외연적인 피해나 외상피해는 물질적인 보상이나 외과치료에 의해 가능하지만, 내면적인 정신적 치료까지는 상당한 시간이 걸린다. 정신과 치료 의사들에 의하면, 일정한 시간이 경과되지 않는 한 공포감이나 트라우마(trauma) 등 내면적인 피해는 쉽사리 사라지지 않는다고 한다.

한편, 도쿄대학 지질연구소 히라타 나오시(平田直) 소장은 "향후 활발한 지진 활동으로 4년 이내에 관동지역에 직하형 지진이 일어날 가능성은 70%"라는 연구

결과를 발표하기도 했다. 즉, 1995년 한신대진재(규모 7.2)처럼 지반이 상하로 흔들리는 '직하형(直下型)' 지진이 도쿄와 요코하마(橫浜), 치바(千葉) 등 수도권을 중심으로 수년 내 발생할 것이라는 주장이다.[1] 일본의 지진 연구팀 중에서는 1923년 관동대지진에 이어 후지산 폭발 100년 주기설 등을 주장하는 이도 있다. 동일본 대진재의 피해 지역인 태평양 연안 지대는 농촌이나 어촌이 대부분이었는데, 일본 사회 심장부로서 대도시가 많이 분포하는 관동 지방에서 지진이 크게 발생할 경우 일본 사회 전체가 마비될 수도 있다.[2] 일본 기상청에 따르면 동일본대진재를 계기로 수도권에서 지진활동이 활발해지면서 하루 평균 1.48회의 지진이 발생해 이전보다 약 5배 증가했다고 한다. 따라서 일본 정부와 도쿄도 등 관련 지자체가 이에 대비하기 위해 대책 수립에 착수하게 되었다.

2. 원전폭발 후 1년 그 피해현장과 극복사례

표 7-1 일본의 주요 지진 일지

1995. 1. 17	한신 대지진, 고베시 등에서 규모 7.2 (사망 6,434명, 부상 4만 3,792명)
2000. 10. 6	돗토리현 서부에서 규모 7.3 (부상 100명 이상)
2003. 5. 2	산리쿠 미나미 지진. 이와테·미야기현 등지에서 규모 7.1 (부상 100명이상)
2003. 9. 26	도카치 앞바다 지진, 홋카이도서 규모 8.0 (부상 800명 이상)
2005. 8. 16	미야기현 앞바다에서 규모 7.2 (부상 100명 이상)
2007. 3. 25	이시카와현 노토반도에서 규모 6.9 (사망 1명, 부상 300명 이상)
2008. 6. 14	이와테·미야기현서 규모 7.2 (사망 10명, 실종 12명)
2011. 3. 11	미야기현 인근 바다에서 규모 8.4 (사상자 미집계)
2012. 1. 23	도쿄大 지질연구소, "수도권 7.0 이상 강진 발생확률 4년내 70%" 발표

출처: 세계일보

---

1) 『세계일보』, 2012년 1월 24일자.
2) 『세계일보』, 2012년 1월 24일자.

1) 현장 취재 사례 1

2012년 5월 26일 일본은 원전폭발 이후 1년 2개월 만에 최초로 폭발현장을 기자들에게 공개했다. 기자들이 본 폭발현장은 그야말로 참담한 폐허현장 그대로였다. 원전 담당관계자는 향후 원자로 폐쇄작업에만도 무려 30~40년은 걸릴 것으로 내다봤다.

현장에는 폭발에 날아간 지붕과 벽, 주렴처럼 주렁주렁 늘어진 흉물스러운 철근과 구겨진 배관, 곳곳에 널려진 콘크리트 잔해 투성이다.3) 일본 정부가 후쿠시마 원자력발전소의 건물 내부를 사고 발생 이후 1년 만에 처음으로 언론에 공개한 것이다. 5월 27일자 조선일보에 의하면, 일본 정부는 원전담당관의 수행 취재 형식으로 일부 언론에 후쿠시마 제1원자력발전소 4호기의 원자로 내부 건물을 26일 공개했다. 4호기는 원전폭발 사고 당시 정기점검을 위해 가동이 중단돼 있었고, 원자로 내의 핵연료가 사용 후 연료저장조에 그대로 옮겨져 보관돼 있었기 때문에 상대적으로 안전했다고 한다. 하지만, 4호기 역시 수소폭발로 원자로 건물 지붕과 바다 쪽으로 면한 벽이 부서져 날아가 흉측한 모습은 다른 원전과 다르지 않았다고 한다.

당시 건물 입구의 방사선량은 시간당 120마이크로시버트로, 9시간 이곳에 있으면 일반인의 연간 피폭한도인 1밀리 시버트 이상 피폭하게 될 정도로 방사선 수치가 높았으며, 건물의 1층 내부는 어두컴컴했고 방사선량은 건물에서 가장 높은 곳이 시간당 50밀리시버트였다고 한다. 2층엔 배관과 밸브가 밀집한 통로가 있었는데 이곳의 방사선 수치도 시간당 500마이크로시버트였다. 5층에는 사용 후 연료저장조가 있는데 하얀 천으로 덮여 있고, 이곳에는 사용 후 핵 연료봉이 원전 3기분에 해당하는 1천535개가 보관돼 있다고 한다. 이날 30분간 취재에 나선 4개의 언론사 기자 4명의 피폭량은 약 90마이크로시버트 정도였다고 보도했다.

---

3) 『조선일보』, 2012년 5월 27일자.

2) 현장 취재 사례 2[4)]

2012년 10월 12일 일본에서 후쿠시마 원전 사고가 일어난 지 1년 7개월 만에 도쿄전력이 처음으로 한국 특파원단에 원전 내부를 공개했다. 합동취재단 이종락 도쿄특파원[5)]에 의하면 다음과 같이 보도했다.

청명한 가을 날씨가 무색하게 후쿠시마 원전은 여전히 땅 위에선 방사능, 땅 밑에선 물과 힘겨운 싸움을 벌이고 있었다. 일본 국가대표 축구팀 훈련시설인 후쿠시마 J빌리지에 모인 공동 취재단은 취재에 앞서 체내 방사선량을 측정했다. 현장 취재 후와 비교하기 위해서다. 취재단은 방독면, 면장갑에 두 겹의 비닐장갑, 이중 비닐 덧신을 착용하고 방호복까지 입었다. J빌리지를 떠날 때 시간당 2.0마이크로시버트(μSv)를 기록한 방사능 측정기는 30여분 뒤 후쿠시마 제1원자력발전소 정문에 이르자 7.5μSv로 껑충 올라갔다. 원전 3호기 앞 바다 쪽에 접근하자 버스 내에서 방사능 측정기는 800μSv로 올라갔다. 버스가 3호기 5m 앞까지 다다르자 방사선량은 1000μSv에 이르렀다. 버스 내 기자들이 웅성거리는 등 긴장감이 역력했다. 이 수치는 서울 0.11μSv, 도쿄 0.047μSv의 1만 배가 넘는 수치였다.

이번 취재진에게는 사고 당시 폭발한 1호기와 다량의 방사성물질을 내뿜은 2호기의 정면 쪽도 처음으로 공개됐다. 버스가 이 부근을 지날 때 방사선량은 800~900μSv를 기록했다.

원전 부지 곳곳에는 아직도 많은 쓰레기가 남아 있었다. 콘크리트와 금속 잔해, 벌채 목 등이 10만㎡ 넘는 '산'을 이뤘다. 산등성이 쪽으로 버스가 올라가니 넓은 부지에서 오염수를 처리하기 위한 '다 핵종 제거' 정수 시설 공사의 마무리 작업이 한창이었다. 세슘 등을 제거한 물에서 다른 방사성물질을 추가로 제거하기 위한 장치다. 사고 이후 원자로 냉각수로 사용한 20만t 넘는 오염수가 1000여개 탱크에 나뉘

┃ 사진 7-1 ┃ 후쿠시마 원전 모습

출처: 후쿠시마원전 한국 측 공동취재단 제공.

---

4) 『서울신문』, 2012년 10월 15일자 합동취재단 이종락 도쿄특파원.
5) 『서울신문』, 2012년 10월 15일자 합동취재단 이종락 도쿄특파원.

어 보관되고 있었다. 원전의 바깥 기온은 섭씨 25도였지만, 취재단은 방호복을 입고 마스크를 착용한 탓에 온몸이 땀으로 얼룩졌다. 이날 오전 10시 20분부터 오후 1시 50분까지 3시간 30분 정도 원전 내에서 활동한 공동 취재단 기자들의 피폭량은 52~58μSv로 측정됐다.

제2절　한반도의 지진위협과 원전관리

1. 한반도에도 지진 위협, 지진이 잦아지는 한반도

1) 최근 100여 년간 세계의 지진발생 빈도조사[6]

(1) 1898년부터 100여 년 동안 전 세계에 발생한 지진들을 한 눈에 볼 수 있는 이른바 '지진빈도지도'가 완성되었다. 이 지도에 따르면 한반도도 결코 지진의 안전지대가 아니다.

2012년 7월 9일 영국의 일간지 『더 데일리 메일(The Daily Mail)』에 의하면, 소프트웨어회사 IDV의 매니저 존 넬슨(John Nelson)은 최근 미국 북부 캘리포니아 지진 자료센터(NCEDC)와 미국 지질조사국(USGS), UC 버클리의 데이터를 분석해 지난 100년간 발생한 주요 지진을 점으로 표시한 '지진발생빈도지도'를 제작했다.

넬슨이 공개한 세계 지진발생빈도지도에는 진도 4 이상의 지진들이 일어났던 지점들을 표로 표시한 지도이다. 작은 점들로 찍혀있어 언뜻 그 규모를 파악하기는 어렵지만, 최근 100년 사이에 발생한 주요지진의 횟수는 무려 20만3186회에 이른다. 지진이 빈번하게 일어나는 지역은 점들이 중첩돼 하나의 굵은 띠를 형성하고 있다. 세계에서도 가장 지각변동이 활발하고 지진발생 빈도가 높은 곳은 아시아 태평양 지역을 중심으로 한 환태평양 지역의 화산대이다. 이어서 판 경계 지역뿐만 아니라, 판 내부에서도 크고 작은 규모들의 지진들이 끊임없이 일어나고 있다는 것을 알 수 있다.[7]

---

6) 『헤럴드경제』, 2012년 7월 9일자.
7) 『헤럴드경제』, 2012년 7월 9일자.

다음은 2012년 7월 9일 『데일리메일(The Daily Mail)』[8]이 보도한 존 넬슨(John Nelson)의 지진발생빈도를 점으로 나타낸 지도이다. 이 지도를 보면, 환태평양을 중심으로 한 화산대가 마치 머리띠 모양으로 지진이 집중적으로 발생하고 있는 것을 볼 수 있다.

┃ 사진 7-2 ┃ 1898년부터 100여 년간 세계지진발생지도

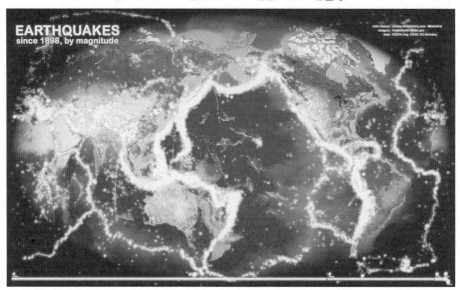

출처: Michigan-based designer John Nelson charted a century's worth of earthquakes (a staggering 203,186 of them) across the globe(2011년 7월 9일자 The Daily Mail 자료)

---

8) 『The Daily Mail』, 9 July, 2012.

2) 2000년대 우리나라에서 일어난 지진발생횟수

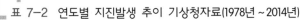

표 7-2 연도별 지진발생 추이 기상청자료(1978년 ~ 2014년)

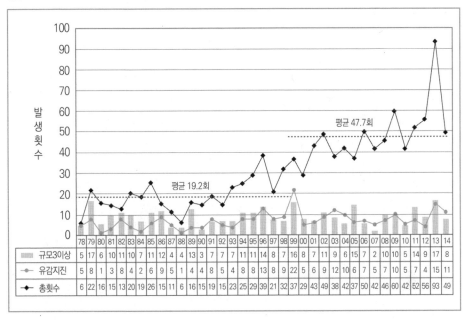

	78	79	80	81	82	83	84	85	86	87	88	89	90	91	92	93	94	95	96	97	98	99	00	01	02	03	04	05	06	07	08	09	10	11	12	13	14
규모3이상	5	17	6	10	11	10	7	11	12	4	4	13	3	7	7	7	11	11	14	8	7	16	8	7	11	9	6	15	7	2	10	10	5	14	9	17	8
유감지진	5	8	1	3	8	4	2	6	9	5	1	4	4	8	5	4	8	8	13	8	9	22	5	6	9	12	10	6	7	5	7	10	5	7	4	15	11
총횟수	6	22	16	15	13	20	19	26	15	11	6	16	15	19	15	23	25	29	39	21	32	37	29	43	49	38	42	37	50	42	46	60	42	52	56	93	49

2000년대를 기점으로 우리나라에서도 지진이 연간 약 40여회 이상 발생하고, 그 횟수도 점점 잦아지고 있는 상태다. 특히 2013년에는 규모 2.0 이상의 지진이 93번이나 발생해 1978년 지진관측 이래 가장 많은 횟수를 기록하여 관계 기관들을 긴장시키고 있다. 특히 그 중에서도 2013년 4월 21일 흑산도 해상과 5월 18일 백령도 해상에서 각각 4.9 규모의 지진이 발생했고, 2014년 4월 1일 태안군 서북 서쪽 해안에서 5.1 규모의 지진이 발생했다. 연이어서 일어난 이 세 번의 지진은 이전의 지진과는 달리 중정도 규모의 지진으로 한반도도 이제는 지진의 안전지대가 아니라는 것을 증명해 주고 있다. 전문가들은 2011년 후쿠시마 지진발생 이후 한반도의 판구조가 일본열도 쪽으로 2~3cm 정도 끌려가 있어서, 이 어긋난 지각 판구조를 바로잡기 위해 크고 작은 지진이 잦아진다고 한다.[9]

9) 이연, 「글로벌 위험사회에 있어서 한·일 언론보도 시스템의 비교」, 한국언론학회봄철학술

문제는 최근 이러한 크고 작은 지진이 자주 일어남에 따라 바다는 물론 수도권 등 내륙지역에도 규모 6.0 이상의 강진이 발생할 가능성은 충분히 있다는 것이다. 따라서 이러한 가능성을 충분히 열어두고 우리도 조기지진경보체제 도입을 서둘러야 할 것으로 본다.

┃ 그림 7-1 ┃   지진발생 분포도, 2015년 기상청자료

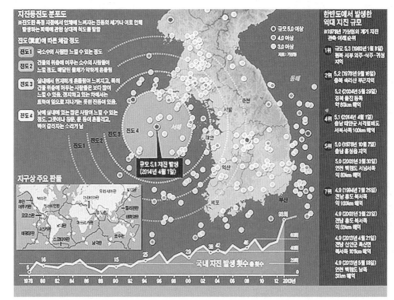

2. 지진 다발과 원자력발전소

1) 원전건설과 사고위험[10]

1986년 4월 26일 구소련 현재 우크라이나 체르노빌에서 원전이 폭발해 20만 명 이상이 방사선에 피폭되고 25,000명 이상이 사망했다. 현재도 방사성 유출이 우려되어 새로운 돔 건설을 서두르고 있지만, 향후 100년 이상 이 지역에는 인간

발표대회자료, 2014년 5월 17일, p. 10.

10) 이연,「글로벌 위험사회에 있어서 한·일 언론보도 시스템의 비교」, 한국언론학회봄철학술 발표대회자료, 2014년 5월 17일, pp. 8~9.

이 살 수 없는 위험한 폐허지역이 되고 말았다. 우리나라도 원전의 안전지대는 아니다. 2011년 3·11 일본 후쿠시마 원전 사고와 함께 북한의 4차 핵실험 위험 등으로 한반도 및 그 주변에서 원전이나 방사성 물질의 위험은 계속 확산되고 있다. 게다가 중국도 화산 분출 가능성이 높은 백두산 인근에 원전건설을 계획하고 있음에 고려하면 한반도를 둘러싼 핵물질 위험현상은 점점 더 커져간다고 할 것이다. 특히, 중국은 원전 운영 경험이 짧고 정보 소통도 제대로 이뤄지지 않고 있는데다가, 인접한 지역이기 때문에 사고가 난다면 방사성 물질이 곧바로 한반도로 날아올 수 있어서 문제가 매우 심각하다고 하겠다. 전문가들은 만약 중국에서 일본 후쿠시마와 유사한 원전사고가 발생한다면 24시간 이내에 한반도가 직접적인 영향권에 들어 갈 것으로 보고 있다. 현재 중국에서 원전이 있거나 건설되고 있는 랴오닝(遼寧) 반도의 다롄(大連), 산둥(山東)의 옌타이(煙臺)와 칭다오(靑島) 인근 지역은 황사가 우리나라로 직접 건너오는 길목이기도 하다.

가장 심각한 문제는 중국이 원전을 추가로 건설하려고 하는 지역이 백두산 인근으로 지진 발생 및 화산 분출 가능성이 매우 높은 지역이라는 점이다. 실제로 2002년 6월 중국 지린(吉林) 성 왕칭(汪淸) 현 지하 566km에서 리히터 규모 7.3의 강진이 발생한 후 백두산 일대에서는 미세한 지진이 전보다 10배 가까이 잦아지고 있다. 현 시점에서 백두산 화산이 언제, 어디서 어떤 규모로 분화할지는 누구도 예측하기 어려운 상황이다.

중국은 2011년 후쿠시마 원전 폭발 이후 신규 원전건설을 일단은 중지했다. 하지만, 다음 그림과 같이 현재 운전 중인 13기, 건설 중인 27기에 이어 추가 건설을 검토 중인 188기를 합한다면 장래에 중국의 원전은 모두 228기나 될 전망이다. 만약 이들이 모두 건설된다면 중국 남부 저장 성에서 동해안을 따라 산둥 성을 거쳐 북한 인근인 랴오닝, 지린, 헤이룽장(黑龍江) 성까지 거대한 원전 띠를 이루게 된다. 여기에 일본 원전 69기(건설계획 포함)를 합치면 20년 뒤에는 약 300여 기의 원전이 한반도를 '핵의 고리(Ring of Nuclear)'처럼 둘러싸게 된다.[11] 여기에다가 북한의 핵실험 및 원전관리 부실, 그리고 한국의 잦은 원전 고장 등은 우리를 원전 위험으로부터 더욱 불안하게 하고 있다.

---

11) 『동아일보』, 2011년 4월 5일자.

▌ 그림 7-2 ▌ 원자력발전소 건설현황

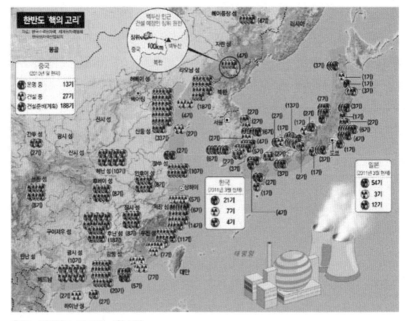

출처: 동아일보, 2011년 4월 5일.

2) 일본의 원전 위험도 '탑 10곳' 모두 한국 동해안쪽으로 위치

일본 내 원자력발전소 50기 중 사고 위험도가 가장 높은 원전 10기가 모두 일본의 서쪽, 즉 동해 바다에 접한 쪽에 몰려 있는 것으로 나타났다. 2012년 6월 28일자 아사히신문이 초당파 국회의원으로 구성된 '원전 제로회'가 전국 50개 원자력발전소의 위험도 순위를 매긴 결과를 보도했는데 그 순위에 따른 결과다.[12] 일본 정부 산하 '종합자원에너지조사회 기본문제위원회' 소속 전문가들의 의견을 종합해서 원전의 가동기간과 원자로의 형태, 내진성, 지반 상태 등을 종합적으로 평가해 순위를 낸 것이다. 그 결과 간사이(關西)전력 산하 후쿠이(福井県)현의 오이(大飯)원전 1호기와 2호기가 공동 1위로 가장 위험한 것으로 평가됐다. 이들 원전은 가동을 시작한 지 이미 30년이 넘었으며 지반도 위험한 것으로 조사됐다. 3위는 니혼원전 산하 쓰루가(敦賀) 1호기(후쿠이 현), 4위가 간사이 전력 산하 미하마

---

12) 『동아일보』, 2012년 6월 28일자.

(美浜) 원전 2호기(후쿠이 현), 5위는 미하마(美浜) 원전 1호기, 6위는 미하마(美浜) 원전 3호기, 7위는 간사이 전력 산하 다카하마원전 1호기(후쿠이현)와 주고쿠(中國) 전력 산하 시마네(島根) 원전 2호기였다. 또 9위는 다카하마원전 2호기와 시마네 원전 1호기였다. 위험도 9위까지의 총 10개 원전이 모두 한국의 동해 쪽에 몰려 있다. 위험도가 높은 원전이 간사이 전력 산하에 많은 것은 30년 이상 된 원전이 많기 때문이다.[13] 그 뒤는 주부(中部)전력 산하의 하마오카(浜岡) 원전(시즈오카현) 3, 4, 5호기가 이었다. '원전 제로회'는 동일본대지진 당시 피해를 본 후쿠시마 제1, 제2원전과 오나가와(女川) 원전, 주에스오키(中越沖)지진 때 피해가 난 니가타 (新潟)현의 가시와사키 가리와 원전 등과 함께 위험도 상위의 원전부터 폐기하도 록 정부에 요구하기로 했다. 또 '원자력 폐로 조치청(原子力廢爐措置廳)'을 신설해 원자로 폐쇄와 기술 개발을 전담하도록 제안하기로 했다.

┃ 그림 7-3 ┃ 일본 위험 원전 10위

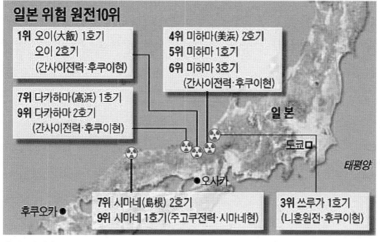

출처: 동아일보

만약, 이들 원전에서 실제로 사고가 발생할 경우, 2011년 3월 후쿠시마 원전 사고 때보다 우리나라에 미치는 피해가 훨씬 더 클 것으로 예상된다. 후쿠시마

---

13) 『조선일보』, 2012년 6월 28일자.

원전 폭발 사고의 경우 해류가 주로 북동 방향으로 흘러 태평양 쪽으로 흘렀지만 난류와 한류가 서로 뒤섞이면서 발생하는 와류(渦流)는 우리나라와 마주보고 있어서 우리나라 쪽으로 흐를 수도 있다. 따라서 일본과 한국 사이에 있는 마주보고 있는 동해에 방사성 물질이 흘러든다면 우리나라에도 심각한 영향을 줄 가능성이 있다. 따라서 이에 대한 대책이 시급한 실정이다. 일본 정부가 원전 제로를 외쳤지만, 아베정부는 결국 3개의 원전이나 재가동에 들어간 상태다.

3. 한국 원전의 잦은 고장과 안전운행의 불신

1) 34년 된 고리 1호기 비상발전기 ··· "교체 안 해도 돼" 했다가 사고

(1) 원전 발전기 총 42대 중 18대가 20년 넘어 ··· 정밀진단 시급

한국수력원자력원이 원전의 고장 점검을 제대로 하고 있는지 국민은 불안하다. 정기 검사까지 받은 발전기가 작동이 잘 안 돼 이해가 안 된다. 2007년 원전 수명 연장 때 바꿨으면 이런 사고는 없었을 것이다. 다음은 국내 원전의 비상디젤발전기 설치 현황이다.[14]

▎그림 7-4 ▎ 비상디젤발전기 설치 현황

출처: 조선일보

2) 부산 고리원전 1호기 12분간 대 정전

2012년 2월 9일 8시 34분부터 약 12분간 고리 원전 제1호기에서 대정전 블랙

---

14) 『조선일보』, 2012년 3월 16일자.

표 7-3 국내 원자력발소의 비상디젤발전기 설치 현황

호기	수량	설치연도
고리1	2	1978
고리2	2	1983
고리3·4	4	1985/1986
신고리1	2	2011
영광1·2	4	1986/1987
영광3·4	4	1995/1996
영광5·6	4	2004/2005
울진1·2	4	1988/1989
울진3·4	4	1998/1999
울진5·6	4	2004/2005
월성1	2	1983
월성2·3·4	6	1997/1998/1999
총 21 (시운전 2기 제외)	42	

아웃(station blackout)이 발생해 하마터면 큰 재앙으로 이어질 뻔 했다. 이는 35년 된 노후 비상디젤발전기가 사실상 수명이 다해 작동하지 않은 것이다. 전문가들은 5년 전 고리1호기 수명 연장 시 미리 교체했다면 막을 수 있었던 사고라면서 다른 원전의 비상디젤발전기에 대한 전면 정밀조사가 필요하다고 했다.15)

국내 최초의 부산 고리원전 1호기는 2007년 30년간의 운전을 마쳤으나 정부의 안전점검을 거쳐 10년간 연장운전에 들어갔다. 당시 운영사인 한국수력원자력(한수원)은 장기부터 심장까지 다 교체했다고 했지만, 이번에 문제가 된 비상디젤발전기는 '성능에 문제가 없다'며 바꾸지 않았다. 당시 한수원 안팎에서는 교체하자는 의견이 많았다. 그러나 고리원전 1호기 폐기론자들은 30년 넘은 비상디젤발

---

15) 『조선일보』, 2011년 3월 16일자.

전기를 안전성 문제로 폐기를 주장했다. 그러나 한수원은 고리원전 1호기의 블랙아웃은 비상발전기 밸브에 들어간 이물질 때문이라고 밝혔다. 이 물질로 인해 밸브가 열리지 않아서 발전기 엔진에 시동을 걸 압축공기가 들어가지 못했다는 것이다. 보통 비상발전기에는 밸브가 두 개 이상 설치돼 있어 한 개가 고장나도 대체할 수 있다. 하지만 고리 1호기 제품은 설치한 지 34년 된 구식 모델이어서 밸브가 하나밖에 없었다.

한수원은 2017년까지 10년간 수명연장을 위해 290억 원의 예산으로 비상디젤발전기를 교체한다는 계획을 세웠다. 그러나 안전성을 이유로 고리1호기의 더 이상 수명연장은 있을 수 없다는 의견이 전문가들 사이에서도 팽배했다. 앞의 표에서도 보았듯이 현재 국내에는 모두 21기의 원자로가 가동 중이다. 원자로 1기마다 2대씩 비상디젤발전기가 있다. 이 중 고리원전 1호기를 포함해 설치한 지 20년이 넘은 게 18대나 된다. 그런데 한수원의 정기검사나 2013년 정부의 정밀 안전 진단까지 받은 비상발전기가 작동하지 않았다면 그동안 검사가 제대로 이루어지지 않았다는 증거다. 일본 후쿠시마 원전 사고 당시에도 지진 직후 13대의 비상발전기가 모두 돌아가고 있었다. 우리나라 원전은 후쿠시마 원전사고 이후 정밀 점검을 했는데도 비상발전기가 작동하지 않는다는 것은 도무지 이해가 되지 않는 것이다.

후쿠시마 원전의 비상발전기는 지진 직후에도 정상가동 됐지만, 이후 쓰나미가 덮치면서 냉각수 공급용 해수 펌프가 침수되면서 1대를 빼고는 모두 작동불능에 들어갔다. 쓰나미에 대비하려면 울진1·2호기에 있는 것과 같은 공랭식 비상발전기로 교체해야 한다. 수랭식 발전기는 바닷가에 있는 펌프가 냉각용 바닷물을 퍼 올려야 하는데, 쓰나미가 닥치면 펌프가 잠겨 발전기까지 무용지물이 된다는 것이다.

당시 김황식 국무총리는 원자력발전소 운영에서 안전 문제는 어떤 것과도 바꿀 수 없는 핵심적 요소라고 하면서 고리원전 정전 사고의 진상을 명확하게 규명해야 할 것이라고 강조했다. 원전 사고에서 가장 큰 문제는 전력이 끊기면 냉각장치를 가동하지 못한다는 것이다.

고리원자력발전소는 국내에서 가장 오래된 데다가 수명을 넘기고도 계속 운행 중인데, 만약 발전소에서 방사능 누출 사고가 발생한다면 직접적 피해를 입는 반경 30㎞ 이내 거주민은 부산 시민을 포함해 무려 343만 명에 이른다.[16]

고리원전이 있는 부산을 포함한 한반도 남동지역은 원전밀집도가 최고이고, 원전 근처의 인구밀도도 세계 최대 수준이라고 한다. 이와 같은 상황에도 불구하고 방사능 사고에 대비한 한국의 방재계획은 상당히 실효성이 떨어지고 국제적 기준에 미흡한 것이 원전이라면, 원전 또한 잦은 고장과 함께 국제적인 기준에도 미흡한 수준이다.

3) 원전사고의 은폐와 대형 참사

한수원은 이번 고리원전 1호기의 전원이 12분 동안 끊긴 사실을 한 달 넘게 은폐했다. 이것은 원자력 안전 관리 상의 중대한 허점으로, 대형 참사로 이어질 수 있는 심각한 사태다. 전원이 끊겼을 때 즉각 작동해야 할 비상디젤발전기 두 대도 움직이지 않았다. 최후 수단인 비상발전기마저 먹통이었다. 이는 비상사태에 대비해 이중 삼중의 안전장치를 갖추고 있다던 한수원의 말은 믿을 수 없게 되었다.[17] 지난해 일본 후쿠시마 제1원전의 폭발사고도 쓰나미에 침수된 뒤 비상발전기가 작동하지 않아 발생했다. 후쿠시마 사고 이후 우리 정부도 대통령 직속기구로 원자력안전위원회를 만들고 2015년까지 1조1000억 원을 투입해 안전성 강화 조치를 시행하고 있다. 그러나 고리원전 정전 사고에서는 사고발생 시 즉각 보고하는 시스템조차도 작동하지 않았다. 원자력안전법에 따르면 사고 발생 15분 이내에 원자력안전위원회에 보고해야 한다. 그럼에도 불구하고 한수원 최고책임자인 사장에게 보고되지 않았다. 김종신 사장이 사고를 안 것은 사고가 일어나고 한 달이 지난 3월 11일이었다. 이번 은폐의혹을 밝히는 데 결정적으로 기여한 인물은 부산시의회의 김수근의원으로, 14일 〈동아일보〉와의 전화 인터뷰에서 밝힌 내용이었다. 원자력안전위원회도 역시 한 달 넘게 아무것도 모르고 있는 상태였다.[18]

---

16) 『뉴 시스』, 2011년 3월 16일자.

17) 『동아일보』, 2012년 3월 15일자.

18) 『동아일보』, 2012년 3월 15일자.

다행히도 이 정전 사고 때 원자로는 정비기간이어서 멈춰 있었고, 12분 만에 전원이 복구되었기에 행운이었지, 자칫 잘못하면 엄청난 사고로 이어질 수 있는 일이었다. 일본의 후쿠시마원전 폭발도 고리원전과 마찬가지로 정전 후 전원연결을 복구하지 못해 일어난 폭발 사고였다. 우리는 그동안 후쿠시마 원전 폭발을 지켜보면서 원전사고에 대한 방재계획을 나름대로는 세워왔지만 그다지 달라진 것이 없었다. 게다가 잦은 고장과 불량품 교체 등 원전의 고질적인 비리행태는 좀처럼 척결되지 않고 있는 상태였다. 그럴수록 우리는 더욱 더 원전관리를 철저히 하여 투명한 보안시스템으로 국민들부터 사랑받는 원전으로 거듭 태어나야 한다. 그동안 중동지역의 원전진출에서 보았듯이 대한민국의 원전기술은 세계로 뻗어나가는 국력의 원동력이 되어야 할 것이다.

제<big>8</big>장

대형 재난발생 사례 연구

제8장 >>>

대형 재난발생 사례 연구

2011년 7월 27일 수도권 아침에 물 폭탄

(1) "차가 둥둥 … " "강남·서초구 정전 … " 방송보다 빠른 'SNS의 힘' 폭우 피해상황 실시간 중계사고 예방 안전수칙도 전파 … 공연취소·지연 속보도 속속 '물 폭탄' 맞은 대한민국 구한 작은 영웅(서울경제, 2011. 7. 27)

(2) 무너진 강남 자존심 … 수해피해 3대 미스터리. 26일과 27일 이틀간 수도 서울을 강타한 폭우로 대한민국 최고 부촌인 서초구의 수해 피해가 가장 심각(헤럴드경제, 2011. 7. 28)

(3) 세계적 수준을 자랑하는 통신망마저 불통사태. EBS도 방송사 사상 초유의 산사태 피해를 입었다. 폭우에 힘을 발휘한 것은 SNS였다. 네티즌은 트위터나 페이스북 등의 SNS로 피해정보나 구조요청 신호 등을 공유하며 정부나 관계 기관보다 피해대응에 신속한 움직임(아이스 뉴스, 2011. 7. 27).

(4) EBS는 27일 오전 서초구 우면산에서 발생한 산사태로 인근 방송센터에 토사가 유입돼 라디오, TV 방송을 중단했다. 매일 오전 8시부터 2시간동안 진행되는 EBS 라디오 '모닝 스페셜'이 이날 방송 시작 50여분 만에 중단(아이스 뉴스, 2011. 7. 27).

(5) 대한민국 최대 번화가, 강남역 사거리 '흙탕물 바다'로, 시간당 86mm에 속수무책
 – 깔대기 모양의 저지대, 역삼·논현동 하수 모여들어 … 3년 전부터 하수관 확장 중
  삼성 사옥도 당했다 – 호수 위의 섬처럼 고립 10분 출근길이 40분 걸려 … "아예 헤
  엄쳐서 출근했다."
  27일 폭우는 서울 강남역사거리를 순식간에 마비시켰다(조선일보, 2011. 7. 28).
(6) 27일 서울지역을 강타한 폭우로 하천이 범람하고 사람이 매몰되는 초유의 물난리. 강
  북지역은 강남에 비해 피해가 적었다. 강북지역이 상대적으로 안전했던 가장 큰 이유
  는 시간별 최대 강수량 때문. 서울 관악구는 오전 6시부터 9시까지 3시간 동안 202mm
  의 폭우가 쏟아져 최고 기록. 오전 6시부터 9시까지 3시간 동안 서초구에는 161mm, 강
  남구에는 142mm의 폭우가 집중됐다. '물 폭탄'이라 할 정도로 쏟아 부은 것(조선일보,
  2011. 7. 28).
(7) 27일 오전 대치역 주변에 시간당 100mm가 넘는 기록적인 폭우로 인해, 강남구 대치사
  거리를 지나던 차량들이 침수되어 앞 유리창이 겨우 보일 정도다(연합뉴스, 2011. 7. 27).
  이번에 서울에서 가장 비가 많이 내린 곳은 관악구로 시간대별 강우량은 113mm의
  기록량을 보이고 있다. 이 일대에 장대비가 내리기 시작한 것은 지난 26일 오후 5시부
  터였다.

❚ 사진 8-1 ❚ 강남구 대치동 폭우 현장

출처: 연합뉴스

사례 2	우면산 산사태와 복구

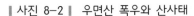

┃ 사진 8-2 ┃ 우면산 폭우와 산사태

출처: 아이뉴스.

2011년 7월 26일 오후부터 내리기 시작한 비로 26일 오후 4시 35분쯤 서대문구 남가
좌동 흥남교 교각 아래에서 폭우에 고립된 박모씨 등 시민 16명이 사망하는 사고가 발생
했다.

이번 중부지방에 내린 집중 호우로 가장 큰 피해를 입은 곳은 강남 지역과 우면산 산사
태다. 27일 오전 8시 50분쯤 우면산에서 쏟아져 내린 토사로 인해 인근의 형촌마을 60가
구 가운데 우면산 자락 쪽 30가구가 고립되었다. 고급 주택가인 형촌마을은 길을 사이에
두고 각각 30가구로 나눠져 있다. 우면산 내 형촌마을은 크고 작은 계곡 10개가 합쳐져
산사태와 물 피해까지 겹쳤다. 우면동 EBS 방송센터도 침수가 되어 라디오의 정규방송이
중단되는 초유의 사태가 벌어지기까지도 했다. 이번 산사태로 우면산 터널과 요금소 사이
의 도로 50m가 흙으로 뒤덮였고, 우면산 다른 쪽 방배동 남태령 전원마을에도 토사가 덮
쳐 전원마을 20여 가구가 토사에 묻히면서 여러 명의 사망자가 발생했다.

이번 산사태로 강남과 우면산 인근 아파트 2천 가구가 정전되고, 2만5천여 가구가 단수
되었다. 가축 12만9천870여 마리가 죽는 등 농가와 축산 농가의 피해도 컸다. 고속도로와
국도 등 도로 261곳과 철로 18곳이 유실되는 등 공공시설 피해도 많았다. 피해규모도 서

초구와 경기 양평군. 강원 화천군은 피해금액이 351억 원에 달했다. 마침내 정부도 8월 19일 서울 서초구와 경기 양평군. 강원 화천군을 특별 재난지역으로 선포했다.

서울시도 발 빠르게 TF팀을 구성하고 복구에 나섰지만 여러 가지로 문제점이 제기 되기도 했다. 서울시립대 토목공학과 이수곤 교수에 의하면 정확한 원인파악이 안 된 채 복구에 임했다는 지적이다. 특히, 이 교수는 재작년 산사태 때문에 산림조합중앙회가 복구공사를 했는데 작년에 산사태가 또 났다며. 정확한 원인 규명과 함께 공사를 진행해야 한다고 주장했다.[1] 특히 이 교수는 홍콩과 이탈리아처럼 산사태 전문 기관을 정부 차원에서 만들어 통합적으로 대처해야 한다고 주장한다.

사례 3 구미 불산 유출사건

2012년 9월 27일 구미국가산업단지에서 불산(불화수소산)이 누출되는 사고가 발생했다. 사고가 난 공장에서 불과 1㎞ 인근에 떨어져 있는 구미시 산동면 임천. 봉산리 주민들은 정신적. 육체적 고통에 시달렸다. 마을은 황폐해지고 수확을 앞둔 포도, 멜론, 대추 등의 농작물은 말라 죽어가며 가축까지도 위험에 노출되어 있었기 때문이다. 정부는 불산(弗酸)가스의 누출사고 발생 1주일이 되어서야 대통령에게 보고하는 등 사고발생 11일 만인 8일이 되어서야 특별재난지역을 선포하게 된다. 지역주민들은 정부가 사실상 사고수습책임을 해당 지자체에 떠넘긴 게 아니냐고 비판하기도 했다. 정부가 늑장대응 하는 사이에 주민 피해는 걷잡을 수 없이 확산되었다. 특히. 불산의 맹독성 때문에 지역주민 수백여 명이 피신하기도 했다. 포도나 농작물이 말라 죽고 가축들에게도 이상 증세가 나타났다. 이 사고로 5명이 죽고, 18명이 부상. 3000여 명이 병원 치료를 받기도 했다. 불산 성분은 빗물과 함께 땅속에 스며들어 토양과 지하수. 주변 하천을 오염시킬 위험성이 크다. 이에 주민들은 불안감에 휩싸여 집단소송 움직임까지 보였다. 아무튼 이 불산 사건을 계기로 제조업체에 대한 화학물질의 관리강화를 서둘러야 할 때다.[2]

1) 『조선일보』, 2012년 3월 9일자.
2) 『뉴 시스』, 2012년 9월 27일자.

이번에 누출된 불화수소산(hydrofluoric acid, HF)은 실온에서 기체 상태로 존재하며 공기보다 가벼워 빠른 속도로 확산되는 특징을 갖고 있다. 불산은 발암성 물질은 아니지만, 부식성이 강하고 세포조직을 쉽게 통과하므로 들이마시거나 닿았을 경우, 폐조직과 피부, 점막 등을 손상시키고 뼈를 녹일 수 있는 위험한 독성 물질이다. 경북대 김길수 교수는 "불산은 노출허용농도가 낮은 저농도에서도 각종 증상이 나타날 수 있어 매우 위험한 물질"[3])이라고 말하면서 이러한 이유로 학교 실험실에도 거의 없을 정도라고 했다.

┃ 사진 8-3 ┃ **불산유출과 피해포도**

출처: TV조선

TV조선에 의하면, 포도밭의 포도는 손으로 가볍게 흔들자마자 포도 알이 우수수 떨어지고, 잎은 말라 비틀어졌으며 수확을 포기한 포도는 썩어가기 시작했다. 동네 마을 슈퍼마켓의 생수는 동이 났고, 지하 150m 퍼 올리는 지하수 물탱크에는 '알칼리 이온수기'가 새로 설치돼 산성인 불산을 중화시키고 있었다.[4])

---

3)『뉴 시스』, 2012년 9월 27일자.
4)『TV조선』, 2012년 9월 28일자.

사례 4	세월호 참사와 재난보도

1. 사고의 발생

세월(Sewol)[5]호는 2014년 4월 16일 오전 8시 50분경 전라남도 진도군 조도면 부근에서 침몰하였다. 이 참사로 탑승자 476명 중 172명이 구조되고 304명이 사망 또는 실종되었다. 세월호에는 단원고 학생 325명과 교사 14명, 일반인 104명, 선원 33명이 탑승해 있었다. 왜 이런 끔찍한 사고가 발생했는지 이 사고의 원인과 초동대응 및 구조 활동 등에 대해서 소상하게 문제점들을 분석해 보고자 한다. 나아가서 왜 신속한 구조가 이루지지 않는지 누구의 책임이 가장 무거운지 등에 대해서도 밝혀보고자 한다. 마지막으로 이런 해난사고를 줄이기 위해서는 어떤 노력이 필요한지에 대해서도 언급해 보고자 한다.

세월호의 침몰참사는 4월 16일 오전 8시 50분경 전라남도 진도군 조도면 부근 해상에서 청해진 해운소속 인천 발 제주행 여객선 세월호가 전복되면서 일어난 침몰사고다. 세월호는 4월 18일에 완전히 침몰하게 되는데, 탑승객 476명 중 304명이 희생되는 끔찍한 사고였다. 세월호는 차량 180대와 화물 1157톤이 실려 있는 과적선이었으나, 세월호는 침몰 징후가 나타난 후 무려 2시간 가까이나 제대로 초동대응을 하지 못한 선장과 선원, 그리고 늑장 대응한 해경의 책임도 피할 수는 없을 것이다.

2. 사고의 원인

세월호의 침몰사고 원인을 정확하게 판단하기는 어렵지만 여러 가지 일들이 한꺼번에 복합적으로 얽혀 있는 것 같다. 우선 직접적인 원인은 ① 선체의 결함이나 무리한 구조변경 ② 선체 결함에 따른 과적에 의한 복원력 저하 ③ 항해도중 급격한 변침(變針), 즉

---

5) 세월호(世越號)는 1994년 6월 일본 나가사키(長崎)의 하야시카네 선거(林兼船渠)에서 건조한 여객·화물 겸용선으로 일본 마루에이(Ⓐ) 페리 사에서 '페리 나미노우에'(フェリーなみのうえ波之上)라는 이름으로 18년 이상 가고시마(鹿児島)~오키나와 나하(沖縄那覇) 간을 운항하다가 2012년 10월 1일 운항을 끝으로 퇴출했으나, 직후 청해진해운이 중고로 도입하여 개수 작업을 거친 후 2013년 3월부터 인천-제주 항로에 재투입 운항하게 된다. 세월호의 이름은 처음에 '세상을 초월하다'는 뜻의 '世越'로 알려졌으나 2015년 기독교복음침례회 측은 TV조선에 반론 보도를 통해 '흘러가는 시간'을 뜻하는 세월(歲月)이라고 밝혀졌다. 여객 정원은 921명에 차량 220대를 실을 수 있으며, 21노트의 속도로 최대 264마일을 운항하는 것으로 알려졌다. 세월호는 2013년 1월 15일부터 인천과 제주를 잇는 항로에 투입돼 주 4회 왕복 운항했다.

방향전환에 따른 복원력 저하 ④ 세월호의 항해를 허가해 준 해양관리부서의 책임 또한 적지 않다. 즉, 세월호의 안전검사나 운항관리 등을 사전에 좀 더 세심하게 점검하지 못한 책임도 크다. ⑤ 또한, 세월호는 무리한 선체 개조로 복원력 테스트가 2차 때나 가서야 가까스로 통과할 정도로 복원력 테스트가 취약한 환경이었다. 그런데 어떻게 통과할 수 있었는지도 의문이다. ⑥ 운항과정에서 수화물들의 고정 장치의 미비 ⑦ 사고해역 주변에서의 예정항로 이탈 및 항해사의 자격 시비 등도 그 원인이라고도 말할 수 있다.

3. 사고발생 전후의 부실대응

① 여객선은 승하선하는 도항자의 명부를 철저하게 작성에서 관리해야 하는 데도 불구하고 정확한 도항자들의 승하선 관리를 제대로 체크하지 못했다.

② 당국은 선체구조변경이나 안전검사 등에 대한 관리감독도 부실했다. 즉, 선박운항에 있어서 안전불감증에 대한 근본적인 점검이 필요하다고 하겠다. 왜냐하면, 결국 안전점검으로 시스템 상의 사고를 미리 예방할 수 있기 때문이다.

③ 재난발생 시는 신속한 긴급구조체계가 인명을 구출할 수 있다. 그러나 세월호가 갖추고 있었던 위기관리시스템이나 해양경찰청의 긴급대응체계는 현장지휘체계 및 늑장대응 등 많은 문제점들이 노출 되었다.

④ 가장 책임이 심각한 문제는 세월호의 선장이나 선원들의 긴급대피명령 부재이다. 배가 복원력을 잃고 급격하게 기울어 가고 있는 상태에서도 긴급대피명령을 하지 않았다. 만약, 승객들에게 갑판 위로 탈출하라고 선내방송이라도 내렸더라면 전원 구출할 수 있었으리라고 본다. 선장이나 선원들의 초동대응에도 큰 문제가 있었다. 평소에도 긴급사태를 상정해 긴급대피훈련이나 매뉴얼대로 대응훈련에 나섰더라면 이렇게 세월호가 피해를 입지는 않았을 것으로 본다.

⑤ 세월호 참사의 근본적인 원인은 우리 국민 모두가 안전 불감증에 있다고 보고 끊임없이 안전에 대한 교육과 훈련, 그리고 책임의식을 가지게 하는 것이 가장 중요하다고 하겠다.

⑥ 세월호의 사고발생에서부터 신고접수 및 초기대응, 그리고 인명구조 작전 등에 이르기까지 해양경찰청과 관계 당국의 부실대응도 문제로 등장했다.

4. 재난보도의 문제점

재난발생 시 언론은 재난피해를 최소화하기 위해 '재난보도(disaster reporting) 3원칙'을 준수해야 한다. 즉, 재난보도에 있어서는 인명이나 재산피해 및 인권, 프라이버시 등 재난피해를 최소화하기 위해 무엇보다도 ① 신속·정확의 원칙(quickness and accuracy) ② 피해자 중심(victim-oriented)의 원칙 ③ 인권보호(protection of human rights)의 원칙, 이 3원칙을 준수해야 한다. 그럼에도 불구하고 재난발생 시 가장 금기로 여겨지는 '오보'와 '허보'가 난무해 인명구조와 재난수습에 어려움을 겪게 되었다. 특히, 세월호의 경우는 "전원 구조"라는 오보가 재난대응에 최악의 상황을 초래하게 된 원인이 된다. 즉, 구조본부나 중대본(중앙재난대책본부) 설치가 늦어지는 등 신속한 재난대응에 큰 영향을 미치게 되었다. 당시 언론보도 내용을 종합해 보면 다음과 같다.

1) "전원 구조"라는 '오보'의 진원지

(1) 2014년 4월 16일 10시 25분경 단원고 행정실에 파견 나와 있던 고잔 파출소 김모 순경은 신원 미상의 어떤 학부모의 발언('2학년 1반 아이의 학부모인데 1반은 전원 구조됐다는 내용')을 듣고, 4층 강당 입구에 있던 파출소장(경감)에게 귓속말로 '어떤 학부모가 1반은 전원 구조됐다고 연락을 받았다고 한다. 사실관계를 확인할 필요가 있다'고 보고를 했다. 그러자 소장은 다시 10시 27분경 즉시 안산단원서 112종합상황실로 보고하게된다. 이때 경찰은 '전원 구조라고 하는 정보를 정확하게 확인해 보고' 할 책임이 있다.

(2) 경찰의 무전통화를 곁에서 듣고 있던 당시 단원고 행정실장은 2학년 1반이라는 소리를 듣지 못했는지 '전원 구조'라는 내용만을 확인해 학부모들에게 알렸고, 11시 6분경 '학생이 전원 구조 됐다'는 문자 메시지를 발송했고, 2분 뒤인 11시 8분경 교무실 직원이 '전원 구조' 문자를 다시 한 번 보낸 것으로 알려졌다. 당시 단원고 행정실장은 2학년 1반의 전원 구조라고 하는 정보를 확인하고 연락을 할 필요를 느껴서 알렸다고 한다.

(3) 경기도교육청 대책반도 16일 오전 11시 20분께 '단원고 학생이 전원 구조됐다'고 하는 문자메시지를 출입기자들에게 발송했다. 안산 단원고등학교 측도 학생과 교사 338명이 전원 구조됐다고 밝혔다. 그러나 이는 결과적으로 잘못된 정보로 오보였다. 경찰과 경기도교육청 대책반, 학교 측이 현장 상황을 정확하게 파악하지 못한 상태에서 '전원 구조'라는 기쁜 소식을 접한 나머지 정확한 검증 없이 보도하여 오보로 이어진 것 같다.[6]

(4) 세월호의 최초의 오보는 최민희 의원의 주장대로라면,[7] MBC가 최초로 오보를 낸 보도기관으로 알려져 있다. 그러나 MBC 측은 악의적인 주장이라며 반론을 제기하고 있

---

6) 『everynews』, 2011년 7월 9일자.
7) 『Ohym News』, 2014년 5월 21일자.

지만, MBC의 경우도 '스팟 뉴스' 보도직전에 다시 한 번 구조정보를 확인하는 검증시스템
이 부족했다는 비난을 면키는 어려워 보인다. 왜냐하면, 오보는 결과적으로 사고수습에 막
대한 지장을 줄 수 있기 때문이다. 의도하지는 않았겠지만 공교롭게도 참사당일 11시쯤
현장에 가장 먼저 도착한 기자가 목포MBC라는 점에서도 더욱 그렇다.[8] 당시는 거의 모든
언론사가 속보 경쟁에 매몰돼 검증 없이 '오보'나 '허보'를 내 심지어 기자들 사이에는 '기
레기'라는 자학적인 비판까지도 등장하게 되었다.

이상 당시 '오보'에 관한 내용들을 종합해보면, 흔히들 재난현장에서 나타나는 '유언비
어'나 '악의적인 정보유포'가 아니라, 학생들의 무사함을 학부형들에게 한시라도 신속하게
전달하고자 하는 과정에서 나타난 틀린 정보를 언론사들 또한 확인 없이 보도한 데에서
문제가 발생한 것으로 보인다.

2) 그 밖에의 재난보도의 문제점

(1) 우리나라는 과거 국정홍보처와 같은 정부를 대변하는 공식적인 부처가 없어서 공식
적인 대 언론창구가 없다. 따라서 사고발생 초기에는 안전행정부, 또는 중앙재난대책본부
에서 공식적인 사고대책을 발표하다가 나중에는 해안경찰청이나 해양수산부 등으로 옮겨
가면서 언론이나 국민들에게 설명하다 보니 구조에 관한 정보를 정확하게 전달하지는 못
했다.

(2) 해안경찰청의 브리핑은 사고 수습진행에 대한 공식적인 실무발표 정도에 그쳤다. 그
때문에 정부 대변인이 하듯이 수습상황을 국민들에게 자주 설명하고 이해를 구하고자 하
는 정부의 메시지가 충분히 전달되지 못했다. 언론은 신속한 재난보도를 위해서는 영상이
나 재난정보가 필요한데 정보 자체가 부족하다보니 스스로 무리하게 재난취재에 나설 수
밖에는 없었다고 본다. 게다가 외국과는 달리 재난 현장을 취재하는데도 숙련되고 노련한
베테랑 기자가 아니라 신참 기자들이 대거 취재에 나서면서 전문성이 다소 부족했던 것으
로 보인다.

(3) 재난발생 시 언론의 역할은 국민의 생명과 재산을 지키는 데 있다. 즉, 어떻게 하면
효과적으로 재난정보를 신속하게 전달하여 그 피해를 최소화할 수 있을까 하는 것이 재난
보도의 원점이다. 재난발생 이전에는 신속한 대피정보를, 재난발생 이후에는 피해를 최소
화 할 수 있는 응급재난정보를 전달해야 한다. 또한, 재난 이후에는 피해자들에게 재난을

---

8) 『한국기자협회보』, 2011년 5월 14일자.

극복할 수 있는 희망과 용기를 전달해 주어야 한다. 이때, 피해자들에 대한 재난정보는 어디까지나 피해자의 입장에서, 피해자 중심의 재난보도를 하는 것이 가장 중요하다. 그럼에도 불구하고 이번 세월호의 경우는, 피해자 중심 보도가 아니라, 시청자나 독자 중심의 보도가 많았다. 이는 재난피해에 격분하는 독자나 시청자들의 한풀이 분풀이로, 공분에 대한 카타르시스는 될지 몰라도 격앙되고 상처받은 피해자들의 심정을 어루만지는 데는 한계가 있다. 즉, 이러한 재난보도는 피해자나 구조자 측 간에 공분이나 갈등만 부추길 뿐 문제해결에는 전혀 도움이 되지 않는다. 특히, 이번 세월호 사고발생 초기에는 재난보도의 원칙이나 기본 패턴에도 맞지 않는 보도가 많았다.[9]

① "전원 구조" "선내 엉켜있는 시신 발견" "300명 구조" 등의 오보
② "인력·장비 총동원 구조 활동" "물량공세" "다이빙 벨" 등 검증 없는 재난보도
③ "사흘째 우왕좌왕 정부침몰" "생존자 숫자도 못 세는 정부"
④ 재난피해 규명과는 거리가 먼 유병언에 관한 과대한 보도 등

(4) "학생 전원 구조"라는 오보와 방송시간

앞에서도 언급했지만, '**학생 전원 구조**'라고 하는 잘못된 정보는 지상파나 거의 모든 종편들이 검증 없이 앞다투어 보도를 해 조기수습에 막대한 지장을 주는 계기가 되었다. 최민희 의원은 방송통신심의위원 자료를 인용해 '**전원 구조**'라는 첫 오보는 MBC라고 주장했다. 그러나 방심위 자료에 따르면, YTN의 보도도 오전 11시 3분으로 거의 동시에 이루어졌다. 또한 사고 상황을 가장 정확하게 파악했어야 할 도교육청이나 경찰, 단원고 관계자들이 입수된 정보나 소문을 정확하게 확인하지 않고 사실로 받아들여 퍼트린 것 또한 문제다. 특히, 언론사들이 '**소문**'이나 '**루머**' 같은 일종의 '**재난정보**'를 진실로 받아들여 '**언론보도**'로 활용한 게 오보를 키웠다고 할 수 있다. 여기서 중요한 것은 언론사가 각종 채널을 통해 입수한 '재난정보'를 확인이나 전문가의 검증 없이 언론에 보도하면 큰 문제가 발생한다는 점이다. 즉, '**재난정보**'와 '**재난보도**'를 착각해서는 안 된다. 재난정보는 재난을 수습하거나 재난당사자 간에 일어나는 긴급한 정보로 재난수습에 중요한 정보이고 '**재난보도**'는 재난정보를 넘어 공익차원에서 더 많은 시민사회의 안전을 지켜줄 수 있는 공표된 정보, 즉 반드시 정확한 보도, 진실된 보도여야 한다.

---

9) 한국언론학회 봄철학술발표대회자료, 「글로벌 위험사회에 있어서 한·일 언론보도 시스템의 비교」, 2014년 5월 17일.

| 사진 8-4 | 오보와 허보

표 8-1   지상파·종편·보도채널의 '학생 전원 구조' 오보와 정정시간

방송사	최초 오보시간	오보 보도형식	최초 정정시간
MBC	11:01	자막, 앵커코멘트, 기자리포트	11:24
YTN	11:03	자막, 앵커코멘트	11:34
채널A	11:03	자막, 앵커코멘트	11:27
뉴스Y	11:06	자막, 앵커코멘트	11:50
TV조선	11:06	자막, 앵커코멘트	11:31
SBS	11:07	자막, 앵커코멘트, 기자리포트	11:19
MBN	11:08	자막, 앵커코멘트	11:27
KBS	11:26	자막, 앵커코멘트, 기자리포트	11:33

출처: 방송통신심의위원회.

5. 바람직한 재난보도

세월호 참사가 우리에게 남긴 교훈은 여러 가지가 있다. 그 중에서도 미디어의 본래 기능인 '재난보도 기능'이 이처럼 중요한지를 우리들에게 새삼 일깨워 주었다. 대형 재난이 일어나면 각 사 모두 인적, 물적 자원을 투입하기 때문에 어느 정도의 취재 경쟁이나 과열이 있을 수는 있다. 그러나 우리나라는 '재난보도준칙'에 대한 교육은 물론, 재난전문 취재 인력조차 턱없이 부족한 상태다. 따라서 재난발생 시 가장 중요한 정확하고 신속한 재난보도는 물론, '오보'나 '허보', 미확인 보도 등에 대해서도 효과적으로 대처할 수 없게 된다. 이러한 관점에서 다음과 같이 바람직한 재난보도준칙에 대해서 몇 가지 방안을 제시하고자 한다.

1) 재난보도의 기능과 역할

재난보도의 기능에는 크게 세 가지 기능으로 ① **보도의 기능** ② **방재의 기능** ③ **부흥의 기능**이 있는데, 이를 단계적으로 균형 있게 보도하는 것이 바람직하다.

▌그림 8-1▐ 재난보도의 기능

재난보도의 특성
• 속보성·동시성
• 광역성·명해성(明解性)
• 소구성·내재성

재난보도의 기능
• 보도의 기능(재해정보, 피해정보, 추적정보)
• 방재의 기능(행동지시, 안부정보, 생활정보)
• 부흥의 기능(복구정보, 부흥정보)

재난보도의 의무규정
• 자연재해대책, 수방법
• 기상법, 민방위기본법
• 방송통신발전기본법
• 재난 및 안전관리 기본법

출처: 이연, 『위기관리와 매스미디어』, 학문사, 2006년, p. 292.

(1) 재난보도의 기능

재난보도의 본질은 재난의 규모나 크기, 피해 상황 등을 전달하는 단순한 ① 〈**보도의 기능**〉에만 그치는 것이 아니라, 불안이나 혼란 속에 빠진 국민들을 신속하게 대피시키고, 침착하게 대응하도록 안심시키는 안부정보, 생활정보 등도 전달하는 ② 〈**방재의 기능**〉도 수반한다.

또한, 재난발생의 문제점 등을 추적 보도하는 한편, 신속한 복구나 새로운 도시건설 등을 꾀하는 ③ 〈**부흥의 기능**〉도 충실히 보도해야 한다. 특히, 재난보도에 있어서는 이 3가지 영역 즉, ① **보도의 기능** ② **방재의 기능** ③ **부흥의 기능**이라고 하는 3가지 영역을 균형 있게 보도하는 것이 가장 중요하다. 이때 3가지 영역을 균형 있게 보도를 하지 않으면 문제해결에 어려움을 겪게 된다. 또, 이때는 무엇보다도 보도의 초점을 시청자 중심이 아닌 재난피해자의 입장에서 보도하는 것이 가장 바람직하다.

(2) 재난보도에서 가장 기본적인 보도태도는 어디까지나 피해자 중심으로 보도해야 한다는 것이다. 다시 말해서 재난보도는 시청자나 독자 중심의 재난보도가 아니라, 피해지역 중심, 피해자 중심의 재난보도가 되어야 한다.

(3) 재난발생 시 언론의 중요한 역할 중의 하나가 진실보도다. 재해 대책 본부나 정부기관의 공식발표라 하더라도 다시 한 번 철저한 자체조사를 통해서 진위를 검증한 후 오보가 없도록 유의해야 한다. 또, 유언비어나 괴담, SNS 등에 떠도는 미확인된 정보는 보도하지 않는다.

(4) 재난보도에 있어서 현장훼손이나 증거 인멸행위를 해서는 안 되며, 또 인명 구조나 복구 작업에도 지장을 주어서도 안 된다. 나아가서 언론보도가 사법부 재판에 부당한 영향이나 압력을 미치는 행위나 취재, 보도, 평론을 해서는 안 되며 포토라인도 지켜야 한다.

(5) 재난보도 시 어린이들의 건전한 인격형성과 정서함양에 지장을 주지 않도록 노력해야 하며, 폭력적이고 자극적인 내용으로부터 어린이를 보호해야 한다.

(6) 재난보도는 반드시 지속적인 추적보도가 필요하다. 대형사고가 일어나면 사고원인 분석에서 사태의 결말에 이르기까지 지속적으로 추적보도하며, 문제를 해결에 의해 교훈을 얻도록 노력해야 한다.

(7) 합동 취재반을 구성하여 방송국별 역할 분담이나 대표 취재로 방송하는 것도 고려해 볼 필요가 있다. 예를 들면 A, B, C 방송국의 경우, 방송국별 지역 분담 취재나, 보도내용의 분업화도 재난보도에는 상당히 효과적일 수 있다.

(8) 재해나 재난보도에 있어서 가급적 편중성, 중복성, 단순성을 피하여야 한다. 특히, TV방송은 손쉬운 단순한 화면의 반복이나 재방송 등으로 시청자들로부터 비난받아서는 안 된다.

(9) 취재기자들의 지나친 과열 경쟁이 벌어지지 않도록 재난현장 출입 문제는 자율적으로 규제되어야 한다. 기자뿐만 아니라, 관료나 자원봉사자들의 방문도 재해나 재난복구에 장애가 되어서는 안 된다.

(10) 기자가 재해나 재난 정보를 취재할 때 위험한 곳이나 위급한 상황에서 리포트하는 것은 삼가도록 한다. 부득이한 경우는 반드시 안전모나 안전장치를 착용한 후 취재를 하도록 한다.

(11) 사내에 가칭 「재난보도 위원회」(또는 프로그램 심의 위원회)를 구성하여 정기적으로 재난보도시스템을 점검하고 심의하며, 문제점을 개선해 나가는 자율적인 규제기구 설치가 필요하다. 자칫하면 소홀히 다루기 쉬운 인권이나 프라이버시, 초상권 침해 등에 대해서도 계속해서 유의할 필요가 있다.

(12) 재난을 극복하기 위해서는 언론사 스스로가 솔선해서 대국민 방재교육이나 재난교육, 시민교양강좌, 캠페인, 훈련 등을 하는 것이 필요하다.

2) 단계적인 재난보도

(1) 재난보도 매뉴얼 작성[10]

언론사들은 재난이 발생했을 때 바람직하고 효율적이며 신뢰받는 재난보도를 하기 위해서는 우선 〈재난보도준칙〉에 맞추어서 〈재난보도 매뉴얼〉을 잘 작성해 두어야 한다. 재난관리 담당자나 관리자도 이 매뉴얼을 잘 인지하고 있어야 한다.

둘째, 재난보도 매뉴얼 작성이나 재난대응 프로그램 작성 시 반드시 고려해야 될 사항은 '**방재(disaster prevention)의 3요소**'를 균형 있게 반영해야 한다. 즉, ① 신속한 대응(quick response) ② 정확한 현장분석(correct disaster spot analysis) ③ 체계적인 지휘시스템(systematic conduct system)을 반드시 고려하여야 한다는 것이다.

셋째, 재난보도 매뉴얼을 작성할 때 '**방재윤리(a disaster prevention ethic) 3원칙**'이 반드시 반영되어야 한다. 즉, ① 인명제일의 원칙(principle of saving human life first) ② 피해 최소화(principle of minimizing damage)의 원칙 ③ 복구최상(principle of maximum recovery)의 원칙이다.

이와 같은 원칙들이 잘 지켜질 때 재난 보도가 재난 방재에 기여하고 재난피해자들의 트라우마를 최소화할 수 있으리라 본다.

(2) 단계적인 재난보도

태풍이나 홍수 같은 풍수해나 기상재해의 경우는 재난 전개과정에 맞게 4단계로 나누어서 단계별로 보도하는 것이 바람직하다.

단계별로 ① 제1단계는 기상정보를 단순히 전달하는 단계
　　　　② 제2단계는 기상주의보 단계
　　　　③ 제3단계 피해 직전의 기상경보단계

---

10) 이연(2015), 『재난상황, 언론대응 및 수습과 홍보』, 국민안전처, pp. 82~83.

④ 제4단계 피해속출 단계로 구분해서 대응해야 한다.

그런데 2007년 '허베이 스피릿 호' 기름유출 사고의 경우는 이러한 단계적인 보도과정 등을 무시한 보도가 이루어졌다. 이 해난 사고 보도의 문제를 몇 가지 측면으로 나누어 살펴보면 다음과 같다.

(3) 기상재해(풍수해 포함)나 해양재난보도에 있어서의 단계적 오류

① '허베이 스피릿 호 기름유출 사고'의 경우, 우선 첫 보도 단계부터 잘못된 재난보도였다. 즉, 기상재해나 해양재난의 경우는 거의 사전 예측이 가능하기 때문에 보통 단계적으로 재난보도를 하는 것이 바람직하다. 그럼에도 불구하고 늑장대응이나 태안해역에 기름범벅이 되는 장면을 보고, 흥분한 나머지 침착하지 못하고 제1, 제2, 제3단계는 거의 무시된 채 곧장 제4단계 재난보도로 진입해 버렸다.

물론, 기름이 급속하게 확산되는 사고현장의 긴박성 때문에 진입단계가 바뀌더라도 사후에 뛰어넘은 제1, 제2, 제3단계에서 못다 한 재난보도는 다시 단계적으로 보충 보도를 해 주어야 한다. 그렇지 않으면 보도의 사각지대가 생겨 이후에 문제가 발생하게 된다.

＊결과적으로 '허베이 스피릿 호 기름유출 사고'의 경우 아직도 원인 규명이나 배상 보상이 해결되지 않고 있다.

(4) 해양재난에 대한 경보시스템과 매뉴얼 부재

① '세월호'의 경우 기상청이 사전에 인천이나 진도지역에 대한 정확한 기상주의보나 경보를 내렸더라면 선장이나 항해사의 무리한 항해로 인한 해난사고는 미연에 방지할 수 있었을 것으로 본다.

＊예, 이 지역을 항해하는 선박은 조심하세요: 일반적인 재난보도 패턴.

② 긴급재난발생 시 해양재난의 최고 지휘사령탑은 해양경찰청인데 당시 해양경찰청의 안이한 대처능력도 결코 이 사고로부터 자유로울 수 없다. 해양재난사고에서 가장 근본적인 문제로서 항해자와 구조처 간에 정보를 신속하게 서로 주고받을 수 있는 비상네트워크나 채널 부재가 화를 키운 면이 없지 않았다.

이상과 같이 세월호는 우리 국민들에게 엄청난 마음의 상처를 남겼다. 미국의 심리학자인 뉴 스쿨(The New School)대학 잭 사울(Jack Saul)[11] 교수는 이러한 국민들의 마음의

---

11) Collective Trauma, Collective Healing : Promoting Community Resilience in the Aftermath of Disaster Jack Saul (Director, International Trauma Studies Program/Professor, The New School

상처나 트라우마는 정부가 지속적으로 치유해 줘야 한다고 했다.[12] 그 예로 미국은 아직도 9·11 테러의 트라우마를 치유하고 있다는 것을 들었다.

사례 5 미국 질병관리본부의 메르스와 에볼라 대응

1. 미국의 질병통제예방센터(CDC: Centers for Disease Control and Prevention)의 조직과 역할[13]

‖ 사진 8-5 ‖ 미국 질병통제 예방센터

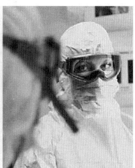

출처: http://www.cdc.gov(2016. 2. 16)

　미국의 CDC는 프랑스의 국립보건통제센터(INvS), 일본의 국립감염증연구소, 한국의 질병관리본부와 비슷한 역할을 하고 있다. CDC는 전염병대책본부와 보건위생본부, 비전염성질병 대책본부, 보건대책지원본부 등 크게 4개의 본부로 구성되어 있다. 4개 본부는 사스, 에볼라, 메르스 등 국가적으로 긴급하게 전염병이 확산되고 있을 때 신속하게 대응하기 위한 조직이다. 이처럼 CDC는 미국의 전염병에는 기민하게 대응하는 한편, 아울러 세

계의 전염병 퇴치를 위한 경찰역할도 선도하는 전위대 부대에 속한다.

　1946년에 말라리아를 퇴치하기 위해 설립된 CDC는 WHO보다도 2년 먼저 설치되었다. 현재 CDC에는 비정규직 지원까지 합쳐서 모두 15,000여 명 정도가 근무하고 있는데, 이들 중 3000여 명은 각 분야의 전문성을 검증받은 의사들로 구성돼 있다. 세계 최대 규모의 전염병 퇴치기구인 셈이다.

　CDC의 예산은 약 66억 700만 달러(약 7조 3300억 원) 정도가 된다. 산하 기구인 독성물질·질병등록(ATSDR) 프로그램까지 합치면 전체 예산은 113억 달러(약 12조 5000억 원) 선으로서 WHO의 연간 예산(40억 달러)의 약 3배에 가까운 수치다. 이러한 예산을 바탕으로 CDC는 미국에서 전염병 환자가 발생하면 24시간 이내에 역학조사팀을 파견한다. 역학조사팀은 메르스나 조류인플루엔자, 원숭이천연두 등 새로운 질병이 발생하는 곳이면 세계 어느 곳이라도 당사국의 요청이 있으면 24시간 이내에 역학조사관을 파견한다. 여기에 필요한 역학조사팀의 인력만도 300여 명이 넘는다. 2004년 중국에서 사스가 발병했을 때도 CDC는 사스의 정확한 진단방법과 치료방법을 세계에 전수하기도 했다.[14]

　2014년 10월 15일 에볼라 환자를 치료하던 간호사 2명이 양성 판정을 받자 CDC는 지금까지 주 정부와 보건기관에 일임했던 방역 대책을 그 순간부터 CDC가 주도하도록 국가 차원으로 격상시켰다. CDC가 컨트롤타워가 되면서 미국의 에볼라 사태는 발발 43일 만에 종료사태를 선언하게 된다. 에볼라는 감염 환자 11명 중 2명이 사망했지만 9명은 병원에서 치료를 받을 수 있었다. 중국도 2002년 미국의 CDC를 모방해 중국질병통제센터(CCDC)를 만들었고, CCDC는 현재 4000여 명이 근무하고 있다.

2. 미국의 메르스(MERS: 중동호흡기증후군) 발생과 긴급대응

　미국의 CDC는 2013년 7월부터 미리 메르스가 미국에 상륙할 것에 대비해 철저하게 게이트키핑을 실시했다. 즉, 메르스 감염 의심환자는 신속하게 격리 치료하는 한편, 메르스 감염에 대처하는 매뉴얼을 제작해 미국 전역에 있는 병원에 매뉴얼을 보내 철저하게 지키도록 했다. 이 매뉴얼은 2014년 5월 미국에서 처음으로 열흘 간격으로 메르스 환자 두 명이 인디애나 주와 플로리다 주에서 발생했을 때 큰 위력을 발휘하게 된다. 첫 메르스 의심환자가 들렀던 인디애나 주 먼스터의 한 지방병원은 신속하게 응급실이 아닌 격리 진료실에서 초동 진료를 하는 등 매뉴얼대로 처리했다. 그 후 의심환자에 대한 확진판정이

14) 『동아일보』, 2015년 6월 20일자.

나자 즉시 의료진 50여 명도 격리 조치시켰다. 그 결과 다행히도 2차 감염자는 나오지 않았다. 이와 같이 미국은 한국과는 달리 의료진이나 환자 가족 중 한 명도 메르스에 감염되지 않았고 환자들도 완치되게 되었다. 메르스 2호 환자는 플로리다 주에서 발생하게 되는데 당시 치료를 담당했던 전문 의사는 앤토니오 크레스포(Antonio Crespo) 박사다. 그는 플로리다 주에서 운영하는 7개 올랜도(Orlando) 병원 그룹 중에서 감염병 전문의로 담당 분야의 최고책임자였다. 그는 당시 상황을 다음과 같이 회고하고 있다.[15]

처음에는 우리도 몰랐다. 환자가 고열과 오한, 근육통 등으로 응급실에 실려 왔을 때 우리 의료진은 메르스라는 것을 생각해내지 못했다. 입원을 위해 대기할 때 입원 팀 간호사로부터 '최근 사우디아라비아에서 귀국했다'는 얘기를 들었다. 감염병 팀은 환자의 증상과 중동 여행 이력 등을 확인하고 바로 보건당국에 '메르스 의심' 신고를 했다. 처음엔 당국도 '가능성이 낮지 않겠냐.'라는 반응이었지만 절차에 따라 검사를 진행했다. 보건당국과 늘 정보를 교환하고 도상훈련을 실시했지만 한 번도 접해보지 못해서 실제로 감염병에 대처하기가 쉽지 않았다. 우리는 스스로 처음부터 병원 이름을 공개했고, CDC 및 주 보건당국과 협의한 후 곧 공동 기자회견을 열었다. 왜냐하면, 메르스에 관한 정보를 정확하게 밝히고 공개하는 것이 대중이 느끼는 공포의식을 최소화하고, 그것이 또한, 우리의 책임이고 공공의 이익이라고 판단했기 때문이다.

처음 며칠 동안은 방문 환자 수가 줄어들었지만, 메르스 정보를 투명하게 공개하자 기존의 환자나 지역 주민, 관광객들도 별일이 아니라고 생각을 바꾸게 되었다. 정부의 방역체계에 대한 믿음, 병원의 감염 통제능력에 대한 신뢰가 작용하기 시작했다. 주의하면 충분히 예방 가능한 질병이라는 점, 환자 상태, 접촉자에 대한 조치 등을 상세하게 설명하면서 알렸다. 우선 환자는 바이러스가 밖으로 흘러나가지 않도록 병실에 격리해 철저하게 치료했다. 당시 메르스는 치료약이 없었지만, 여러 항바이러스제를 섞어 투약하는 방법으로 증상을 완화시켰다. 환자가 응급실에 도착해 병실에 들어가기까지 접촉한 사람은 총 22명이었다. 이들은 모두 격리시켜 14일간 집에 머무르면서 하루 2회 체온을 검사하는 한편, 외부접촉을 일체 피하도록 관리하였다. 1호 환자를 치료한 인디애나 주 먼스터 커뮤니티병원도 완벽한 메르스 차단 사례로 꼽힌다. CCTV 영상 테이프나 병실출입 서명기록, RFID(무선주파수인식) 카드, 빅데이터 등을 통해 동선을 모두 파악해 철저하게 50여 명을 자택 격리한 것이 성공한 사례다.

---

15) 『중앙일보』, 2015년 6월 5일자.

3. 미국의 '에볼라 바이러스(Ebola Virus)' 퇴치

2014년 8월 서아프리카 라이베리아에서 에볼라 환자를 돌보면서 봉사활동을 하던 미국인 두 사람이 에볼라 바이러스에 감염되었다. 한 사람은 미국인 의사 켄트 브랜틀리(Kent Brantly) 박사이고 다른 한 사람은 낸시 라이트볼(Nancy Writebol) 씨이었다. 당시 에볼라는 마땅한 치료약이 없는 치명적인 감염병이었다. 미 선교 단체 소속인 브랜틀리 박사는 8월 2일 미국에서 치료받기 위해 최첨단 방역장치를 갖춘 미국의 특수 민간항공기편으로 조지아 주 도빈스 공군기지에 도착한 뒤 곧바로 구급차를 타고 애틀란타의 에모리대학(Emory University)병원으로 후송되었다. 나머지 한 명인 낸시 라이트볼 씨도 며칠 뒤 이 병원으로 후송되었다.[16] 미국이 외국에서 에볼라에 감염된 자국민을 본국으로 송환해 치료하는 것은 이번이 처음이었다. 8월 2일 켄트 브랜틀리 박사가 에모리 대학 병원에 입원한 이후 12월 31일까지 미국에는 총 10명의 에볼라 감염자가 치료를 받았다. 이 중 라이베리아 출신 토마스 에릭 던컨(Thomas Eric Duncan)과 시에라이온 국적의 의사 마틴 살리아(Matin Sallia)가 목숨을 잃었다. 그리고 브랜틀리 박사와 던컨을 치료하다가 연쇄 감염된 간호사 2명 등 총 8명이 치료를 받고 완치하게 되었다. 그 중에도실제로 미국인은 감염 4명에 사망 1명으로 나타났다.[17]

∥ 사진 8-6 ∥ 에볼라를 치료했던 켄트 브랜틀리 박사

출처: Today Health & wellness, Jul. 21, 2015.

---

16) 『연합뉴스 TV』, 2014년 8월 3일자.

17) 『Bloomberg News』, 2014년 8월 4일자.

그런데 당시에는 에볼라에 감염된 미국인 두 사람의 미국송환을 놓고 잠시 논란이 있었다. 과연, 이 두 사람을 미국으로 이송해서 치료받게 하는 것이 최선의 방법인가에 대한 논란이었다. 즉, 국가가 국민의 생명을 구해야 한다는 '의무' 조항과, 또한 건강한 다른 미국인에게 전염시켜서는 안 된다는 '의무' 조항을 동시에 지키려는 입장에서 상반된 주장들이 있었다. 다시 말해서 메르스에 감염된 미국인을 살리기 위해서는 최선의 노력을 다해야겠지만, 다른 한 편으로는 많은 사람들에게 바이러스가 감염될 우려가 있다면 두 사람의 미국후송을 반대한다는 의견이다. 포드 박스(Fodr Vox) 박사는 블룸버그 뉴스(Bloomberg News) 칼럼에서 '누가 에볼라 바이러스를 애틀란타로 초대했는가?'(Who Invited Ebola to Atlanta?)라는 주제로 다음과 같은 내용으로 주장을 펴고 있다.

에볼라 바이러스 감염인인 닥터 켄트 브래틀리가 라이베리아에서 애틀란타로 후송돼 에모리 대학병원에서 치료를 받고 있고, 또 다른 의료진 낸시 라이트볼 씨도 내일 애틀란타의 같은 병원에 후송된다는 사실에 걱정하는 사람들의 심정은 이해할 수 있다. 에볼라 바이러스가 미국에 퍼질 것에 대한 우려를 표명한 것이다. 두 사람은 라이베리아에서 에볼라 환자를 치료하다 감염된 미국인 의료진이기 때문에 최고의 치료를 받을 자격이 있다고 인정했다. 그러나 에볼라 바이러스에 감염된 두 사람을 인구 6백만 명인 애틀란타로 후송하는 결정을 최종적으로 누가 했는지는 대단히 중요하다. 그리고 그것은 책임 때문이다. 즉, 두 사람을 미국으로 귀국시켜 치료받게 하는 게 유일한 방법이었다면 라이베리아 현지보다 에모리 대학병원에서 치료를 받는 게 얼마나 효과적이라는 것인지에 대한 충분한 설명이 필요하다. 그리고, 최종결정은 민간재단이나 에모리 대학병원이 아니라 정부가 했어야 한다. 정부는 정확한 주체는 밝히지 않았지만, 논란이 있을 것이라는 것을 인식한 채 승인은 했고, 실행은 선교재단이 한 것처럼 보인다. 국가가 국민의 생명을 구해야 한다는 의무와 건강한 다른 미국인에게 전염시키지 않아야 된다는 의무를 동시에 지키려는 입장에서의 선택으로 보인다.

이러한 박스 박사의 의견에 다양한 댓글이 달렸다. ① 먼저, 다른 사람을 치료하기 위해 봉사활동을 하다가 바이러스에 감염된 미국인을 살리기 위해 최선을 다하는 것도 좋지만, 인구가 6백만 명이나 되는 애틀란타(Atlanta)에 바이러스가 감염될 우려가 있다면 두 사람의 미국 후송은 반대한다는 의견이 있었다.

② 또, 한편으로 지지 의견도 많았다. 에볼라 바이러스가 공기로는 전염되지 않고 환자의 피나 다른 체액에 직접 접촉했을 때만 감염된다. 미국질병통제국과 함께 치료와 연구

를 수행하는 에모리 대학의 격리병동은 바이러스 감염자의 격리가 철저한 곳이다. 따라서 두 사람이 미국에서 치료받는 것을 지지한다는 것이었다.

③ 마지막으로 에모리 대학병원에서 치료받게 될 두 사람은 미국국민이고, 정부는 국민이 건강상의 이유로 귀국하는 것을 막을 권한이 없다는 의견도 있었다. 누가 두 사람의 미국행을 결정했느냐가 중요한 게 아니라. 미국국민의 입국을 거부하는 게 인권위반이라고 지적했다. 미국은 다른 나라 국적인 환자의 입국을 거부할 수는 있지만. 최고의 의료시설을 갖춘 미국에서 미국국민이 치료받기 위해 입국하는 것을 거부한다면 그게 비양심적이라고 주장했다.

┃ 사진 8-7 ┃ 에볼라에 완치된 미국 간호사

아무튼, 입원 이후 이 두 명의 미국인 환자는 병세가 호전돼 회복세를 보이기 시작했다. 마침내 브랜틀리 박사는 완치되어 퇴원하게 되었다. 브랜틀리 박사는 모교인 인디애나 의대 졸업식에서 후배들에게 한 연설은 많은 미국인들을 감동시켰다. 그는 "의사의 책무는 환자의 고통을 함께 나누는 것이다."라며 "많은 사람들이 두려움 속에서 도망칠 때 의사는 환자 곁에 남아서 희망을 전해줘야 한다."고 연설했다.[18]

또한. 오바마 대통령도 2014년 10월 25일 에볼라 바이러스 완치 확정판정을 받은 니나 팸(Nina Pham)을 백악관으로 초청해 축하 인사를 건넨 후 그녀에게 포옹하면서 미국인을 안심시키고 있다.

---

18) 『rudgidtlsans』, 2015년 5월 11일자.

| 사례 6 | 한국의 메르스 |

1. 메르스의 입국

2015년 5월 4일 중동지역인 바레인에서 체류하다가 사우디아라비아와 아랍에미리트를 여행하는 동안 메르스(MERS: 중동호흡기증후군) 바이러스에 감염된 1호 환자(68:남)가 아무런 제재나 신고절차도 없이 인천공항을 통해 입국했다. 입국당시는 질병관리본부나 공항 검역당국으로부터 아무런 안내나 주의 조치도 받지 못했다고 한다. 즉, 중동 국가지역을 여행한 입국자가 열이 나면 보건 당국에 메르스 의심 신고를 하라는 등의 가장 기본적인 방역조치에 대한 안내도 받지 못했다고 한다. 그러나 1호 환자 A씨는 4월 18일부터 5월 3일까지 중동지역을 여행한 후 귀국 일주일 만인 11일에 발열이 심해 5월 12일과 14일 두 곳의 의원을 거쳐 15일부터 17일까지 3번째로 평택 성모병원에 입원하게 된다. 폐렴증상이 낫지 않자 마침내 17일에는 강동의 열린병원을 경유해 18일에는 마침내 삼성 서울병원 응급실을 찾게 된다. 물론 1호 환자는 이때까지도 의료진에게 자기가 중동 지역을 방문했다는 사실을 밝히지 않았다고 한다. 의료진은 몇 가지 호흡기 바이러스 검사를 해 보았지만 모두 음성 판정이 나왔다. 의료진이 다시 그에게 해외여행 여부를 자세하게 캐묻자, 바레인에 있었다고만 했다고 한다. 의료진은 메르스 검사를 위해 질병관리본부에 문의했지만, 바레인은 세계보건기구(WHO)가 정한 메르스 발생 국가가 아니라며 다른 바이러스 검사를 더 해보라는 답변만 받았다. 하루가 더 지체되어 19일이 지났다. 1호 환자는 입국 이후 15일이나 지난 시점인 20일에서야 마침내 메르스 검사에서 양성 판정을 받게 된다. 이와 같이 입국과정이나 그 후 확정 진단을 받을 때까지 전 과정이 허술할 뿐 아니라, 국가재난관리에 있어서 큰 문제점이 발생하게 되었다.[19]

---

19) 이연, 「메르스 사태를 통해서 본 국가재난과 위기관리시스템」, 한국재난정보미디어포럼 하계연구발표회, 제주KBS대회의실, 2015년 6월 30일, p. 1.

┃ 사진 8-8 ┃ 메르스 확산 경로

메르스 환자 어떻게 확산됐나 ❶ 최초 환자 ⬤ 2차 확진 ⬤ 3차 확진
(4일 오후 11시 현재)

서울
C의원

최초 환자 귀국

5

㉟
14를 담당한
의사

D병원 ❶ 14

34
33
32
29
28
27
26

평택
B병원

E의원 14

2
3
4
사망 ⑥
7
9
10
11
12
13 14 15 16
17 18
19
20
21
22
㉕ 사망
충남
A의원

8

대전
G병원

㉓
16과 같은
병실 입원

16 ← 16 F병원

㉔
16과 같은
병실 입원

㉛
16과 같은
병실 입원

㊱
사망

㉚
16과 같은
병실 입원

자료:보건복지부

본지는 주민들의 메르스 대처를 위해 확진환자 발생 병원 소재지를 밝힙니다
중앙일보는 메르스 3차 감염자가 늘고 있는 가운데 지역 주민들이 정확한 정보를 알고
대처할 수 있도록 확진 환자가 발생한 병원의 지역 이름을 공개합니다.
다만 정부가 요구한 대로 병원 이름은 밝히지 않습니다.

출처: 중앙일보, 2015. 6. 23.

2. 메르스의 창궐과 국가위기관리의 중요성

1) 국가위기관리의 목적

모든 위기관리의 목적은 국민의 생명과 재산피해를 최소화 하고, 유사 시를 대비해 노하우와 교훈을 얻기 위함이다. 우리는 2008년 5월 '광우병 파동'이나 2014년 4월 '세월호 참사' 등의 대형 국가재난을 겪으면서도 피해대책이나 노하우, 교훈 등을 제대로 얻지 못했다. 메르스의 경우도 제대로 대응하지 못해 허둥지둥했다.

2) 경과

보건복지부 질병대책본부에 의하면 이번에 감염된 1호 환자 A씨의 경우는 "중동을 많이 다니던 분"이라며 "중동에서 이동이 자유로워(감염 위험성이 있는) 바이어들과 직접상담한 사우디아라비아에서 감염되었을 것으로 판단하고 있다"[20]고 밝혔다.

- A씨는 4월 18일~5월 3일까지 바레인, 사우디아라비아 등에 체류하면서 농작물 재배관련 일에 종사했다. 5월 4일에는 카타르를 경유하여 인천공항을 통해 입국했다. 입국 시에 이상증상은 없었다고 한다.[21]
- 5월 11일은 입국 7일 후로 발열 및 기침 등의 증상이 발생했다.
- 5월 11일 충남 아산시 서울의원 외래, 5월 12일~14일 평택성모병원 입원, 5월 17일 서울 강동구 365열린 의원을 거쳐, 5월 17일 삼성서울병원 응급실을 방문하게 된다.
- 5월 18일~20일 삼성서울병원 입원
- 5월 19일은 검체 의뢰, 5월 20일 국립보건연구원에서 병원체 확진 판정
- 5월 20일 국가지정 입원치료병상으로 이송하여 치료.

세계보건기구에 의하면 1번 환자는 바레인(Bahrain)에서 농작물 재배 일을 하며 열흘 이상(4월 18~29일) 머물렀고, 아랍에미리트에서 이틀(4월 29일~30일), 다시 바레인에서 하루(4월 30일~5월 1일)를 보냈다고 한다.

사우디에서는 5월 1일에서 2일까지 만 하루 정도를 체류했다. 5월 2일 바레인으로 돌아온 이 환자는 5월 2일~3일에 다시 카타르를 거쳐서 5월 4일에 귀국하게 된다. 사우디 체류 기간이 길지 않았고, 동물 접촉 경력이 없어서 정확한 감염 경로를 확인하기는 쉽지

---

20) 『국제신문』, 2015년 5월 19일자.
21) 『중앙일보』, 2015년 6월 23일자.

않은 상태였다. 또한 사우디의 담맘(Dammam: الدمام)은 메르스 발생 주요 지역은 아니었다. 메르스 환자 리스트가 총정리 된 사이트에 의하면 담맘에서 환자가 발생한 경우가 몇 차례 있긴 있었다고 보고된 자료가 있다. 그러나 '제다(Jiddah)' 등 메르스가 수백 건 발생한 도시와 비교하면 발생 규모가 아주 작은 편이다. 아라비아 반도 동쪽의 해안도시인 담맘은 서쪽 해안에 접한 제다와 1000㎞ 이상 떨어져 있다. 아무튼 1호 환자 A씨는 평택 B병원에 입원당시 이 병원 감염관리 간호사로 있는 친척의 도움으로 마침 비어 있는 응급실 격리병상에 입원했다. 1호 환자 A씨는 운이 좋았고, 그나마 다행히도 접촉자도 적어서 메르스를 대량으로 발생시킬 위험성도 낮은 상태였다.

3) 차단대책

2015년의 메르스 사건은 우리나라가 신종 전염병에 얼마나 취약한지를 적나라하게 보여주는 사건이기도 했다. 뿐만 아니라, 방역 당국의 컨트롤타워 부재와 함께 대형 병원의 응급실과 진료실의 무방비 대책 등으로 대형병원이 메르스 확산의 진원지가 되고 말았다. 물론, 우리나라의 독특한 병원문화나 병원구조 등이 메르스 바이러스에 취약한 구조적인 문제점도 있었다. 그 외에도 환자나 격리자들이 격리 수칙을 어기고 개별 행동을 하는 부끄러운 시민의식 또한 메르스 확산에 한 몫을 차지했다고 본다. 이번 메르스 사태를 교훈 삼아 우리는 제2, 제3의 신종 전염병 창궐에 대해서 철저히 대비해야 할 것이다.

이번 메르스 사태를 겪으면서 얻은 교훈은 최초의 초동 대응에서 메르스 차단대책이 너무 허술했다는 점이다. 거슬러 올라가면, 최초의 차단대책은 지난 5월 4일 입국심사장이었다. 1호 환자가 사우디아라비아를 거쳐 인천공항에 들어왔을 때만 해도 철저하게 매뉴얼에 따라서 입국심사를 진행했어야 했다. 보건 당국의 기본적인 검역수칙이 지켜지지 않았다는 점이 가장 큰 실수였다고 하겠다.

4) 신속 정확한 재난정보

재난보도에서 가장 기본적인 것이 신속, 정확한 재난정보를 피해자에게 전달하는 것이다. 병원과 보건 당국은 시민의 건강에 중대한 위협을 주는 재난정보를 즉시 공개하지 않았다. 담당 의료진과 일부 접촉자들을 격리하면서 감염환자는 국립의료원으로 보냈다. 심지어 자기병원에서 메르스 환자를 처음으로 발견했다는 것을 삼성서울병원 응급실 의료진조차도 제대로 모르는 상황이었다. 이는 이후 14호 메르스 환자를 놓치게 되는 원인이 되었고, 그 결과 메르스가 급속하게 확산되어 전국적으로 확산되는 계기가 되었다.

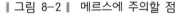

┃ 그림 8-2 ┃ 메르스에 주의할 점

출처: 보건복지부.

3. 개선책

2014년 세월호 참사에서도 보았듯이 대형 재난발생 시는 국가위기관리 컨트롤 타워가 중요한 역할을 수행해야 한다. 새로운 감염병 같은 위기 상황에서는 보건 당국이 최초 정보제공자가 되는 게 중요하다. 사람들은 제일 먼저 정보를 제공한 곳을 신뢰하는 경향이 있어서, 위기일수록 보건 당국이 최초의 정보제공자가 되는 것이 무엇보다도 중요하다.[22] 그럼에도 불구하고 이번 메르스 사태의 경우는 최고 사령관인 보건복지부 장관은 메르스 감염병원 공개에서부터 우왕좌왕하는 모습을 보였다. 뿐만 아니라, 최고 실무진인 질병관리본부장도 지휘권은 뒤로한 채 보건복지부 장관에게 보고하다가 시간을 허비한 '보고비서관' 같은 역할을 하기에 바빴다고 한다. 실제로 방재 현장을 지휘해야 할 질병관리본부장은 장관과 윗선에 보고하러 다니러 세종시와 서울을 왔다 갔다 했다고 한다. 지난해 미국에 에볼라가 발생했을 때 미국의 질병관리예방센터장은 조지아 주 애틀랜타 질병관리예방센터(CDC: Centers for Disease Control and Prevention)를 떠나지 않았다는 것과 매우 대비된다. 보건부 장관이 있는 워싱턴DC에는 보고하러 가지 않았고, 오바마 대통령도 그

---

22) 『조선일보』, 2015년 6월 25일자.

를 부르지 않았다.23) 한국은 첫 메르스 확진 진단 이후 며칠이 지나서야 메르스 중앙대책위원회를 꾸리기 시작했다. 한 방역 전문가는 메르스였기에 그나마 이 정도이지, 탄저균이나 천연두였다면 대한민국 전체가 혼란에 빠졌을 것이라고 지적하기도 했다. 신종 전염병에 대한 대응은 이제는 질병관리가 아니라 국가안보적 차원에 상당한 영향력을 미치게 된다.

따라서 2015년 메르스 사태를 계기로 몇 가지 제안하고자 한다. 국가 재난발생 시에는 신속한 초동대응으로 어려움을 잘 극복해 나가야 한다.

첫째, 청와대 안보실 내에 ① 외교안보담당비서관 ② 재난관리담당비서관, 그 밖에 ③ 질병관리담당비서관의 자리도 신설할 것을 제안한다.

둘째, 총리실에도 전 부서의 국정을 장악할 수 있도록 하기 위하여 국무조정실에도 ① 국가위기관리담당관 ② 재난담당관 ③ 질병담당관을 두어 청와대와 정부 간에 유기적으로 신속하게 대응하도록 하는 체제를 구축하여야 할 것이다.

셋째, 국민안전처도 대폭적으로 개편하여 미국의 국토안보성 수준으로 그 역할을 강화해야 한다.

미국의 질병통제센터(CDC) 섀런 호스킨스 대변인이 2015년 6월 23일자 조선일보와의 인터뷰에서 위기발생 시 소통의 원칙으로 '신속한 정보 제공'을 강조했다. 질병통제센터는 가급적 정보의 원천 제공자(first source)가 되라는 것이었다. 이 밖에 "정확한 정보를 제공해 신뢰를 쌓아라, 국민 불안과 고통을 공감하라, 구체적 행동 요령을 알려라, 전문성을 보이되 개방돼 있으라" 등을 CDC의 소통 원칙으로 꼽았다고 소개했다.24)

또한, 호스킨스 대변인은 이번 인터뷰에서 "새로운 감염병 발생 같은 위기 상황에서는 CDC 본부장이 직접 브리핑에 나선다.'면서 '국민 불안을 막으려 하지 말고, 아는 것과 모르는 것을 정확히 알리면 국민도 위기 극복의 파트너가 되고, 동참 의식이 생긴다."고 했다.25) CDC 센터장은 평소에도 여러 질병 이슈에 관해서 페이스북, 트위터, 블로그 등을 통해 직접적으로 미국 국민들과 소통하고 있다고 소개했다.

호스킨스 대변인은 인터뷰 말미에도 다음과 같이 강조했다. CDC는 환자나 병원 정보

23) 『조선일보』, 2015년 6월 18일자.
24) 『조선일보』, 2015년 6월 25일자.
25) 『조선일보』, 2015년 6월 25일자.

공개에 대해 경직된 규정은 두지 않고 있다. 각 주와 지역 보건 당국, 병원과 협의하고, 환자 치료에 방해가 되지 않는 선에서 상황에 따라 공개 여부와 수위를 결정한다고 했다. 또 공식 브리핑이나 기자 회견도 적극 활용한다는 입장이다. 정보가 생길 때마다, 가능한 자주 브리핑을 통해 알리고, 다음 브리핑이 열릴 시각과 장소도 미리 예고한다고 했다.[26]

사례 7	구마모토(熊本) 대진재

1. 지진의 발생

2016년 4월 14일 오후 9시 26분 일본 구마모토(熊本)현에서 매그니튜드 6.5도의 지진이 발생해 9명이 사망했다. 이 지진은 14일 밤부터 여진이 계속 이어져 4월 24일 시점에서 오이타(大分)현 등 규슈(九州)지역에 800여 차례나 계속 여진이 이어졌다. 특히 지진 발생 후 28시간 이후인 16일 오전 1시 25분에는 같은 구마모토현에서 7.3도의 강진이 다시 발생해 사망자가 급증하게 된다. 2016년 5월 19일 현재 49명이 사망했고, 지진으로 인한 부상자는 1318명으로 집계됐으며, 중상자는 345명, 피난자는 약 8,589명으로 집계되었다.[27] 아베 신조(安倍晋三) 일본 총리는 두 차례 강진으로 사실상 도시 기능이 마비되자 17일을 기해 구마모토(熊本)현에 대해 격심재해(특별재해) 지역으로 선포하게 된다. 이는 1995년 한신아와지 대진재와 거의 비슷한 규모의 지진이지만, 단순한 사망자 숫자로는 6402명 대 59명으로 거의 1/100의 수준이다. 인구나 지역의 특성 등 여러 가지 고려사항들이 있겠지만, 전문가들은 일본의 재난대응시스템이 그동안 상당히 괄목할 정도로 진화했다는 평가를 내리고 있다.

2. 피해의 확산

2016년 구마모토지진은 한신아와지 지진과 같이 직하형 지진으로 14일에서 16일까지 연속된 지진으로 일본 구마모토 현 미나미아소무라(南阿蘇村) 지역에 다리가 끊기면서 피

---

26) 『조선일보』, 2015년 6월 25일자.

27) 『每日新聞』, 2015년 6월 23일자, http://www.bousai.go.jp(2016. 5. 29일자)

해가 극심해 졌다. NHK는 그 날 밤 현재 구마모토현 미나미아소무라(南阿蘇村)에서 11명이 연락이 두절돼 경찰이 확인 작업을 벌이고 있다고 전했다. 처음 진도 6.5 지진 발생 후 24일 오후까지 유감지진 횟수 진도 1 이상의 지진이 1000회 이상. 사람들이 공포를 느낄 수 있는 수준인 진도 4 이상의 지진이 78회 발생하는 등 여진으로 주민들이 공포에 떨게 되었다.[28] 특히 이 지진은 본진이 먼저 오고 이후에 여진이 이어지다가 멈추던 기존의 패턴 관례를 깨트려서 관계 당국이 긴장시켰다. 14일 6.5도의 본진 이후 여진이 이어지다가 저녁 12시가 넘어가자 많은 주민들이 이제 괜찮겠지 하면서 마을회관이나 임시대피소에서 어느 정도 안심하면서 귀가하게 되었다. 이후 28시간이 지난 16일 새벽 1시 25분에 다시 7.3도의 본진이 일어나서 엄청난 피해를 입게 된 것이다.

두 번에 걸친 본진으로 추가 지진과 건물 붕괴 우려 때문에 구마모토 일대에는 약 24만 명에 달하는 주민들에게 피난지시가 내려졌고, 구마모토 현과 인근 오이타(大分)현에서 최대 20만 명이 대피소에 머무르기도 했다. 구마모토 현과 오이타 현에서 약 40만 가구에 수돗물 공급이 중단되었고, 10만 가구가 정전되었으며, 가스공급이 차단되기도 했다. 일본 정부 당국은 자위대 대규모 부대를 현지에 파견해 수색·구조·물자공급·의료 활동 등의 봉사활동을 펼쳤다. 그 결과 16일에는 자위대 1만 5천여 명이 파견됐으나, 17일부터는 자위대 파견 규모를 크게 늘려 2만 5천 명으로 증원했다. 소방대원과 경찰 등을 포함해서 약 3만 3천여 명이 재해 대응에 나선 셈이다. 일본 정부는 미군에도 수송 업무를 지원해달라고 요청했고, 미군은 주일미군 수송기를 이용해 물자를 지원했다. 또한, 도요타자동차나 소니 등 구마모토나 규슈지역에 있는 부품공장들이 가동을 중단해 관련 부품 공급에도 문제가 생기게 되었다.[29]

‖ 사진 8-9 ‖	‖ 사진 8-10 ‖

출처: NHK.	출처: NHK.

28) 『연합뉴스』, 2016년 4월 17일자.
29) 『연합뉴스』, 2016년 4월 17일자.

┃사진 8-11┃ 구마모토 지진발생 후
내각회의(NHK)

┃사진 8-12┃ 구마모토 니치니치신문
(4월 16일자)

여기에서 한 가지 주목할 것이 바로 〈내진설계기준〉이다. 일본의 건축기준법은 지진으로 건축물이 손상, 도고(倒壞)되지 않게 지반이나 기초, 형상 등으로부터 강도기준을 정하고 있다. 1978년 미야기현 오키지진(宮城県沖地震)에서 28명이 사망하자 1981년 6월 1일에 이 법을 개정하게 된다. 이전의 기준 지진인 진도 5 정도에서 거의 손상이 되지 않도록 한 구 기준에서 대규모지진, 즉 진도 6~7 정도에도 도괴나 붕괴의 위험성이 없는 새로운 기준으로 강화한 것이다.[30] 이번 구마모토 지진에서 1981년에 〈새 내진설계기준〉이 도입되기 이전의 건물과 1981년 〈신 내진설계기준 도입〉 이후의 건물에 대한 피해 규모의 차이를 특히 주목할 필요가 있다.[31] 첫째, 다음 사진에서 보는 바와 같이 왼쪽에 붕괴된 건물들은 〈내진설계도입 기준〉이 개정되기 이전의 건물들인 데 비해, 우측의 주택은 진도 6~7에도 견딜 수 있는 〈신 내진설계기준 도입〉 이후의 건축물로서 거의 피해가 없는 모습이다.

그만큼 주택의 경우에는 〈내진설계기준 도입〉의 중요성이 판명 되었다. 둘째, 마이니치신문에 의하면, 이번 구마모토 지진으로 가옥이 붕괴되어 사망한 사람들이 많은데, 이들 붕괴한 가옥 중 일본식 아파트가 34동이다. 이들 중 부동산등기부 등에 따라 확인 가능한 25동 중 23동이 1981년 이전에 지어진 건물, 즉 구 내진설계기준에 따른 가옥이었다. 또한, 관련 사망자를 제외한 사망자 48명 중에 건물도괴에 의한 사망자가 37인으로 약 80%에 가까운 사망자가 내진성이 부족한 구 건축물에서 희생되었다는 사실은 의미심장하

---

30) 『毎日新聞』, 2015년 6월 23일자.
31) 「熊本地震」「新耐震基準」導入後の住宅に明暗」 『毎日新聞』, 2015년 6월 23일자.

다.[32] 즉, 내진설계의 중요성을 다시 한번 느끼게 하는 대목이다. 우리나라도 2005년부터 건축물에도 내진설계기준을 강화하여 규모 6~7의 내진설계기준을 적용하고는 있지만, 이에 대한 실천이 중요한 과제라 아니할 수 없다.[33]

┃ 사진 8-13 ┃ 내진설계 기준 적용과 피해 상황

출처: 日経ホームビルダー.

3. 일본정부의 재난 대응

아베 신조(安倍晋三) 일본총리는 재난발생 9일 만인 23일에야 구마모토 재난 현장을 방문하고 피해자를 위로하였다. 지진 현장인 구마모토 현의 복구 작업에 지장이 생길 것을 우려해 현장방문을 미룬 것이다. 그러나 아무도 아베총리에 대해서 비판이나 비난하는 사람들이 없었다. 재난은 개인이나 최고통치자가 아니라, 재난대응 시스템으로 대응해야 하기 때문이다.

구마모토 현에서 지진발생 이후 4월 16일과 17일에 걸쳐서 마이니치신문이 2번에 걸

---

32) 『每日新聞』, 2015년 6월 23일자.

33) 우리나라도 1988년부터 6층 이상 건축물에 내진설계기준을 적용하고 있다. 2005년부터 3층 이상으로 내진설계기준을 강화했으나, 2009년부터는 3층 이상 연면적 1천 제곱미터 이상의 건축물을 대상으로 하고 있다.

쳐서 여론조사를 실시했다. 그러나 아베총리의 지지율은 지난달보다 2%포인트 오른 44%
였다. 응답자 중 65%가 '정부의 지진 대응이 적절했다'고 답했다. 여론조사 실시 시점에서
구마모토 현은 하루 수십 번 여진이 일어나서 2주간 누적 지진 횟수가 1000회를 상회하
고 있었다. 그럼에도 불구하고 아베총리는 관저와 국회를 오가며 하루 한두 번씩은 꼭 비
상 대책 회의를 주재한다. 저녁에는 일찍 퇴근하기도 한다. 지진 첫날만 자정을 넘겨 퇴근
했고, 그 뒤는 빠르면 밤 8시 18분, 늦으면 10시 35분경 관저로 돌아갔다. 일본 정부가
자위대를 증파하며 신속하게 대처했지만 현장 곳곳에서 밥과 물이 부족하며, 자동차로 2
시간 반 거리 후쿠오카는 물자가 넘치는데 구마모토는 주먹밥이 모자랄 정도였다.[34] 하지
만, "총리 어디 있느냐" "장관은 왜 안 오느냐" "군용기로 식량 공수하지 않고 뭐 하는
냐"[35] 등등의 빗발치는 불평소리는 잘 들리지 않았다. 다만 아베는 14일 밤 9시 52분
지진발생 26분 만에 기자들 앞에 서서 브리핑을 했다. 강진이 구마모토를 강타한 지 26분
만이었다. 피해를 훨씬 키운 16일 2차 강진 때는 새벽 3시 28분에 기자들을 만나 5차로
브리핑을 했다. "피해주민 구출에 총력을 다 하겠다."[36]는 말에 비장함이 보였다. 이와 같
이 아베는 구마모토에는 가지 않아도 18일까지 지진발생 이후에 9차례나 메시지로 대응
시스템을 설명하였다. 총리의 소재보다는 재난발생 시 방재시스템의 작동이 최우선시 되
어야 할 것이다. 우리는 재난 때마다 매번 누구 탓으로 돌리는데, 이제는 시스템으로 대응
하도록 하는 재난대응 시스템화가 시급한 실정이다.

4. 재난정책은 수습중심이 아닌 예방중심 정책으로

우리나라도 이제는 재난대응을 사고가 터지면 수습에만 급급하지 말고 일본이나 미국
처럼 예방중심으로 그 대응시스템의 패러다임 전환이 필요하다. 이번 구마모토 지진을 보
더라도 일본은 민간인의 발 빠른 대응능력 또한 매우 높은 수준이다. 앞에서도 언급했지
만, 우리와는 달리 일본의 언론사는 언론사도 방재기관이라고 하는 막중한 사명을 다하기
위하여 긴급 여론조사로 아베총리의 대응 능력을 평가하는 한편, 재난현장에 최고 전문가
들을 동원해 내진설계기준을 밝혀내기도 했다. 나아가서 건축물들과 사망자들의 인과관계
나 도괴 가옥들의 문제점 등도 자세하게 진단하여 해법을 제시하고 있다.[37]

---

34) 『한겨레신문』, 2016년 4월 19일자.

35) 『한겨레신문』, 2016년 4월 19일자.

36) 『한겨레신문』, 2016년 4월 19일자.

37) 『每日新聞』, 2015년 6월 23일자.

아울러 최고 책임자인 총리의 동정도 소상하게 소개하여 국민들을 안심시키고 있다. 이를 테면, 아베총리는 도쿄 사루가쿠초의 프랑스 요리 식당에서 이나다 도모미 자민당 정조회장과 저녁식사 도중 구마모토 소식을 보고 받게 된다. 지진 발생 보고를 받은 아베총리는 즉각 ① 피해상황 신속 파악 ② 재해응급대책 전력 추진 ③ 국민에 정확한 정보 제공 등을 긴급 지시한 뒤 9시 52분 총리관저로 복귀하게 된다. 지난 14일 밤 9시 26분, 구마모토 현을 강타한 규모 6.5의 강진이 발생한 뒤, 아베 신조 일본 총리가 국민들 앞에 모습을 드러내기까지 걸린 시간은 '26분'이었다. 당시 아베총리는 관저 앞에는 지진대책 '일상'으로 "정확한 재난정보 제공"을 약속했다. 아베총리는 밤 11시 20분에 관저에서 스가 요시히데(菅義偉) 관방장관, 고노 다로(河野太郎) 방재담당상 등이 참석한 가운데 지진 비상재해대책본부 회의를 주재한 뒤 15일 0시 34분 다시 두 번째 기자들 앞에서 인터뷰에 나선다. 아베총리는 사고 이틀째인 15일에 "내일 현지를 방문하겠다."고 밝혔지만, 16일 새벽 2차 지진이 다시 발생하자 복구 작업의 차질을 우려해 현지 시찰을 미뤘다. 이와 같이 일본에서는 총리가 국민들에게 소상하게 대책을 알리고 구체적인 지시나 대응 내용 등을 공개한다. 나아가서 피해 상황을 정확하게 파악하고, 응급 대응책을 지시하는 모습 등도 미디어를 통해서 공개하고 있다. 일부 시민들은 정부가 구마모토 현이 요구한 '격심 재해' 지정이 늦어진 것에 대해 아베총리에게 비판을 쏟아내기도 했다.

아무튼 일본 정부의 재해 대응은 매우 투명하고 공개적인 방식으로 이뤄지고 있다. 일본이나 미국 등 선진국의 경우는 재난을 잘 극복하지 못하면 정권을 내 줘야 하는 경우가 많았다. 1995년 고베 한신 대진재 당시 사회당 총리 무라야마 토미이치(村山 富市)가 재난대응을 잘못해 지지율이 급락하면서 정권을 빼앗기게 된다. 2011년 3·11 동일본 대지진 당시 민주당 정권의 칸 나오토(管直人) 총리도 초동대응을 잘못해 이듬해 자민당에게 정권을 뺐겼다. 이러한 사실들을 잘 알고 있는 아베총리는 초동대응부터 필사적으로 대응하고 있다.

한편, 일본인의 시민의식도 재난을 거듭하면서 진화하고 있다는 평가다. 고베 아와지 지진 때도 질서 정연한 일본인으로 평가를 받은바 있으나, 동일본 대진재 당시도 일본인이 진화하고 있다고까지 세계인들이 칭찬한바 있다. 구마모토 지진에서도 일본인들은 더욱더 성숙한 시민의식으로 재난피해를 극복하고 있다고 외신들은 전했다.[38]

---

38) 『KBS NEWS 9』, 2016년 4월 23일자.

제 9 장

위기관리와 리더십

제9장 >>>

위기관리와 리더십

사례 1   오바마 미국 대통령의 가든파티 리더십[1]

1. 사건의 발단

버락 오바마((Barack Obama) 대통령은 2009년 7월 30일(현지시각) 백악관 로즈가든에서 '버드 라이트'라는 맥주를 마시며 가든파티를 가졌다. 이 맥주 파티는 오바마 대통령이 전격 제의해서 이루어졌다. 이날의 맥주회담(Beer summit)은 2009년 7월 16일 헨리 루이스 게이츠(Henry Louis Gates Jr) 하버드대 교수가 중국에 휴가 갔다가 돌아와 자신의 집 현관문이 잠겨있는 것을 억지로 열고 들어가려는 상황에서 주민의 목격자 신고로 경찰(James Crowley 경사)에 의해 불법 침입자로 오인돼 체포된 사건 때문에 이루어진 회담이다.[2] [3]

네 사람이 화기애애 정답게 테이블에 둘러 앉아 '버드 라이트'라는 맥주를 마시며 가든파티를 가졌다.

---

1) 이연(2010), 『정부와 기업의 위기관리 커뮤니케이션』, 박영사, pp. 76~84.
2) 『The Washing Post』「*Scholar Says Arrest Will Lead Him To Explore Race in Criminal Justice*」, By Krissah Thompson, Washington Post Staff Writer, Wednesday, July 22, 2009.
3) 이연(2010), 『정부와 기업의 위기관리 커뮤니케이션』, 박영사, pp. 77~78.

구체적인 사건의 전말은 다음과 같았다. ① 게이츠 교수는 16일 중국 출장에서 돌아왔다. ② 그는 자택의 현관문이 열리지 않자 방금 자기를 집까지 태워다준 택시 운전사의 도움으로 뒷문을 열고 들어가 앞문을 열었다. ③ 이 광경을 지켜보던 한 백인 이웃 여성이 이를 보고 경찰에 신고했다. ④ 신고를 받고 출동한 백인 경찰이 게이츠 교수에게 신분증 제시와 함께 조사 협조를 요청했다. ⑤ 게이츠 교수는 신분증 제시 등을 요구하는 경찰관의 조사에 응하지 않고 흑인이라 조사하느냐며 오히려 경찰관의 이름과 배지번호를 요구했다. ⑥ 크롤리 경사는 게이츠 교수가 공권력에 반항하는 것으로 보고 그를 치안문란 혐의로 수갑을 채워 체포하였다.

그러나 게이츠 교수 체포사건이 미국 전역에 알려지면서 인종차별이라는 논란이 확산됐고, 매사추세츠 주 케임브리지 검찰은 사건 발생 닷새 만인 7월 21일 게이츠 교수에 대해 무혐의 처분을 내렸다. 하지만 게이츠 교수는 자신에게 수갑을 채운 경찰관의 사과를 요구했고, 해당 경찰관은 적법한 절차였다고 주장해 양측의 주장이 팽팽히 맞서고 있는 상황이었다.[4]

1) MSNBC 뉴스[5]

┃사진 9-1┃ 게이츠 교수의 체포 장면

Scholar's arrest is a signpost on road to equality
Case signals there's 'nothing post-racial' about U.S., colleague of Gates says

📹 Video
Launch

Anger over Gates' arrest lingers
July 21: Criminal charges have been dropped against African American studies scholar Henry

---

4) http://www.washingtonpost.com/wp-dyn/content/article/(2009. 7. 21)

5) http://www.msnbc.msn.com/id/32077998/

7월 23일(미국시간), MSNBC 뉴스에서는 〈사진 9-1〉과 같은 기사가 메인 페이지에 떴다.

"Scholar's arrest is a signpost on road to Equality(학자 체포는 평등으로 가는 길의 표지판이다)"[6]라는 스팟 보도였다.

2. 사건의 전개

사건 발생 후 게이츠 교수는 7월 22일 CNN과의 인터뷰에서 "당시 경찰관에게 여기가 내 집이고, 나는 하버드대 교수로 이곳에 살고 있다고 말했다."면서 "먼저 경찰관에게 신분을 밝힐 것을 요구했지만 경찰관은 응하지 않았다."고 주장했다. 게이츠 교수는 크롤리 경사에게 "왜 아무런 대답을 하지 않느냐. 당신이 백인 경찰이고 내가 흑인이라서 대답을 하지 않는 거냐?"고 따졌다고 했다. 반면, 경찰 측은 게이츠 교수가 신분증 제시 요구를 거부하고, 출동한 경찰에게 "인종주의자"라고 고함을 쳐 치안문란 혐의로 체포했다고 주장했다. 그러나 게이츠 교수는 소리를 지른 적이 없으며, 경찰관의 이름과 배지 번호를 밝히라고 요구했을 뿐이라고 맞서고 있었다.[7] 한편, 다른 쪽에서는 게이츠 교수가 경찰관에게 너무 과민한 반응을 보여서 체포를 자초했다는 의견도 있었다. 경찰 내부에서는 실제 주거자인 게이츠 교수에게 너무 감정적인 인종차별적 관행이 아닌가 하는 견해도 있었다. 게이츠 교수를 체포한 제임스 크롤리 경사는 지역채널인 WCVB와의 인터뷰에서 "전혀 게이츠 교수에게 사과할 뜻이 없다."고 말했다고 AP 통신은 전했다.

게이츠 교수는 미국 내 흑인학연구의 선구자로 1997년 시사주간지 타임이 '가장 영향력 있는 미국인 25안' 중 한 명으로 선정할 정도의 인물이었다. 그런 그가 자택 현관에서 체포된 것이다. 체포당한 게이츠 교수 본인은 물론, 흑인사회의 반발과 함께 인종차별 논란이 불거졌다.[8]

이때, 오바마 대통령은 7월 22일(현지시간) 백악관에서 미국 전역에 생중계된 TV기자회견에서 '나도 백악관에서 그렇게 했더라면 총에 맞을 겁니다.'라고 하면서 경찰의 무리한 인종차별적 체포를 비판하고, 게이츠 교수를 적극 옹호하고 나섰다. 뿐만 아니라, 흑인인 데벌 패트릭(Deval Patrick) 주지사와 데니스 시먼스 케임브리지 시 시장도 게이츠 교수

---

6) http://blog.chosun.com/cacomfort(2009. 7. 24)

7) http://blog.chosun.com/cacomfort/(2009. 7. 24)

8) http://www.washingtonpost.com/wp-dyn/content/article/(2009. 7. 21)

편에 섰다. 시먼스 시장은 "사건이 일어난 16일은 유감스럽고 불행한 날"이라는 내용의
성명을 발표하고, 시장으로서 게이츠 교수에게 사과한다고 밝혔다.

오바마 대통령은 이날 TV연설에서 미국 사회에 여전한 인종차별을 지적하면서 경찰의
무리한 체포를 비판하고 나섰다.[9] 그는 "게이츠 교수와는 평소 친분이 있어서 내가 편향
된 의견을 가질 수도 있고, 또 당시 상황을 잘 알지는 못하지만 이번 사건에 대해 우리
모두는 상당히 분노하고 있다."고 말했다. 또, "게이츠 교수는 체포될 당시 자신의 집안
에 있었고, 경찰이 거주자라는 증거를 확인하고서도 체포한 것은 어리석은 행동"이라고
지적했다.

오바마는 또, "이 나라에는 흑인과 라티노가 사법기관에 의해 과도하게 검문당해 온 '인
종 프로파일링(racial profiling)'[10]의 오랜 역사가 있고, 이는 엄연한 사실"이라면서 "이번
사건은 우리 사회에 인종차별 문제가 여전함을 보여주는 사례"라고 강조했다. 그는 "설사
오해가 있다 하더라도 흑인과 히스패닉 시민들이 아무런 이유 없이 자주 경찰에 체포되는
것은 의구심이 들게 한다."고 덧붙였다. 그 후 보스턴의 한 경찰이 게이츠 교수를 비판하
는 메일을 보내 징계되는가 하면, 뉴욕시의 한 보좌관이 오바마 대통령의 경찰 비난 발언
을 비판하는 글을 페이스북에 올렸다가 사임하는 등 혼란은 좀처럼 수그러들지 않았다.
아무튼 오바마의 경찰 비난 가세와 함께 미국 내 인종차별 논란은 점점 더 걷잡을 수 없
이 확산되어 갔다.

이에 대해 오바마 현직 대통령의 비난을 받은 백인 경찰 크롤리 경사는 즉각 "대통령은
동네 일에 간섭하지 말라!"고 맞받아쳤다. 또한, 31만 명이라는 회원을 거느린 '경찰공제
회(FOP)'도 같은 비난 성명을 냈다.

마침내 오바마는 크롤리에게 전화를 걸어 사과했고 "백악관에서 맥주 한잔 하자!"는 크
롤리의 제의를 받아들였다. 게이츠 교수도 '백악관 화합주 모임'에 참석하게 된다. 당장이
라도 폭발할 것 같던 미국의 인종갈등이 오바마의 맥주파티 소식에 한순간에 봄눈 녹듯이
녹아내리는 순간이었다.

---

9) 워싱턴 CBS 박종률 특파원: nowhere@cbs.co.kr, Newstown/메디팜뉴스 Medipharmnews
10) 일종의 인종차별에 기초한 범죄 프로파일링으로 사람들의 행동패턴과 유사성을 추출하여
   일종의 데이터 마이닝 기법을 이용 범죄수사에 이용되는 마케팅이다. 범죄 혐의를 수사할
   때 피의자의 인종을 고려 대상에 넣는 수사 기법이다. 일종의 데이터 마이닝 기법일 뿐이라
   는 의견과 인종차별과 불가분의 관계에 있다는 의견이 대립하고 있다. 그러나 인종차별문
   제와 불가분의 관계가 있다고 보는 견해가 강하다.

이 사건은 미국 흑인학의 선구자로 꼽힌 게이츠 교수를 자택 현관에서 강제로 체포해서 흑인사회에 인종차별 논란을 증폭시킨 사건이다. 사건의 주인공인 게이츠 교수는 1991년부터 하버드대 교수로 재직해왔으며, 하버드대 아프리칸·아프리칸–아메리칸 연구소 소장직도 맡았고 PBS방송의 'African American Lives' 쇼 진행자로 활동한바 있어서 명성이 높은 인물이었다.

3. 훌륭한 리더십과 오바마의 소통의 정치

오바마 대통령은 자신이 경찰관을 비판한 후 미국 사회가 인종차별 논란으로 더욱 뜨거워지자 신속하게 "경찰의 권위를 훼손할 의도는 없었다."며 한발 물러나 스스로 잘못된 발언에 대해 사과하였다. 인간은 누구나 다 실수를 할 수 있는 법이다. 그러나 오바마대통령의 경우는 미국의 대통령이라는 위치나 직책을 생각하면 그의 신속한 사과는 분명 훌륭한 리더십과 소통의 미학에서 나온 것이다.

어쩌면 그도 흑인 차별에 대한 뼈저린 경험을 갖고 있었을 것이고, 그가 미국 역사상 최초의 흑인 대통령이라는 상징적인 면에서 인종차별을 뿌리뽑고자 하는 생각으로 조정자 내지는 중재자의 역할을 자임했을 것이라는 생각도 든다. 하지만 현직대통령인 그가 솔직하고 신속하게 사과를 하고 화해를 위한 맥주 모임 제안을 받아들인 것은 그 자체만으로도 미국인들에게는 인종차별의 벽을 뛰어넘는 감동의 순간이었다.

이 파티에 참여한 사람은 와이셔츠 차림에 팔을 걷어붙인 오바마 대통령과 조 바이든 부통령, 정장 차림의 크롤리 경사와 게이츠 교수 네 사람이었다. 이들은 백악관 뜰 안에 설치된 흰 테이블에 앉아 맥주를 술잔에 나눠 마시며 화기애애하게 대화를 주고받았다. 게이츠 교수와 크롤리 경사가 마주보면서 서로 이야기하는 모습이 자주 카메라에 잡혔고, 오바마 대통령도 조용하게 지켜보는 화해의 테이블을 모든 미국 국민이 주시하게 되었다.

한편 크롤리 경사는 회동 직후 기자들과 만나 "긴장된 분위기는 없었으며, 인종 차별을 없애기 위해 모두가 적극적으로 노력해야 한다는 점에 의견을 같이 했다."면서도 "이번 대화에서 사과의 말은 그 누구로부터도 나오지 않았다."며 다소 아쉬움을 토로하기도 했다. 그러나 AP 통신은 이날 회동에 대해 "신랄함도 없었고 그렇다고 사과가 있었던 것도 아니다."면서 이날 참석한 게이츠 교수와 크롤리 경사는 서로를 존경한다고 말했다고 전했다.11) 그야말로 서로가 서로에게 상처를 주지 않으면서도 화해할 수 있는 장면이었다.

---

11) 『조선일보』, 2009년 7월 31일자.

정치전문지 폴리티코(Politico.com)는 31일자 "맥주회담 오바마 대통령에 큰 성공('Beer summit' a big success for President Obama)"이라는 제목의 기사에서 케이츠수(58)와 제임스 크롤리 경사(42), 그리고 버락 오바마 대통령, 조 바이든 부통령이 맥주잔을 부딪치며 맥주파티에 회동한 것이 크게 성공했다고 전했다.[12]

┃ 사진 9-2 ┃ 백악관 로즈가든에서 열린 맥주 파티 장[13]

| 사례 2 | 오바마 대통령의 눈물과 '어메이징 그레이스(Amazing Grace)'

1. 사건의 발단

2015년 6월 24일 수요일 밤 미국의 사우스캐롤라이나(South Carolina) 주 찰스턴(Charleston)의 한 흑인 교회에서 총기를 난사해 9명이 사망하는 사고가 발생했다. 당시 살인 용의자인 딜런 스톰 로프(Dylann Storm Roof)가 '이매뉴얼 아프리칸 감리교회(Emanuel African Methodist Episcopal Church)'에 진입해서 예배 중인 신자들에게 무차별

12) http://www.politico.com/news/stories/0709/25654.html

13) http://www.politico.com/news/stories/0709/25654.html, By JOSH GERSTEIN:7/31/09 12:21 AM EST

적으로 총기를 난사한 후 도주하다가 경찰에게 붙잡힌 사건이다. 용의자 딜런 로프는 과거 흑인 노예제를 찬성했던 남부 연합기(南部聯合旗, The Confederate Battle Flag)14)를 들고 있었다. 체포 과정 내내 반성의 의지는커녕 오히려 뻔뻔한 태도를 일삼아 보는 이들로부터 분노를 자아내게 한 사건이다.15)

2. 사건의 전개

이번 끔찍한 총기 난사사건에도 불구하고, 피해자 가족들은 이 인종 증오범죄자를 용서했다. 희생자인 에델 랜스(Ethel Lance)의 딸은 판사 앞에서 범인을 향해 "엄마를 다시 안아 볼 수 없게 되었다. 그러나 나는 당신을 용서한다. 당신의 영혼에 자비가 있기를 바란다."며 "당신은 우리에게 상처를 주었다. 당신은 많은 사람에게 상처를 주었지만, 하나님은 당신을 용서한다. 나도 당신을 용서한다."라고 말했다. 또다른 피해자 가족은 "나는 너를 용서하고 우리 가족도 너를 용서한다. 네가 우리의 용서를 참회의 기회로 삼아 지금보다 더 나은 사람이 되기를 바란다."고 했다. 또 다른 피해자 가족들도 "내 몸에 있는 살점 하나하나가 모두 아프고 나는 예전처럼 살아가지 못할 것 같지만 하나님께서 너에게 자비를 베풀기를 기도하겠다."고 했다.16) 이런 비극적인 참사와 용서 받지 못할 자를 용서하고 참회의 기회를 바라고 있는 사람들. 이 분들이야말로 천사 같은 마음을 가진 분들이 아닐까 하는 생각이 든다.

---

14) 미국에서 남부연합기는 백인 우월주의와 인종 차별의 상징으로 의식되지만, 아직도 남부 일부 지역에서는 남부연합기가 계양되고 있다. 남부연합기는 미국 국기인 성조기와 마찬가지로 붉은색, 푸른색, 하얀색을 주요 색상으로 하고, 미국의 주(州)를 별 모양으로 표시한다. 하지만 성조기의 별이 미국의 주인 50개인 것과 달리, 이 깃발에는 노예제에 찬성하는 13개 주를 의미하는 13개의 별만이 그려져 있다. 1861년 처음 만들어질 당시에는 사우스캐롤라이나·미시시피·앨라배마 등 노예제 찬성 지역을 상징하는 별이 7개뿐이었지만 이후 버지니아·아칸소 등 4개 주가 가세하고 북부 인근 지역인 미주리와 켄터키까지 합류하면서 총 13개로 늘어난 것이다. 남부연합기는 남북전쟁이 끝난 뒤, 미국 대다수 지역에서 인종 차별을 상징한다는 이유로 금지됐으나, 사우스캐롤라이나 주만이 유일하게 의사당에 이 깃발을 계양해 왔다. 사우스캐롤라이나 주 의회는 남북전쟁이 끝난 지 97년이 지난 1962년 의사당 돔 지붕에 남부연합기를 공식 계양하기도 했다.
15) 『The Huffington Post Korea』, 2015년 6월 29일자.
16) 『조선일보』, 2015년 6월 29일자.

3. 오바마 대통령의 리더십과 '어메이징 그레이스(Amazing Grace)'

오바마 미국 대통령은 2015년 6월 26일(현지시간) 이 증오 범죄로 희생된 클레만타 핑크니 흑인 목사의 장례식에 참석해 추도연설 도중에 'Amazing Grace(놀라운 은총)'라는 찬송가를 불러 화해의 리더십을 보였다.[17] 오바마 대통령의 입장에서 미국사회에 뿌리 깊은 흑백 인종갈등 속에 자칫 잘못하면 폭동으로 비화되는 살인사건은 항상 골칫거리임에는 틀림없다. 국가 원수로 이들의 갈등을 치유할 의무가 오바마 대통령에게는 있는 것이다. 어쩌면 자기도 여러 번 흑백 갈등 속에 구설수에 올랐기 때문일 수도 있다. 이 총기난사 사건의 경우에도 인종갈등 진영 간 전운이 감도는 상태였다. 오바마 대통령은 이에 존 바이든 부통령, 부인 미셸 여사와 함께 사우스캐롤라이나 주 찰스턴의 흑인교회인 이매뉴얼 아프리칸 감리교회를 찾아 총기난사 사건으로 목숨을 잃은 클레만타 핑크니 목사를 추도하게 된다.

오바마 대통령은 이 추도 자리에서 40분간 추도사를 하면서 이 사건에서 인종차별의 상징으로 부각된 '남부연합기'의 깃발 퇴출과 총기규제 강화를 주장하였다. 특히, 오바마 대통령은 우리는 "너무 오랜 기간 '남부연합기'가 너무 많은 시민들에게 가한 고통에 눈감았다"면서 "흑인이든 백인이든 많은 이에게 그 깃발은 조직적 억압과 인종적 예속의 상징이었다."고 연설했다.[18]

오바마 대통령은 40여 분의 추도연설이 끝날 무렵 잠시 침묵했다. 그러다가 찬송가인 '어메이징 그레이스'를 불렀다. "Amazing Grace, 얼마나 감미로운 말인가. 나 같은 불쌍한 사람을 구해주었지. 한때 길 잃은 양이었지만, 길을 찾았네. 한때 눈이 멀었지만, 이제 볼 수 있다네."

이윽고 숙연했던 추도 분위기 속에서 웃음과 박수가 터져 나왔고, 단상의 추도목사들도 하나둘씩 일어나 함께 불렀으며 마침내는 성가대와 5500여 명의 추도객들이 환호하며 웅

---

17) Amazing grace(나 같은 죄인 살리신)은 영국 성공회 사제인 존 뉴턴 신부가 작사한 찬송가로 1779년에 출간하였다. 특히 미국에서 애창되었으며, 백파이프 오르간으로 연주된다. "grace"란 하느님의 자비, 은총이란 뜻이다. 존 뉴턴은 1725년 영국 런던에서 상선을 탔었던 로마 가톨릭교회 신자인 아버지와 독실한 개신교 신자인 어머니에게서 태어났다. 모친은 그를 성직자로 키우려 했으나, 그가 겨우 6세였을 때 모친은 결핵으로 사망하고, 11살 때부터 상선의 선원인 아버지를 따라 도제로 배를 탔으며, 여러 곳을 다녔다. 특히 그는 흑인노예를 수송하는 소위 노예무역에 종사하게 된다.

18) 『조선일보』, 2015년 6월 29일자.

장한 찬송가를 따라 불렀다. 누구도 예상치 못했던 오바마의 찬송가에 추모객들은 일제히 일어서서 환호하며 합창하게 된다. 이어서 오바마 대통령은 희생당한 핑크니 목사를 포함해서 9명의 이름을 하나하나 부르며 "은총을 받았다"고 소리치기도 했다. 26일 장례식장은 슬픔보다는 위안과 평화가 가득했고 오바마 대통령은 증오의 현장을 치유한 대통령으로 기록되게 되었다. 워싱턴포스트 등 미국 언론들은 일제히 "오바마 대통령 재임 중 최고의 순간"[19]이라고 보도했다.

'Amazing Grace'는 흑인노예를 수송하는 수송무역에 가담했던 영국 성공회교회 사제가 과거를 반성하고 종교에 귀의한 후 작곡한 곡이다. 그러나 자기도 흑인계로 자신의 인종적 측면을 선전하기 꺼려 했던 오바마 대통령으로서는 이례적인 탁월한 선택이었다.

이 사건은 희생자 가족들이나 이 사건을 통해서 신이 미국사회에 내린 '어메이징 그레이스'에 대한 의미를 새롭게 깨닫게 한 사건이다.[20]

∥ 사진 9-3 ∥ 추모사 도중 노래하는 오바마

출처: 조선일보.

여기에서 경제지 포천은 오바마 대통령의 감성 리더십에 주목했다. 핑크니 목사에 대한 추도사에서 보여준 솔직함은 인종갈등의 본질을 그대로 드러내면서 이를 부정하는 상대방

---

19) 『ABC NEWS』 4:09 AM-27 Jun 2015.

20) 『The Washington Post』 Jun 27, 2015. Obama's eulogy of the Rev. Pinckney was extraordinary not just for his singing of "Amazing Grace," but for his exploration of the idea of grace, and why we need it now.

을 설득하는 데 좋은 자료가 되었다는 것이다. 대중뿐만 아니라 정치인에게도 자신의 감정을 이입하는 방식이 큰 힘을 발휘하는 경우가 많다고 포천은 평가했다. 임기 말 레임덕이 찾아오는 상황 속에서 오바마 대통령의 조문 정치는 스스로의 지지율 향상과 더불어 인종차별에 대한 뿌리 깊은 불신을 씻어내는 데 크게 도움이 될 것으로 평가된다.

사례 3   클린턴·부시 두 전직 대통령의 '위기관리 리더십'

1. 위기발생과 리더십

국가적 위기가 발생했을 때 최고지도자는 어떤 결단과 리더십으로 국가위기를 극복할 것인가에 대한 연구는 대단히 중요하다. 미국의 경우 조지 부시 전 미국 대통령과 빌클린턴 전 대통령의 결단과 리더십을 비교해 보고자 한다.

우선 두 전직 대통령의 위기대응 방법을 분석해 본다.

전 미국 대통령	위기 발생 시 대응방법	해법 연구
George W. Bush	모르는 문제는 전문가에게 맡겨라	민주당 케네디와도 속 터놔
Bill Clinton	완벽한 해법보다 빠른 해법이 낫다	70%만 해결되면 바로 시행

일단, 부시 전 대통령은 자기가 잘 모르는 문제에 대해서는 최고 전문가에게 의견을 들어보고 맡긴다. 또한, 해법을 강구하기 위해서는 상대당의 당수나 전직 대통령과도 상의하고 물어본다. 빌 클린턴 전 대통령은 중요한 결정은 차일피일 미뤄서는 안 되며, 이를 위해서는 종합적인 판단을 해야 한다고 했다. 그리고 신속한 결정을 요한 경우에는 완벽한 해법보다는 빠른 해법을 선택한다고 한다. 클린턴은 "재임 기간 중 테러조직에 대한 폭격을 고민하는데 이를 '오늘 결정할까, 내일 결정할까' 고민한 적이 있었다."며 "그런데 지나고 보니 오늘 결정해서 해결할 수 있는 확률이 70%이면 나중에 결정해 해결 확률을 100%로 끌어올리는 것보다 더 낫다는 것을 깨달았다고 했다. 그만큼 대통령의 결정은 시간과의 싸움"이라고 말했다. 또한, 100%는 아니더라도 70% 정도만 해결된다면 바로 시행

한다고 했다.[21)]

2. 위기관리와 리더십

┃ 사진 9-4 ┃ 부시와 클린턴 전 대통령

출처: 2015년 7월 9일 택사스 주 댈러스 AP 뉴시스.

위기의 본질은 근본적으로 리더십과 소통의 부재에서 온다. 리더십이 뛰어난 지도자는 소통의 커뮤니케이션도 뛰어나다. 20세기 마지막 미국의 대통령 빌 클린턴(Bill Clinton)은 위기관리 귀재로 알려져 있다. 예를 들면, 미국의 대통령은 미국 국민들에게는 최고의 도덕성을 요구하는 자리이다. 그럼에도 불구하고 그는 백악관에서 인턴직원 르윈스키와의 성 스캔들을 극복하고 무사히 임기를 채울 수 있는 대통령이 되었다.[22)] 미국의 제 33대 대통령 트루먼(Harry S. Truman, 1945-1953)은 자기 자신의 집무실 책상에 '모든 책임은 여기에서 끝난다.'고 할 정도로 대통령은 국정 최고의 책임자임을 명시하고 있다. 또, 제16대 대통령 에이브러햄 링컨(Abraham Lincoln, 1809-1865)도 '지도자는 국민에 대하여, 역사에 대하여, 하느님에 대하여 책임을 져야 한다.'고 말할 정도로 청교도적인 책임의식을 강조하고 있다.[23)] 이와 같이 미국의 역대 대통령들은 위기발생 시 리더십이 뛰어난 지도자들이었다. 그런 가운데 2015년 7월 9일 오전 미국 텍사스(Texas) 주 댈러스(Dallas) 시에 있는 조지 W 부시 대통령(제43대) 기념관에서 전 클린턴 대통령(제42대)과 부시 대통령이 함께 나란히 앉아 토론하게 되었다. 이들은 '대통령 리더십 연구(PLS:

---

21) 『동아일보』, 2015년 7월 13일자.

22) 이연, 『국가와 기업의 위기관리커뮤니케이션』, 박영사, 2010년, p. 75.

23) 이연, 『위기관리와 매스미디어』, 학문사, 2006년, p. 48.

Presidential Leadership Scholars)'[24] 프로그램의 1기 졸업식장에 참석차 들른 것이다. PLS는 미 역사상 최초로 전직 대통령이 주관하는 대통령 리더십 연구 프로그램이다. 클린턴과 부시 전 대통령은 1946년생 동갑으로 퇴임 이후에도 오랜 친구처럼 지내고 있다.

대통령 리더십의 특징에 대해 부시 전 대통령은 "재임 중 전쟁을 치르는데 수많은 결정의 순간이 다가왔다"며 "내가 특정 분야에 대해서는 잘 모른다는 사실을 인정하고 문제에 대처할 수 있는 전문가를 빨리 찾는 게 중요하다"고 강조했다. 그러면서 "일에 맞는 사람을 찾지 못하면 대통령에 대한 신뢰가 무너질 수 있고 이는 단순한 인사 문제가 아니라, 국가와 세계를 위태롭게 만들 수 있다"고 덧붙였다.[25]

또한, 2011년 5월 1일(美國 현지시각) 실시된 오사마 빈 라덴 제거 작전(Operation Geronimo E-KIA or Operation Neptune's Spear) 당시 미국 백악관 상황실 사진을 살펴볼 필요가 있다. 이 사진을 보면, 최고 지휘사령관인 오바마 대통령은 옆에서 쪼그리고 앉아 있는데, 실제로 작전지휘는 군 사령부의 작전 전문가가 하고 있는 것을 볼 수 있다.

‖ 사진 9-5 ‖ 빈 라덴 제거작전 모습

출처: 조선일보

---

24) http://www.presidentialleadershipscholars.org/,The presidential centers of George W. Bush, William J. Clinton, George H.W. Bush, and Lyndon B. Johnson have partnered to bring together a select group of leaders who share a desire to create positive change across our Nation. The unprecedented program allows participants to develop their skills to help the country face the toughest challenges of the 21st century.

25) 『동아일보』, 2015년 7월 13일자.

3. 해결책 모색

마지막으로 두 전직 대통령은 특히 정치적인 타협과 대화의 중요성을 여러 차례 강조했다. 전직 두 대통령은 모두 재임 시절 백악관에 야당 정치인을 자주 불렀던 것으로 유명하다. 요즘, 우리나라도 2016년 4월 13일 국회의원 선거로 야당이 대 승리를 거둬 협치라는 말이 대세를 이루고 있다. 빌 클린턴 전 대통령은 '누구라도 공손하고 정직하게 마음의 문을 열고 사려 깊게 다가간다면, 적과도 대화할 수 있어서 정치적 난제들을 해결할 수 있다'고 했다. 그러면서 그는 '당장의 성과에 매달리기보다는 문제를 풀어가기 위한 정치적 인내심과 과정이 중요하다'고도 말했다. 부시 전 대통령도 리더십 특강에서 '대화와 경청을 통해서 정치적 자산을 만들어낼 수 있다'고 했다. 부시는 '재임기간 동안 내가 속한 공화당과 일하는 것이 편했겠지만, 그러나 실제로 가장 터놓고 얘기할 수 있었던 사람 중 한 명은 민주당의 에드워드 케네디(존 F 케네디 전 대통령의 동생) 상원의원이었다'[26]고 털어 놓기도 했다. 이와 같이 정치의 세계에는 목적을 달성하기 위한 다양한 대화들이 이루어지고 있다.

사례 4	테러발생과 위기관리

1. 테러의 발생과 배경

전쟁과 테러는 엄격하게 구분되어야 한다. 전쟁은 국가나 이해 당사자 간의 입장 차이가 확연하고 공개적인 싸움이다. 따라서 전쟁에 대한 언론보도는 이해 당사자 간의 입장이 첨예하게 대립하고 있기 때문에 양측의 입장을 배려하는 중립적이고 객관적인 보도가 필요하다. 그러나 인질이나 납치, 테러의 경우는 테러집단 자체를 제외하고는 세계 거의 모든 사람들이 테러행동 자체를 반대하기 때문에 전쟁보도와는 확연히 그 성격이 다르다.

또한, 테러나 인질사건의 경우는 무엇보다도 인간의 고귀한 생명이 걸려 있기 때문에 신중에 신중을 기해 대응해야 한다. 뿐만 아니라, 그 피해자의 가족이나 명예, 인권, 프라

---

26) 『동아일보』, 2015년 7월 13일자.

이버시 등이 침해되지 않도록 각별히 주의를 하고 배려해야 한다. 불의의 사태로 입은 피해만도 억울한데, 프라이버시나 인권마저도 침해당한다면 얼마나 억울하겠는가. 테러나 인질사건의 경우 지나친 자극이나 인터뷰, 과도한 영상 사용 등은 자제하는 것이 좋다. 2004년 김선일씨 피살사건, 2007년 샘물교회 인질사건의 경우는 전쟁의 연장선상에서 일어난 테러사건으로 말하자면 전쟁과 테러가 한꺼번에 뒤엉켜 있는 복합적인 인질(hostage)사건이었다.

인질사건이나 테러의 경우는 언론보도 여하에 따라 잔혹해질 수도 있고, 또한 죽음으로도 이어질 수 있는 급박한 상황이다. 피해 당사국들은 특히 내·외신 보도에 끌려가지 말고 스스로 자제하면서 사태해결을 위해 노력해야 할 의무가 있다. 앞에서 언급한 김선일씨의 경우는, 피살 장소가 우리 군대가 파견돼 있는 전장이고, 또 국외이기 때문에 언론보도 내용에 따라 국익에도 중대한 영향을 미칠 수가 있기 때문에 신중을 기할 필요가 있었다.

1) 전쟁이나 테러, 납치 및 인질사태에 대한 대응

전쟁보도와 국민의 알 권리(right to know)는 불가분의 관계로 전쟁이나 분쟁, 재난발생 등 위험지역에서의 언론보도는 매우 중요하다고 하겠다. 일반적으로 서구의 언론인들은 분쟁지역이나 테러 등 위험지역에 대한 취재는 비교적 자유롭게 이루어지는 데 비해, 테러나 납치 등에 대한 결과에 대해서는 자기책임론 쪽에 무게를 두고 있다. 예를 들면, 영국이나 미국, 불란서, 독일 등의 경우는 자국의 저널리스트가 납치나 테러를 당했을 경우라도 정부는 끝까지 원칙을 지키며 테러리스트들의 주의주장에는 동조하지 않는다. 대신에 위험지역에 대한 사전 교육이나 사내 훈련 등은 철저하게 실시하여 현지에 파견한다. 결론적으로 위험지역에 있어서의 언론의 순기능인 '보도의 자유'와 '취재의 자유'는 반드시 보장되어야 할 것이다. 김선일씨의 피살사건을 둘러싼 언론보도에는 테러리즘(terrorism)만 있었고 저널리즘(journalism)은 없었다. 다시 말해서 테러집단의 주의주장은 여과 없이 언론에 그대로 보도되는 데 반해, 언론은 본연의 사명인 검증이나 게이트 키핑(gate keeping), 자율규제(self control) 기능 등이 마비된 채 저널리즘 기능을 상실하고 말았다.

2) BBC

영국의 〈BBC 가이드라인〉을 보면, 전쟁이나 테러, 인질사건에 대해서는 엄격하게 중립을 지키고 명확한 사실보도를 원칙으로 하고 있다. 보도 언어의 사용은 신뢰성과 객관성을 유지한 명확한 언어를 사용한다. 예를 들어 "우리군(our troops)"이 아니라, 제 삼인칭인 "영국군(British troops)"으로 객관보도를 견지하고 있다. 정보의 공포금지 항목에는 비록 영국군에는 적이 되더라도 "적(enemy)"이라는 표현은 쓰지 않도록 한다. 사상자나 포로의 영상에도 신중을 기한다. 즉, 사상자의 영상설명에는 신중을 기하고, 개인의 존엄을 배려 한다. 통상 클로즈업된 영상은 사용하지 않는다. 또한 피해자가 과도하게 받는 고통이나 비참한 보도는 특별한 이유가 있을 경우에 한한다. 나아가서 전쟁포로나 행방불명 등의 관계자 인터뷰는 통상적으로 방송하지 않는다. 이런 소재는 심문담당자에게 거꾸로 이용 당해 포로나 납치자의 안전을 위협할 가능성이 크기 때문이다. 이는 구색갖추기 식 가이 드라인이 아니라 실제로 지켜지고 있는 방침으로서, BBC는 1982년 영국과 아르헨티나의 포클랜드 전쟁 때 당시 수상이었던 마가릿 대처로부터의 비난과 공격이 있었음에도 "우리 군"이 아니라 "영국군"으로 보도했다.[27]

3) NHK

NHK에는 〈방송프로그램 기준〉이 있는데, 여기에도 테러나 전쟁보도에 관련된 조항이 있다. ① 제1항, 인권을 지키고 인격을 존중하며 개인이나 단체의 명예를 훼손하거나 신용을 손상하는 방송은 하지 않는다. 또, 직업을 차별적으로 취급하지 않는다. ② 제2항, 인종 적, 민족적 편견을 가지게 하거나 국제친선을 방해하는 방송은 하지 않는다. ③ 제3항, 종교에 관한 방송은 신앙의 자유를 존중하고 공정하게 취급한다. ④ 제6항, 공안 및 공익을 어지럽히는 방송은 하지 않으며, 폭력행위는 어떠한 경우에도 시인하지 않는다. ⑤ 제9항, 인명을 경시하거나 자살을 찬미하지 않는다. ⑥ 제10항, 범죄에 관해서는 법률을 존중하고 범인을 매력적으로 표현하거나 범죄행위를 시인하려고 하지 않는다. 또 범죄수단이나 경과 등에 관해서는 필요이상 상세하게 묘사하지 않는다. ⑦ 제11항, 표현에는 잔혹한 행위나 육체적인 고통을 상세하게 묘사하거나 과대한 암시를 하지 않는다.일본은 NHK 뿐만 아니라, 민방도 이와 비슷한 〈방송프로그램 기준〉이 있는데 유괴나 인질, 테러 등 잔혹한 행위에는 철저하게 자율규제의 보도정신을 지키고 있다.

- 2003년 4월 마츠이(지방상공회의소회장)씨가 이라크에서 납치돼 살해된 사건이 있었 는데, 이 사건 보도 시에는 그가 살해되어 발견되기 이전까지는 마츠이 씨의 사진이 나 얼굴이 언론에는 거의 보도되지 않았다.
- 2004년 이라크에서 일본의 외교관이 납치 후 살해된 사건 보도 때에도 피해자의 개

---

27) 이연 외 2인, 『분쟁지역 취재 매뉴얼』, 한국언론진흥재단, 2015년, p. 15.

인정보에 대해서는 상당히 자제하는 모습을 보여 주었다. 뿐만 아니라, 풀려난 직후에도 석방을 위해 노력한 이라크의 관계자들에게 감사해 하는 스킨십 장면만 수십 번 반복해서 보여줄 따름이었다.

- 또한 석방자들의 인터뷰 내용조차도 거의 언론에 보도되지 않았다. 그나마도 여성 한 명의 인터뷰가 유일한데 그 내용도 이라크 인들은 미워할 수가 없다는 내용이다. TV에 방영된 영상도 알자지라 방송을 그대로 중계하는 데 그치고 있었다. 그만큼 이라크 지역에 거주하는 일본인들의 안전이 중요하기 때문에 울분은 안으로 삭이는 모습이었다.

4) 한국

한국의 경우는 치열한 취재경쟁 속에서 근거 없는 추측보도가 난무했다. 정확한 사실에 의하지 않고 추측성 보도로 외교시스템을 비난하거나, 지나친 경쟁보도로 국익을 해치기에 이르는 경우가 많다. 뿐만 아니라, 납치된 피랍자의 안전은 아랑곳하지 않은 채 개인정보를 파헤쳐 선정성 보도를 하는 데 열을 올린 감이 없지 않았다.

- 특히 "김선일씨 사례에서" 목사지망생으로 미 군납업체의 직원(5월 20일자)이라고 하는 보도는 자제되어야 했었다. 이슬람의 입장에서는 지하드는 성전의 의미이고, 또 김 씨가 미 군납업체의 직원이라고 하는 개인정보가 여과 없이 보도된 것은 테러집단을 자극해 그를 죽음의 구렁텅이로 밀어 넣은 격이 되고 말았다.

- 나중에 김씨가 살해된 이후에 APTN이 보도한 비디오를 보면 그는 살기 위해 자기직업을 수학교사라고 숨기고 있는 상황이었다. 결과적으로 우리 언론은 김선일 씨가 일부러 감춘 정보를 납치자들에게 고자질한 격이 되고 말았다. 김씨가 살아남기 위해서 "나는 죽고 싶지 않다"고 영어로 절규하는 장면은 아직도 우리국민들 가슴에 생생하게 지워지지 않는 자극적인 장면이다.

- 여기에서도 그치지 않는다. 김씨가 살해되자마자 응징설을 보도하는가 하면, 현재 그의 어머니는 몇 번째 어머니이기 때문에 슬픔보다는 보상금에 더 관심이 많다는 등 가족들의 프라이버시 문제까지 파헤쳐 조객들의 눈살마저도 찌푸리게 했다. 이쯤 되면 주간지보다도 심한 태도가 아닐까.

2. 납치나 테러보도의 허용 한계

1) 납치나 테러보도

- 어떤 국가나 정부도 공식적으로 테러집단과 인질 교섭을 벌이는 것은 외교적으로 문

제가 있다. 더구나 한·미의 경우는 상호동맹에 의해서 이라크에 우리 군이 파견돼 있는 상황이다. 때문에 미군과 전투를 벌이는 무장테러집단에 굴복하는 자세는 미국이나 국제사회에 있어서도 신뢰의 문제가 제기 된다. 물론, 정부로서도 자국민이 납치당하면 이를 구출하기 위해 백방으로 뛰겠지만 이것은 어디까지나 노출되지 않는 비공식 접촉이 바람직하다. 따라서 언론도 국제 테러나 인질사건의 경우는 세계의 이목이 집중되는 만큼 정부나 민간의 교섭과정은 오프 더 레코드(off the record)로 하는 것이 바람직하다. 왜냐하면 국제사회에 그 국가의 교섭능력과 역량을 적나라하게 보여주는 사건이기 때문이다. 더구나 인질사건이나 테러의 경우는 납치 집단을 될 수 있는 한 자극하지 않는 범위 내에서 비밀리에 교섭하는 것이 효과적이다. 뿐만 아니라, 납치 집단은 역으로 언론보도에도 상당히 민감한 편이다. 따라서 누가 어디에서 누구와 교섭한다든가, 범인이 무엇을 요구한다든가 하는 등등의 협상 내용이나 진행상황은 보도하지 않는 것이 좋다. 그것이 또한 결과적으로는 협상력을 극대화하여 국익에 도움이 된다.

2) 허용 한계

일단 테러나 납치 사건이 일어나면, 언론사는 피랍자의 생사 여부와 그의 개인사에 대해 가장 많은 보도 유혹을 느끼게 된다. 그러나 이러한 유혹보도를 어느 정도 자제할 수 있는가가 해당 언론사의 성숙도를 재는 바로미터라고 할 수 있다. 따라서 우리 언론의 성숙된 보도를 위해, 납치나 테러보도의 허용한계를 다음과 같이 정리해 보고자 한다.

① 국제적인 납치나 인질, 테러보도는 신중을 기하고 자제하는 것이 바람직하다.

② 정부관계자나 민간인들에 의해서 진행되는 협상내용이나 과정은 비보도를 원칙으로 해야 한다.

③ 납치나 테러집단에 대해서는 문제가 해결될 때까지 가능한 한 자극하지 않는 것이 협상력을 높여 줄 수 있다.

④ 가급적 범인들이 요구하는 조건이나 내용은 보도하지 않는 것이 좋다.

⑤ 피해자나 피해자 가족 등 개인적인 신상정보에 대한 보도나 해설은 자제되어야 한다.

⑥ 특히, 이러한 재난발생 시 언론은 흥분하지 말고 차분하게 대응해야 한다. 이것이 오히려 문제 해결에 지름길이 될 수 있다.

⑦ 언론보도는 정확한 사실(fact) 근거에 의해서 보도하고 추측기사는 배제한다.

⑧ 개인이나 단체 및 국가의 명예를 훼손하거나 신용을 손상하는 보도는 하지 않는다.

⑨ 납치나 테러에 관해서는 법률을 존중하고 범죄수단이나 사건의 경과 등에 관해서는 필요 이상으로 상세하게 보도하는 일은 없어야 한다.

⑩ 잔혹한 범죄 장면이나 자극적인 현장중계, 그리고 과도한 암시보도도 자제되어야 한다.

특히, 지난 4월 이라크에서 일본인 납치사건에서 보았듯이, 일본의 언론들은 이러한 국익이 걸린 문제는 거의 모든 언론이 똘똘 뭉쳐 한 목소리를 낸다는 사실을 우리는 꼭 눈여겨 보아야 한다.

⑪ 전쟁이나 납치, 테러 등으로부터 위험한 취재지역에서의 취재는 가급적 삼가야 한다. 과거 이라크 전쟁 당시 일본신문협회는 기자단 보호를 위해 공동으로 비교적 안전지대인 요르단으로 기자단을 철수한 바 있다.

2) 테러 사건의 확산과 위기관리

9.11 테러 사건으로 뉴욕의 상징이던 110층짜리 무역센터 빌딩 2개가 완전 붕괴되는가 하면 2819명의 희생자와 막대한 재산피해를 가져오게 되었다. 그 후 미국의 부시대통령은 저녁 8시 30분 텔레비전 연설에서 이번 동시다발테러로 "수천 명의 사람들이 한 순간에 목숨을 잃었다." 이는 분명히 "전쟁행위"라고 선언하면서 앞으로 테러에 대한 응징으로 보복할 뜻을 강력하게 내비쳤다. 미국 행정부 관계자들은 이 테러사건의 배후 인물로 사우디아라비아 출신의 오사마 빈 라덴(Osama Bin Laden)으로 결론 내리고 보복 공격에 착수하게 된다. 또한, 미국 연방수사국(FBI)도 납치된 여객기 안에서 오사마 빈 라덴의 추정자로 보이는 테러 용의자들의 통화 내용을 감청한 결과 빈 라덴이 테러에 개입했다는 결론을 내리게 되었다.[28]

---

28) 『Washington Post』, 2001년 9월 12일자 및 『한겨레신문』 9월 13일자 참조.

3. 북한산에 나부낀 테러 깃발

┃ 사진 9-6 ┃ 2015. 12. 호주 인질극 테러범과 동일 깃발로 추정

출처: 중앙일보.

우리나라도 이제는 IS테러로부터 자유로운 청정지역이 아니다. 위 사진은 2015년 4월 북한산에서 이슬람 무장단체인 '알누스라'의 깃발을 들고 있는 인도네시아인 A씨이다. 그는 '알라 외에는 신이 없다. 무함마드는 알라의 사도'라는 뜻의 아랍어 밑에 '자브하트 알누스라(알누스라 전선)'라고 적혀 있는 깃발을 들고 있다.[29] IS 1인자 알 바그다디가 만든 무장단체 '알누스라' 추종 인도네시아의 불법체류자를 검거한 건에 대하여, 국가정보원장은 국회 정보위에 출석해서 위험한 외국인 48명에 대해 강제 출국 조치를 취했으며 이 중 1명은 헤즈볼라 대원이었다고 말했다.

전문가들은 검거된 A씨가 들고 있던 깃발이 2015년에 호주에서 인질극을 벌인 테러범들이 사용한 깃발과 같은 깃발로 보고 있다.

2015년 11월 18일 경찰은 이슬람 무장테러단체 '알누스라'를 추종하는 인도네시아인 불법체류자 A씨(32)를 검거했다. 경찰청은 A씨가 소셜네트워크서비스(SNS)를 통해 자신

---

29) 『중앙일보』, 2015년 11월 19일자.

을 '알누스라 전선병'이라고 소개했다고 밝혔다. 알누스라는 테러단체는 파리 테러를 일으킨 이슬람국가(IS) 지도자 알바그다디가 2012년 시리아에서 만든 테러집단이다. 이를보면, 한국도 테러의 '무풍지대'가 아니라는 것을 알려주고 있다.[30)

사례 5   **재난관리와 정권의 몰락**

지진이나 산사태, 원전폭발 등 대형재난은 이제 세계 도처 어디에서나 일어나고 있다. 이러한 대형재난은 국가의 존립마저 뒤흔들기 때문에 정부의 대응 역할이 대단히 중요하다고 하겠다. 우선 재난발생 시 초동대응은 국민의 생명과 재산을 보호하는 데 직접적으로 영향을 미치게 된다. 따라서 각국의 정치지도자들은 대형 재난이 일어날 때는 최고의 재난전문가들을 동원해서 신속하게 대응해야 한다. 실제로, 세계 각국의 시민들은 지도자의 대형재난에 대한 대응능력을 리더십의 주요 항목으로 평가하고 있기 때문이다. 따라서 대형재난 발생 시에 정치지도자의 대응능력은 정치생명의 바로미터가 되었다. 미국이나 일본의 사례에서 보았듯이 대형재난을 성공적으로 잘 수습한 지도자는 정권을 창출하는 반면, 재난을 잘 극복하지 못한 지도자는 국민의 신뢰를 잃어버려 결국에는 정권을 빼앗기는 경우가 많았다. 여기 몇 가지 사례를 통해서 살펴보기로 한다.

1. 1995년 고베 한신대지진과 사회당 정권의 퇴진

1995년 1월 17일 효고현(兵庫縣)의 고베시와 한신 아와지 지역에서 규모 7.2의 강진이 일어났다. 1995년 한신 대지진은 그때까지 일본 지진관측 사상 최대 규모의 지진으로, 6300여 명이 사망하고, 1400억 달러의 피해가 난 대지진이다. 당시는 사회당 정권이 집권할 때인데 무라야마 토미이치(村山 富市) 사회당 당수가 총리였다. 무라야마 총리는 지진발생 직후 재난대응 능력부족으로 늑장대응하면서 지지율이 급락하게 된다. 결국 그해

---

30) 『중앙일보』, 2015년 11월 19일자. 알누스라(Al-Nusra)는 급진 수니파 무장세력 이슬람국가(IS)의 지도자 알바그다디가 2012년 시리아에서 만든 테러단체이다. 2013년 IS가 상부 단체인 알카에다와 결별한 것에 반발해 IS에서 탈퇴한 뒤 독립적으로 활동 중이다. 시리아 내전 후 벌어진 각종 자살 테러를 자신들의 소행이라고 주장하며 IS와 영향력 경쟁을 벌이고 있다. 소속 대원은 약 1만여 명으로 추정된다.

7월 참의원 선거에서 참패하면서 재난발생 후 1년이 채 못가서 1996년 1월 5일에 정권을 넘겨 주었다.

2. 2011년 3·11 동일본 대진재와 민주당 정권

2011년 3월 11일 14시 46분경 도호쿠 지방 미야기 현 센다이 동쪽 179Km 해역에서 규모 9.0의 초대형 대지진이 발생하게 된다. 이 동일본 대지진은 한신대진재 이래 일본의 관측 사상 최대 규모의 쓰나미가 발생하게 되는데, 무려 그 높이가 40여m에 달했다. 이 거대 쓰나미는 마침내 원자력발전소를 덮치게 되는데, 결국 이 원전이 폭발해서 대규모 원전사고가 일어나게 된다. 2016년 3월 10일 현재 동일본 대진재로 15,800여명이 사망하고 2,500여명이 실종됐다. 그 밖에도 62,112호의 건축물이 파괴되었고, 193,921호가 손상되었다.[31]

3·11 동일본 대진재 당시 일본의 민주당총리 간 나오토(菅直人)는 초동대응을 잘못해 시종 원전수습에서 갈팡질팡 하면서 허둥대게 된다. 결국 원전폭발에 대한 초동대응 잘못으로 후쿠시마지역은 엄청난 피해를 입게 되어 향후 300여 년간은 폐허가 불가피해 보인다. 2016년 3월 현재 재난이 일어난 지 5년이 지났는데도 불구하고 아직까지도 원전수습이 제대로 이루어지지 않고 있는 상태다. 또한, 진재발생 당시 각 지방자치단체에는 구호물품들이 쇄도했지만, 민주당 정권은 이런 구호물품조차도 제대로 어떤 절차를 거쳐, 어떤 수송 방법으로 현지에 전달할지에 대한 구체적인 매뉴얼 제시도 하지 못했다. 결국, 이들을 한동안 창고에 쌓아두었다가 여론에 호된 질책을 받기도 했다. 마침내 간 나오토 총리의 리더십 부재가 결국 지지율 폭락으로 이어지게 된다. 다음 해 2012년 총선에서 참패하면서 12월에는 민주당 정권이 아베총리를 중심으로 한 자민당에게 정권을 빼앗기게 된다.

3. 구마모토진재와 아베총리의 초동대응

아베총리는 재난대응을 잘못해 몰락한 민주당 정권의 종말을 직접 목격하면서 그는 이번 구마모토 강진에 대한 초동대응의 중요성을 그 누구보다도 잘 알고 있었을 것이다. 2012년 말 취임 이후 '아베노믹스'로 상징되는 경기활성화 정책과 함께 헌법 제9조의 개정으로 전쟁을 할 수 있는 보통국가 건설이 아베의 가장 중요한 역점의 과제였다. 천신만고 끝에 집단적 자위권을 국회에서 강행처리하면서 개헌론에 불을 지핀 상황이었다. 그런

---

31) 『연합뉴스』, 2016년 4월 19일자.

데 이런 대형 재난은 아베가 지향하는 개헌론에는 분명히 장애임에는 틀림없다. 이러한 사실들을 잘 알고 있는 아베총리로서는 재난 초기단계에서부터 주도면밀하게 대응하게 된다. 먼저 제1성으로 "주민의 안전을 최우선으로 해서 응급 재해 대책 마련에 전력을 다하겠다."고 했다. 과거 민주당 정권처럼 처음부터 허둥대는 모습을 보였다가는 총리직 퇴진으로까지 몰릴 수도 있었겠지만, 당시와는 전혀 다르게 선제적 대응조치로 조기수습에 진력하고 있는 모습이었다.[32]

그 실례로 지진이 발생한 14일 저녁에는 식사도중 지진발생 소식을 듣고, 바로 관저로 향했다. 총리 관저 앞을 지키고 있던 NHK 기자 등에게 '결연한' 목소리로 수습 의지를 전 국민들이 보는 앞에서 생방송으로 피력하게 된다. 이어서 아베총리는 관저에서 강진 보고를 받은 뒤 곧바로 비상재해대책본부 회의를 주재하고, 일본 정부 전 부서는 하나가 되어 지진대책에 최선을 다해 달라고 지시하게 된다. 또한, 정부 각료회의에 참석해서도 마찬가지로 신속한 대응을 주문했다. 이렇듯 아베총리는 신속한 초동대응으로 2차 피해를 막는 데 전력을 다했다고 한다. 결과적으로 아베총리의 신속한 초동대응은 상당히 성공적이었으며, 2016년 7월 10일 참의원 선거에서 대승을 거두어, 국민들로부터도 지지를 받았다고 할 수 있다.

4. 조지 부시(George Walker Bush) 대통령과 허리케인 카트리나

2005년 8월 29일 오전 6시(현지시간) 루이지애나(State of Louisiana) 주 뉴올리언스(New Orleans) 시에 허리케인 카트리나(Katrina)가 상륙했다. 태풍의 강도는 바람의 강도와 규모에 따라 5단계로 나누는데, 카트리나는 3등급으로서 시간당 풍속 178~209㎞의 강한 바람을 동반했다. 뉴올리언스 시는 카트리나에 의해 제방 둑이 무너지면서 삽시간에 바닷물이 도시의 80%를 삼켜 인명과 재산 피해가 막대하게 늘어나게 되었다. 뉴올리언스는 흑인문화와 유럽풍인 프랑스, 스페인, 카리브 해 등의 전통 문화가 뒤섞여 있는 독특한 문화도시로 미국인들에게는 다양한 볼거리를 제공하는 도시이다. 이러한 뉴올리언스가 10만 채에 달하는 가옥파손과 함께 사망자 1,836명, 이재민 110만 명 등 재산피해액도 약 1,000억 달러에 달했다. 미국의 자연재해 역사상 최대의 피해 수치를 기록한 재난이었다.[33]

---

32) 『연합뉴스』, 2016년 4월 19일자.
33) 『한겨레신문』, 2005년 9월 4일자.

그러나 이러한 큰 재난에 정부가 늑장대응을 하는 바람에 뉴올리언스에는 약탈과 방화, 총격전, 성폭행 등 무법과 탈법이 난무해 치안부재 상태가 계속 이어지게 되었다. 이런 절박한 순간에 뉴올리언스 시장이 아무런 설명도 없이 2시간이나 자리를 비웠고, 부시 대통령도 국가적인 대 재난 발생 이후에 만 하루 만에 휴가에서 복귀했다. 이날 부시 대통령은 민주당의 지지세가 강하고 민주당 출신의 주지사가 집권하고 있던 루이지애나 주에 카트리나가 상륙한다는 것을 예측하고는 있었다. 그는 "적십자사에 현금을 송금하라."는 한 마디를 했다. 수많은 사람이 익사하는 동안 부시는 애리조나 주까지 가서 상원의원인 존 매케인(John McCain)과 함께 생일 축하 케이크를 자르고 골프도 쳤다. 그런 다음 캘리포니아 주로 가서 정치 자금 모금 행사에 들러 컨트리음악 가수와 기타를 치며 노래도 불렀다. 당시의 재난관리청장(FEMA) 마이클 브라운(Michael Brown)도 부시 대통령의 선거참모로 재난관리에는 문외한이었다. 그는 카트리나가 육지를 휩쓸고 간 지 5시간이나 지난 이후에야 직속상관인 국토안전보장성 장관 마이클 체르토프(Michael Chertoff)에게 달려갔다. FEMA의 전·현직 직원 1000여 명을 홍수 피해지역에 급파하기 위해 국토안전보장성 장관으로부터 승인을 받기 위함이었다. 그러면서 그는 대응할 시간이 이틀밖에 남지 않았다고 보고했다. 그러나 체르토프 국토안전보장성 장관도 36시간이 지난 이후에야 연방 정부가 지방정부를 지원해 주는 '국가 차원의 중요 재난'을 선포하게 된 것이다. 이러한 부시 대통령과 주변 고위 각료들의 부적절한 대응과 처신, 그리고 인종 갈등 문제 등으로 구호 활동이 제대로 이루어지지 않아서 피해자들의 불만은 극도에 달하게 되었다.

부시 대통령을 비난하는 사람들 중에는 이번 재해의 최대 피해자는 흑인이라고 주장하는 사람이 있었다. 즉, 부시 정부가 흑인과 빈곤층들이 굶어죽는 상태에까지 내몰리도록 무정부상태를 방치했다는 지적이다. 뉴올리언스에는 전체 인구 485,000명 중 약 10만 명 정도가 해수면보다 낮은 지역인 빈민가에서 살고 있는데, 이들 대부분이 흑인들로 대피도 제대로 하지 못했다.

드러지 리포트에 의하면,[34] 뉴올리언스에서 일부 흑인들은 생존을 위해 인육을 먹기 시작했다고 보도하기도 했다. 어떤 피해자는 이 드러지 리포트에서 자신은 올해 64세의 흑인이라고만 소개한 뒤 카트리나가 지나간 지 나흘이 지났지만 지금 뉴올리언스에서 수천 명의 흑인들이 개들처럼 살고 있는데도 아무도 우리를 도와주지 않는다고 비난했다. 로이터 통신도 3일 카트리나 참사 때문에 집을 버리고 나온 피난민들에 대해서 특집으로 보도

---

34) 『durge report』, 2005년 9월 3일자.

했다. 그 중에서도 특히, 피해자들이 임시 거주지에서 자행되고 있는 강간과 살인, 주 방위
군들의 잦은 총격 등에 몸서리를 치고 있다고 전했다. 부시 대통령은 카트리나가 지나가
고 나흘 뒤에야 수석보좌관으로부터 무수한 주민이 익사하고 있다는 소식을 들었다. 부시
는 일주일 치 뉴스를 편집한 자료를 보고 급히 루이지애나 주로 내려가 현황 파악과 구호
에 나서는 모습이었다.[35]

　이와 같이 카트리나로 인한 피해규모가 상상을 초월하면서 뉴올리언스 참사에 대한 부
시 행정부의 늑장대응과 부적절한 처신에 대한 비난 여론이 봇물처럼 쏟아졌다. 현지 언
론들은 피해지역 방문은 부시 대통령이 당연히 해야 할 일임에도 불구하고 허리케인이 휩
쓸고 간 지 나흘이나 지난 9월 2일에야 피해 지역을 둘러봤다고 비난했다. 그것도 부시
대통령은 정작 약탈과 방화로 무법지대가 된 뉴올리언스 도심지역이나 수만 명의 이재민
들이 임시 수용된 컨벤션 센터, 슈퍼 돔은 찾아가지 않았다. 뉴올리언스 공항에 도착하여
잠시 현직 시장만 만나고 공항 터미널에 차려진 임시병원도 방문하지 않은 채 워싱턴으로
돌아갔다는 것이다. NBC 방송은 부시 대통령이 꼭 살펴봐야 할 지역은 뺐다고 비판했고,
민주당에서도 부시 책임론을 공개적으로 거론하기 시작했다.[36] 게다가 딕 체니(Dick
Cheney) 부통령과 국무장관도 한가하게 휴가를 즐기거나 뮤지컬을 관람했다가 비난 여론
에 휩싸였다. 딕 체니는 뉴올리언스에서 수천 명이 죽어가는 동안 와이오밍(Wyoming) 주
에서 느긋하게 휴가를 보내고 있었다. 그 사이 그가 CEO로 있었던 핼리버턴은 카트리나
가 휩쓸고 지나간 잔해를 치우기 위해 수백만 달러짜리 계약을 체결하느라 바삐 움직였다.
당시 루이지애나 주지사 캐슬린 블랭코(Kathleen Blanco)가 뉴올리언스의 스쿨버스와 시
내버스를 총 동원해 주민들을 시 외곽으로 운송하는 조치를 취하는 게 어떻겠느냐고 문의
하자 담당관은 FEMA 소속 버스를 보내 줄 테니 기다리라고 답했다. 그러나 버스는 끝내
오지 않았다. FEMA 청장, 국토안보부 장관, 부통령, 대통령 모두 재난상황 속에서 신속하
게 대응하지 못해 수습에 차질을 빚은 참사다. 당초 앤드루 카드 백악관 비서실장도 카트
리나가 멕시코만을 강타할 것이란 예보가 나온 상황에서도 휴가를 계속 즐겼다. 뿐만 아
니라, 콘돌리자 라이스 국무장관도 뉴욕 도심에서 쇼핑을 즐기고 뮤지컬을 관람하다 인터
넷에 비난의 글이 쏟아지자 워싱턴으로 급거 귀환했던 것으로 알려졌다.[37]

---

35) 『뉴시스』, 2015년 8월 28일자.
36) 『NBC』, 2005년 9월 2일자 보도.
37) 『한겨레신문』, 2005년 9월 4일자.

　결국, 허리케인 카트리나로 인한 민심 이반이 점점 심각해져서 미국의 공화당 정권이 민주당의 오바마 정권으로 교체되는 계기가 된다. 이에 대한 반성으로 부시 전 대통령은 퇴임 이후에도 카트리나 10주년 기념식인 2015년 8월 29일 부인 로라 여사와 함께 뉴올리언스를 방문해서 피해자들을 위로하기도 했다.

5. 그 밖의 지도자들

　미국의 뉴욕시장이나 러시아의 모스코바 시장들의 경우도 제설작업을 잘못하면 시민들이 반발해 책임을 지는 경우가 허다하다. 2010년 12월 뉴욕에 폭설이 내렸을 당시 드블라지오는 마이클 블룸버그 시장의 제설작업을 맹비난해 차기에 자기가 시장이 된 바 있다. 또한, 2015년 1월 29일 미국의 국무장관 존 케리(John Kerry)도 자신의 집 옆 인도에 눈을 치우지 않았다는 이유로 50달러의 벌금을 부과 받았다. 당시 케리 장관은 오바마 대통령과 함께 사우디아라비아를 방문하고 있었다. 공무로 사우디아라비아를 방문하고 있는 국무장관이라도 자기 집 주위의 눈을 제대로 치우지 않아서 실정법인 소방법 위반으로 벌금을 내게 된 사례다.

제 **10** 장

세계 지도자들의 눈물과 위기관리 리더십

세계 지도자들의 눈물과
위기관리 리더십

사례 1 눈물의 리더십과 위기관리

1. 왜, 눈물이 나는가?

세계 정상들은 왜 눈물을 흘리는가? 눈물은 언제 나는가? 생물학적으로 눈물은 눈물샘에 생성되어 있는 눈물이 눈물구멍으로 흘러나와 눈물소관을 거쳐서 코 눈물관으로 배출되는 분비액이다. 사람의 경우에는 외안각(눈꼬리)에 가까운 윗 눈꺼풀 뒤에 있는 눈물샘(누선) 및 그 부근에 산재하는 부누선에서 결막낭 안으로 분비되는 투명한 액체이다. 눈물은 각막과 결막을 항상 적셔서 이물질을 씻어냄과 동시에 각막 상피에 포도당과 산소를 공급해 주는 역할을 한다. 1일 분비량은 1~1.2m이고 수면 중에는 분비되지 않는다. 그리고 생후 3개월 이내의 신생아는 울어도 눈물이 나오지 않는다. 젊은 사람은 노인보다 분비량이 많고, 여성이 남성보다 많다. 눈물샘은 삼중으로 신경의 지배를 받고 있지만, 세부적으로는 아직도 불분명한 점이 많고, 슬플 때에 다량의 눈물이 나오는 이치도 알려져 있지 않다고 한다. 슬플 때나 기쁠 때, 매우 놀랄 때, 춥거나 건조할 때 등에 눈물이 난다. 오감에 의해서 눈물이 나는 것은 가장 순수하고 맑고 정직한 행동이다. 그러나 눈물을 자의적으로 억제하거나 강제하는 행위도 자연에 반하는 태도라고 한다.[1]

---

1) http://terms.naver.com/entry.nhn?(두산백과, 2016. 5. 1)

2. 세계정상들의 눈물과 위기관리

정치인들에게 눈물은 '약'인가 '독'인가? 눈물은 정치인들에게는 딱딱한 이미지를 벗고 부드럽게 변신할 수 있는 기회가 되는 동시에, 다른 한 편으로는 강인한 이미지를 약화시킬 수도 있다. 예로부터 동양에서는 남자의 눈물은 유약하게 보이기 때문에 결코 눈물을 보여서는 안 된다고 했다. 그러나 최근에는 글로벌 사회로 접어들면서 여성 지도자들의 활동이 점점 많아짐에 따라서 남성중심의 사회에서 급속하게 여성중심의 사회로 옮겨가고 있다. 따라서 남녀를 불문하고 감성적인 눈물이 상당한 호소력을 지닐 경우가 많다.

서방진영의 지도자들은 개인이나 가족사를 떠올리는 과정에서도 종종 눈물을 보이는 일이 있다. 2008년 대선 경선에서 오바마가 연설 도중에 세상을 떠난 할머니를 회고하면서 울었던 장면은 두고두고 회자되고 있다. 고든 브라운(Gordon Brown) 전 영국 총리도 2010년 TV에서 어린 나이에 숨진 자기 딸에 대해 이야기하다가 눈물을 흘렸다. 토니 블레어(Anthony Charles Lynton Blair) 전 영국 총리도 2007년 다이애나 비(Diana Frances Spencer)의 사망 소식을 발표하면서 영국 내에 뜨거운 애도의 열기에 동참이라도 한 듯 눈물을 보이기도 했다.[2] '눈물'은 정치인들에게는 카리스마와 마찬가지로 강력한 무기가 된다. 때로는 눈물로 지지를 호소하기도 하고, 때로는 눈물로써 유권자들에게 공감하고 있다고 표시하기도 한다. 물론, 자신의 감정에 북받쳐 눈물을 흘릴 때도 있다.

1) 공자의 눈물

논어에 따르면, 공자도 애제자의 죽음 앞에 밤새 무릎 꿇고 합장하여 절규한다. "하늘이시여! 어이하여 이 사람에게 이러한 형벌을 주셨나이까?" 그 동안 한 번도 보이지 않던 공자의 눈물이다. 공자문하에는 훌륭한 인물들이 많았다. 그 가운데 일찍 세상을 등진 아까운 재질의 사람들이 있었는데 바로 애제자 안회(안연)와 염백서(염백우)이다. 염백서는 공자에게서 많은 사랑을 받은 인물이지만, 악성 피부병인 대풍창에 걸려 사경을 헤맸다. 제자의 병환 소식을 접한 공자는 노구를 이끌고 염백서의 집을 찾아 나선다. 물어물어 어렵게 도달한 백서의 집. 그러나 흙으로 만든 작은 오두막 속에 갇혀 있는 제자는 볼 수도 없거니와, 염백서도 참혹한 모습을 선생님에게 보일 수 없어서 공자의 접근을 막게 된다.[3]

2) 『경향신문』, 2016년 1월 5일자.

3) http://blog.naver.com/jhon119?Redirect=Log&logNo=107312853(2016. 4. 3.) 공자는 물어물어 어렵게 백서의 집에 도달했다. 그러나 백서의 집은 마당 한 편에 오직 창문 하나만 달랑 있을 뿐 사방이 막힌 흙으로 만든 작은 오두막집 속에 갇혀 있었다. 제자를 볼 수도 없거니

노경의 공자가 밤새 잠 한숨도 자지 않고 아픈 제자를 위하여 무릎 꿇고 오두막집 앞에서 하얗게 밤을 새자. 마침내 백서도 항복해서 선생님과의 만남을 허락한다. 온몸의 마디마디가 문드러진 염백서는 차마 선생님에게 자기 몸을 보일 수 없었지만 끝내 스승과의 만남을 허락한 것이다.

이에 공자는 제자의 두 손을 부여잡고 절규한다. "하늘이시여! 하늘이시여! 어이하여 이 사람에게 이러한 형벌을 주시나이까?"하면서 제자를 위하여 하늘을 향해 통곡하는 눈물은 너무나도 감동적이다.

2) 처칠의 눈물

윈스턴 처칠(Winston Churchill, 1874~1965)은 영국 총리로 제2차 세계 대전을 승리로 이끈 주역이다. 시대가 영웅을 낳고, 낳은 영웅이 시대를 지배하게 되기도 한다. 윈스턴 처칠이 바로 그러한 인물이다. 1941년 2월 9일 영국 BBC 라디오에서 "내가 조국에 바칠 것은 피와 땀과 눈물밖에 없다"고 한 처칠의 명연설이 그것을 나타낸다. 윈스턴 처칠 총리는 실제로 눈물 잘 흘리는 정치가로 유명한 인물이다. 1944년 노르망디 상륙작전에 성공한 직후 파리를 방문한 처칠 수상은 거리를 행진하며 환호하는 시민들을 보고 눈물을 흘렸다.

3) 푸틴의 눈물

현대의 세계 정치가들 중에 눈물로 가장 화제가 됐던 인물은 러시아의 블라디미르 푸틴 대통령이다. 2012년 3월 4일 밤 대통령 선거 선포식에서 제3선에 성공한 직후 푸틴이 흘린 승리의 눈물 때문이다. 출구조사 결과 당선을 자신한 푸틴은 모스크바 크렘린궁 옆 광장에서 10만여 명의 자기 지지자들이 모인 가운데 '완전한 승리'를 선포하면서 연설 도중 감정이 복받쳐 눈물을 흘렸다.[4] 그는 평소에 피도 눈물도 없을 것 같이 보였지만, 선거에

와, 참혹한 모습을 선생님에게 보일 수 없다는 백서는 마침내 공자의 접근을 막고 만다. 이미 노경에 접어든 공자는 밤새도록 한숨도 자지 못하고 아픈 제자를 위하여 밤새 무릎을 꿇고 오두막집 앞에서 하얗게 밤을 지새웠다. 그러자 백서는 마침내 선생님과의 만남을 허락하게 된다. 온몸의 마디마디가 물러터진 문드러진 몸뚱아리를 차마 선생님에게 보일 수 없었던 백서는 헌 옷을 찢고 찢어 고름과 피를 닦아내 말끔한 모습으로 선생님을 만난 것이다. 그 작은 오두막집 봉창 앞에는 일회용으로 쓰고 버린 나무 그릇의 잔해는 가득히 메워졌고, 혹시나 전염 될까 두려워 아무도 찾지 않는 백서의 집은 괴기스럽기까지 하였다. 너무나 참담한 현실에 낙담한 공자는 제자의 이름을 부르면서 면회를 요구하지만, 피를 토하는 절규로 백서는 기어이 공자를 만나지 않다가 마침내 사제는 상봉하기에 이른다.

4) 『주간경향』, 2016년 3월 15일자.

서 승리한 직후에 눈물을 흘렸기 때문이다. 푸틴을 추종하는 지지 세력들은 푸틴이 보여준 연약한 모습을 환영했지만, 그 반대 세력은 '악어의 눈물', '악마의 눈물'이라며 쇼라고 비난하기도 했다. 1980년에 개봉된 영화 제목에서 따온 '모스크바는 눈물을 믿지 않는다.'는 말이 유행어가 될 정도였다. 푸틴이 흘린 눈물이 진심에서 우러나온 것이 아닌 정치적 퍼포먼스였고, 누구도 그 눈물이 진실이라고 믿지 않는다는 의미가 반영된 것이다. 결국 드미트리 페스코프 대통령 공보비서는 "대통령은 운 것이 아니라 날씨가 추워서 눈물이 저절로 나온 것"이라고 해명하기까지 했다.[5]

4) 캐나다 쥐스탱 트뤼도의 눈물

2015년 12월 캐나다 쥐스탱 트뤼도 총리도, 캐나다 원주민 기숙학교에서 발생한 아동학대 사건 보고서 발표를 듣던 중 뒤돌아서서 손수건으로 눈물을 닦았다. 트뤼도 총리는 세 자녀를 둔 아버지다.

5) 아웅산 수지 여사의 눈물

그 동안 15년에 걸쳐서 세 차례나 가택연금을 당했던 아웅산 수지 여사는 자기의 해금 소식과 함께 기자 회견 도중 고난의 세월이 떠오른 듯 터지는 눈물을 참지 못했다.[6]

6) 오바마의 눈물

2016년 1월 5일 버락 오바마 미국 대통령은 총기 거래를 강력하게 규제하는 행정 명령을 발표하면서 눈물을 흘려서 화제가 되었다.[7] 특히, 그는 2012년 코네티컷 주(州) 뉴튼의 한 초등학교에서 총기 난사 사건으로 20명의 아동이 사망한 사건을 언급하며 눈물을 흘렸다. 그의 눈물은 숙원 사업인 총기 규제를 반드시 관철하겠다는 의지의 눈물로 보였다.[8]

7) 미국 존 베이너 전 하원의장의 눈물

존 베이너 전 하원의장(공화당)은 미국 정가에서는 '울보'로 통하고 있다. 2011년 낸시 펠로시 하원의장에게 자리를 넘겨받을 때부터 울기 시작해 그해 우주인 닐 암스트롱에게 '미 의회 금메달'을 수여하는 장면에서 침착함을 유지하는 암스트롱 옆에서 정작 자신이

---

5) 『조선일보』, 2016년 1월 9일자.
6) 『조선일보』, 2016년 1월 9일자.
7) 『경향신문』, 2016년 1월 5일자.
8) 『조선일보』, 2016년 1월 9일자.

감격에 겨워 눈물을 흘렸다. 2015년 9월 교황이 미 의회 연설을 할 당시에도 하염없이 눈물을 흘려 존 베이너는 울보로 알려지고 있다.9)

8) 부시의 눈물

2008년 12월 14일 부시 대통령이 추수감사절 날 극비리에 이라크를 방문했다. 그리고 600여명의 미군 장병 앞에 섰다. 뜻밖에 나타난 대통령에게 깜짝 놀라서 환호하는 미군 장병들 앞에서 부시는 눈물을 보였다. 부시는 장병들 앞에 서서는 미소와 함께 조크부터 던졌다. 입에는 미소를 띠고 있었지만, 눈에는 눈물이 맺혀 있었다. 그러한 부시의 모습은 추수감사절 날 미국 전역에 TV로 그대로 방영되었다. 부시의 눈물어린 이라크의 기습 방문은 대선을 목전에 두고 있었기 때문에 부시의 정치 쇼가 아닐까 하는 사람들도 많았다.10)

9) 루이스 이냐시우 룰라 다 실바 브라질 대통령의 눈물

루이스 이냐시우 룰라 다 실바 브라질 대통령은 2016 리우 올림픽 유치가 확정되자 눈물을 흘렸다. 2009년 루이스 이냐시우 룰라 다 실바 당시 브라질 대통령은 2016년 리우 데자네이루 올림픽 유치가 확정되자 손수건을 꺼내 눈물을 닦았다. 그러나 그는 지금 부정부패로 사법처리 될 위기에 몰려 있다.

10) 힐러리 클린턴의 눈물

2008년 대선 경선 당시 민주당 후보였던 힐러리 클린턴 전 국무장관은 아이오와 주 경선에서 3위로 참패한 뒤 뉴햄프셔 주 유세 중 유권자와 대화중에 눈물을 머금고 말을 잇지 못했다.

11) 박근혜 대통령 및 그 밖의 지도자들의 눈물

박정희 전 대통령의 눈물, YS 전 대통령의 눈물, DJ 전 대통령의 눈물, 노무현 대통령의 눈물, 이명박 전 대통령의 눈물, 박근혜 대통령의 눈물, YS 죽음 앞에 선 김무성 대표의 눈물, 문재인 대표의 눈물, 안철수 대표의 눈물 등 지도자들의 눈물이 갖는 의미는 무엇일까?

12) 위기관리와 눈물의 정치학

이와 같은 정치인들의 눈물은 '약'인가 '독'인가? 한편으로는 평소 딱딱한 이미지를 벗고

---

9) 『조선일보』, 2016년 1월 9일자.
10) 『한국일보』, 2003년 12월 2일자.

인간적인 면모로 변신할 수 있는 동시에, 다른 한편으로는 강인한 리더의 이미지를 약화시킬 수도 있다. 그러나 일반적으로 지도자가 눈물을 보였다는 것은 진지하고 인간적이며 감성적 접근으로 긍정적인 이미지를 심어준다. 비록 그 눈물이 진정성이 없고 가식적이라고 비판받을 수는 있더라도 실제 이미지는 그렇다고 하겠다. 두 눈에 흐르는 눈물은 인간의 주체인 뇌의 명령 없이는 눈물이 흐르지 않기 때문에 눈물을 흘리는 것이 생물학적으로도 그렇게 간단치가 않다. 우선 뇌에서 슬픔을 느껴 눈물샘을 자극해야 하고, 눈물샘 또한 일정한 고통 뒤에 눈물이 흘러내리기 때문에, 눈물 이후에는 일정한 냉각기가 필요한 게 눈물이다. 따라서 비록 악마의 눈에서 흘러내리는 눈물이라 할지라도, 눈물 이후에는 냉각기가 필요하기 때문에 눈물 그 자체의 평가는 순수하게 받아들여야 할 것이다. 왜냐하면, 눈물 없는 닭의 경우도 울지 않는 닭보다는 우는 닭이 잠을 깨우듯이, 비록 소리 없는 눈물이라 할지라도 사람의 눈물은 곧 상대방의 마음을 열 수도 있다. 우리 속담에도 '우는 아이에게 젖을 준다'는 말이 있듯이 따라서 울지 않는 것보다 우는 것이 감성을 자극하는 데는 훨씬 더 효과적이다. 다음은 세계 각국 지도자들이 눈물을 흘리는 모습이다.[11]

| 사진 10-1 | 세계 각국 지도자들의 눈물과 위기관리

[버락 오바마 대통령]

[크리스티나 아르헨티나 대통령]

---

11) https://search.naver.com/search.naver?sm=tab_hty.top&where(2016. 5. 1.), 조선일보 등.

[블라디미르 푸틴 러시아 대통령]

[하미드 카르자이 아프가니스탄 대통령]

[쥐스탱 트뤼도 캐나다 총리]

[존 베이너 전 미국 하원의장]

[힐러리 클린턴 전 국무장관]

[아웅산 수지 여사]

[김정은 위원장]

[김대중 전 대통령]

[노무현 전 대통령]

[이명박 전 대통령]

[박근혜 대통령]

[문재인 전 대표]

[김무성 전 대표]

[안철수 전 대표]

재난보도준칙

재난이 발생했을 때 정확하고 신속하게 재난 정보를 제공해 국민의 생명과 재산을 지키는 것도 언론의 기본 사명 중 하나이다. 언론의 재난보도에는 방재와 복구 기능도 있음을 유념해 피해의 확산을 방지하고 피해자와 피해지역이 어려움을 극복하고 하루빨리 일상으로 돌아 갈 수 있도록 기능해야 한다. 재난 보도는 사회적 혼란이나 불안을 야기하지 않도록 노력해야 하며, 재난 수습에 지장을 주거나 피해자의 명예나 사생활 등 개인의 인권을 침해하는 일이 없도록 각별히 유의해야 한다. 2014년 4월 16일 세월호 침몰 참사를 계기로 우리 언론인은 이런 의지를 담아 재난보도준칙을 제정하고 이를 성실하게 실천할 것을 다짐한다.

제1장 목적과 적용

제1조(목적)

이 준칙은 재난이 발생했을 때 언론의 취재와 보도에 관한 세부 기준을 제시함으로써 취재 현장의 혼란을 방지하고 언론의 원활한 공적 기능 수행에 기여함을 목적으로 한다.

제2조(적용)

이 준칙은 다음과 같은 재난으로 대규모 인명피해나 재산피해가 발생하거나 발생할 가능성이 있을 경우에 적용한다. 전쟁이나 국방 분야는 제외한다.

① 태풍, 홍수, 호우, 산사태, 강풍, 풍랑, 해일, 대설, 낙뢰, 가뭄, 지진 등과 이에 준하는 자연 재난

② 화재, 붕괴, 폭발, 육상과 해상의 교통사고 및 항공 사고, 화생방 사고, 환경오염, 원전 사고 등과 이에 준하는 인적 재난

③ 전기, 가스, 통신, 교통, 금융, 의료, 식수 등 국가기반체계의 마비나 이에 대한 테러

④ 급성 감염병, 인수공통전염병, 신종인플루엔자, 조류인플루엔자(AI)의 창궐 등 질병재난

⑤ 위에 준하는 대형 사건 사고 등 사회적 재난

제 2 장   취재와 보도

1. 일반준칙

제3조(정확한 보도)

언론은 재난 발생 사실과 피해 및 구조상황 등 재난관련 정보를 국민에게 최대한 정확하고 신속하게 보도해야 한다.

제4조(인명구조와 수습 우선)

재난현장 취재는 긴급한 인명구조와 보호, 사후수습 등의 활동에 지장을 주지 않는 범위 안에서 이루어져야 한다. 재난관리 당국이 설정한 폴리스라인, 포토라인 등 취재제한은 특별한 사유가 없는 한 준수한다.

제5조(피해의 최소화)

언론의 역할 중에는 방재와 복구기능도 있음을 유념해 재난 피해를 최소화하는 데 기여해야 한다.

제6조(예방 정보 제공)

언론은 사실 전달뿐만 아니라 새로 발생할지도 모르는 피해를 예방하기 위해 안내와 사전정보를 제공하고, 피해자 및 지역주민에게 필요한 생활정보나 행동요령 등을 전달하는 데도 노력해야 한다.

제7조(비윤리적 취재 금지)

취재를 할 때는 신분을 밝혀야 한다. 신분사칭이나 비밀 촬영 및 녹음 등 비윤리적인 수단과 방법을 통한 취재는 하지 않는다.

제8조(통제지역 취재)

병원, 피난처, 수사기관 등 출입을 통제하는 곳에서의 취재는 특별한 사유가 없는 한 관계기관의 동의를 얻어야 한다.

제9조(현장 데스크 운영)

언론사는 충실한 재난 보도를 위해 가급적 현장 데스크를 두며, 본사 데스크는 현장 상황이 왜곡돼 보도되지 않도록 현장 데스크와 취재기자의 의견을 최대한 존중한다.

제10조(무리한 보도 경쟁 자제)

언론사와 제작책임자는 속보 경쟁에 치우쳐 현장기자에게 무리한 취재나 제작을 요구함으로써 정확성을 소홀히 하도록 해서는 안 된다.

제11조(공적 정보의 취급)

피해 규모나 피해자 명단, 사고 원인과 수사상황 등 중요한 정보에 관한 보도는 책임 있는 재난관리당국이나 관련기관의 공식 발표에 따르되 공식발표의 진위와 정확성에 대해서도 최대한 검증해야 한다. 공식 발표가 늦어지거나 발표 내용이 의심스러울 때는 자체적으로 취재한 내용을 보도하되 정확성과 객관성을 최대한 검증하고 자체 취재임을 밝혀야 한다.

제12조(취재원에 대한 검증)

재난과 관련해 인터뷰나 코멘트를 하는 인물에 대해서는 사전에 신뢰성과 전문성을 충분히 검증해야 한다. 재난발생시 급박한 취재 여건상 충실한 검증이 어려운 점을 감안해 평소 검증된 재난 전문가들의 명단을 확보해 놓고 수시로 검증하여 활용하도록 한다. 취재원을 검증할 때는 다음과 같은 사항들을 확인하기 위한 노력을 기울여야 한다.
① 취재원의 전문성은 충분하며, 믿을 만한가
② 취재원이 고의, 또는 실수로 사실과 다른 발언을 할 가능성은 없는가
③ 취재원은 어떤 경위로 그런 정보를 입수했는가
④ 취재원의 정보는 다른 취재원을 통해서도 확인할 수 있는가
⑤ 취재원의 정보는 문서나 자료 등을 통해서도 검증할 수 있는가

제13조(유언비어 방지)

모든 정보는 출처를 공개하고 실명으로 보도하는 것을 원칙으로 한다. 확인되지 않거나 불확실한 정보는 보도를 자제함으로써 유언비어의 발생이나 확산을 막아야 한다.

제14조(단편적인 정보의 보도)

사건 사고의 전체상이 파악되지 않은 상황에서 불가피하게 단편적이고 단락적인 정보를 보도할 때는 부족하거나 더 확인돼야 할 사실이 무엇인지를 함께 언급함으로써 독자나 시청자가 정보의 한계를 인식할 수 있도록 노력한다.

제15조(선정적 보도 지양)

피해자 가족의 오열 등 과도한 감정 표현, 부적절한 신체 노출, 재난 상황의 본질과 관련이 없는 흥미위주의 보도 등은 하지 않는다. 자극적인 장면의 단순 반복 보도는 지양한다. 불필요한 반발이나 불쾌감을 유발할 수 있는 지나친 근접취재도 자제한다.

제16조(감정적 표현 자제)

개인적인 감정이 들어간 즉흥적인 보도나 논평은 하지 않으며 냉정하고 침착한 보도 태도를 유지한다. 자극적이거나 선정적인 용어, 공포심이나 불쾌감을 줄 수 있는 용어는 사용하지 않는다.

제17조(정정과 반론 보도)

보도한 내용이 사실과 다를 경우에는 독자나 시청자가 납득할 수 있는 적절한 방법으로 신속하고 분명하게 바로잡아야 한다. 반론 보도 요구가 타당하다고 판단될 때는 전향적으로 수용해야 한다.

2. 피해자 인권 보호

제18조(피해자 보호)

취재 보도 과정에서 사망자와 부상자 등 피해자와 그 가족, 주변사람들의 의견이나 희망사항을 존중하고, 그들의 명예나 사생활, 심리적 안정 등을 침해해서는 안 된다.

제19조(신상공개 주의)

피해자와 그 가족, 주변사람들의 상세한 신상 공개는 인격권이나 초상권, 사생활 침해 등의 우려가 있으므로 최대한 신중해야 한다.

제20조(피해자 인터뷰)

피해자와 그 가족, 주변사람들에게 인터뷰를 강요해서는 안 된다. 인터뷰를 원치 않을 경우에는 그 의사를 존중해야 하며 비밀 촬영이나 녹음 등은 하지 않는다. 인터뷰에 응한다 할지라도 질문 내용과 질문 방법, 인터뷰 시간 등을 세심하게 배려해 피해자의 심리적 육체적 안정을 해치지 않도록 각별히 유의해야 한다.

제21조(미성년자 취재)

13세 이하의 미성년자는 원칙적으로 취재를 하지 않는다. 꼭 필요하다고 판단될 경우에는 부모나 보호자의 동의를 얻어야 한다.

제22조(피해자 대표와의 접촉)

피해자와 그 가족들이 대표자를 정했을 경우에는 이들의 의견을 적절히 수용하고 보도에 반영함으로써 피해자와 언론 사이에 불필요한 마찰이나 갈등, 오해가 생기지 않도록 노력한다. 자원봉사자와의 접촉도 이와 같다.

제23조(과거 자료 사용 자제)

과거에 발생했던 유사한 사건 사고의 기사 사진 영상 음성 등을 사용하는 것은 해당 사건 사고와 관련된 사람의 아픈 기억을 되살리고 불필요한 불안감을 부추길 수 있으므로 가급적 자제한다. 부득이 사용할 경우에는 과거 자료라는 점을 분명히 밝힌다.

3. 취재진의 안전 확보

제24조(안전 조치 강구)

언론사와 취재진은 취재 현장이 취재진의 생명과 안전을 위협할 수 있다고 판단될 경우에는 취재에 앞서 적절한 안전 조치를 강구해야 한다.

제25조(안전 장비 준비)

언론사는 재난 취재에 대비해 언제든지 취재진에게 지급할 수 있도록 기본적인 안전 보호 장비를 준비해두어야 한다. 취재진은 반드시 안전 장비를 갖추고 취재에 임해야 한다.

제26조(재난 법규의 숙지)

재난 현장에 투입되는 취재진은 사내외에서 사전교육을 받거나 회사가 제정한 준칙 등을 통해 재난 관련 법규를 숙지해야 하며 반드시 안전지침을 준수해야 한다.

제27조(충분한 취재지원)

언론사는 재난 현장 취재진의 안전 교통 숙박 식사 휴식 교대 보상 등을 충분히 지원해야 하며, 사후 심리치료나 건강검진 등의 기회를 제공해야 한다.

4. 현장 취재협의체 운영

제28조(구성)

각 언론사는 이 준칙이 제대로 지켜질 수 있도록 협의하고 협력하기 위해 필요한 경우 현장 데스크 등 각사의 대표가 참여하는 '재난현장 취재협의체'(이하 취재협의체)를 구성할 수 있다. 각 언론사는 취재협의체가 현장의 여러 문제를 줄이고, 재난보도준칙의 효과를 기대할 수 있는 현실적이고도 유효한 대안이라는 점에 유념해 취재협의체 구성에 적극 협력하고 그 결정을 존중한다. 사전에 이 준칙에 대한 동의 의사를 밝힌 사실이 없는 언론사라 하더라도 취재협의체에 참여하게 되면 준칙 준수에 동의한 것으로 간주한다.

제29조(권한)

취재협의체는 이 준칙에 따라 원활한 취재와 보도를 할 수 있도록 재난관리 당국에 현장 브리핑룸 설치, 브리핑 주기 결정, 브리핑 담당자 지명, 필요한 정보의 공개, 기타 취재에 필요한 사항 등과 관련해 협조를 요구할 수 있다.

제30조(의견 개진)

취재협의체는 재난관리 당국이 폴리스라인이나 포토라인 설정 등 취재에 직간접적인 영향을 주는 사안을 결정할 경우 사전에 의견을 개진하고 사후 운영 방법에 대해서도 개선이나 협의를 요청할 수 있다.

제31조(대표 취재)

취재협의체는 재난 현장에 대한 접근이 제한받을 경우, 과도한 취재인원으로 피해자의 인권을 침해하거나 구조작업 등에 지장을 줄 우려가 있을 경우, 기타 필요하다고 판단될 경우에는 논의를 거쳐 대표 취재를 할 수 있다.

제32조(초기 취재 지원)

취재협의체는 취재 초기에 취재진이 미처 준비하지 못한 생활용품이나 단기간의 숙박 장소, 전기·통신·이동수단 등을 확보하기 위해 현장의 관계당국이나 자원봉사단체 등과 협의할 수 있다. 취재협의체는 사후 정산을 제안하거나 수용할 수 있으며 언론사가 소요경비를 분담해야 할 경우 각 언론사는 취재협의체의 결정을 존중해야 한다.

제33조(현장 제재)

이 준칙에 따라 취재협의체가 합의한 사항을 위반한 언론사의 취재진에 대해서는 취재협의체 차원에서 공동취재 배제 등의 불이익을 줄 수 있다. 위반 정도에 따라 소속 언론 단체에 추가제재도 요청할 수 있다.

제 3 장 언론사의 의무

제34조(지원 준비와 교육)

언론사는 재난보도에 관한 교재를 만들어 비치하고 사전 교육을 실시함으로써 취재진의 빠른 현장 적응을 돕는다.

제35조(교육 참여 독려)

언론사는 사내외에서 실시하는 각종 재난교육과 훈련 프로그램에 소속 기자들이 적극적으로 참여하도록 독려한다. 언론사는 가능하면 재난보도 담당 기자를 사전에 지정해 평소 전문지식을 기르도록 지원한다.

제36조(사후 모니터링)

언론사는 재난 취재에서 돌아온 취재진을 대상으로 설문조사나 의견청취, 보고서 제출 등을 통해 다음 재난 취재시 더 실질적이고 효율적인 지원을 할 수 있는 방안을 강구한다.

제37조(재난취약계층에 대한 배려)

언론사는 노약자, 지체부자유자, 다문화가정, 외국인 등 재난 취약계층에게도 재난정보를 신속하고 정확하게 전달할 수 있는 방안을 마련하는 데 힘쓴다.

제38조(언론사별 준칙 제정)

언론사는 필요할 경우 이 준칙을 토대로 각사의 사정에 맞춰 구체적이고 효율적인 자체 준칙을 만들어 시행한다.

제39조(재난관리당국과의 협조체제)

언론사는 회사별로, 또는 소속 언론사 단체를 통해 재난관리당국 및 유관기관과의 상시적인 협조체제를 구축함으로써 효율적인 방재와 사후수습, 신속 정확한 보도를 위해 노력한다.

제40조(준칙 준수 의사의 공표)

이 준칙의 제정에 참여했거나 준칙에 동의하는 언론사는 자체 매체를 통해 적절한 방법으로 준칙 준수 의사를 밝힌다.

제41조(자율 심의)

이 준칙의 제정에 참여했거나 준칙에 동의하는 언론사는 각 언론사별, 또는 소속 언론사 단체별로 자율심의기구를 만들어 준칙 준수 여부를 심의하도록 한다.

제42조(사후 조치)

이 준칙의 제정에 참여했거나 준칙에 동의하는 언론사의 특정 기사나 보도가 준칙을 어겼 다고 판단될 경우에는 심의기구별로 적절한 제재조치를 취한다. 구체적인 제재 절차와 방 법, 제재 종류 등은 심의기구별로 자체 규정을 만들어 운영한다.

① 한국방송협회 회원사, 또는 방송사업자는 방송법에 따라 방송통신심의위원회의 사후 심의를 받는다.

② 한국신문협회 회원사와 한국온라인신문협회 회원사, 신문윤리강령준수를 서약한 신문 사는 기존의 자체 심의기구인 한국신문윤리위원회의 신문윤리강령 및 실천요강과 이 준칙에 따라 심의를 받는다.

③ 한국인터넷신문협회 회원사와 인터넷신문위원회 서약사는 기존의 자체심의기구인 인 터넷신문위원회의 인터넷신문윤리강령과 이 준칙에 따라 심의를 받는다.

부 칙

제43조(시행일)

이 준칙은 2014년 9월 16일부터 시행한다.

제44조(개정)

이 준칙을 개정할 경우에는 제정 과정에 참여한 5개 언론단체 및 이 준칙에 동의한 언론단 체로 개정위원회를 만들어 개정한다.

Atsushi MATSUMOTO(2011), *"NHK's Disaster Broadcasting"*, Director of NHK Disaster and Safety Information Center, p. 11.

Atsushi MATSUMOTO(2011), *"NHK's Disaster Broadcasting"*, Director of NHK Disaster and Safety Information Center.

Charles Perrow(1987), Normale Katastrophen. *Die Unvermeidbaren Risiken der Großtechnik*, Frankfurt/New York.

Collective Trauma, Collective Healing: *Promoting Community Resilience in the Aftermath of Disaster Jack Saul* (Director, International Trauma Studies Program/Professor, The New School for Social Research) http://iom.or.kr/wp−content/plugins/kboard/execute/download. 2016. 4. 16일자.

Gergen, K. J.(1994), Realities and relationships: *Soundings in social construction*, Harvard University Press.

H. W. Heinrich: Industrial accident prevention: *a scientific approach*. 4. Auflage. McGraw−Hill, 1959. zitiert In: John V. Grimaldi, Rollin H. Simonds: Safety management. R. D. Irwin, Homewood, Ill 1973, ISBN 0−256−01564−3, S. 211.

http://www.washingtonpost.com/wp−dyn/content/article/(2009.7.21).

Jenkins, Rhys(1936), *Links in the History of Engineering and Technology from Tudor Times*. Ayer Publishing. p. 66.

Jocano, F, L.(1998), Filipino Social Organization: *Traditional Kinship and Family Organization*, Punlad Research House.

Kent D. Bressie(2006), *"Independent Panel Reviewing the Impact of Hurricane Katrina on Communications Networks"*, Federal Communications Commission, Washington, D.C.

Kinlen LJ, Clarke K, Balkwill A(1993), *"Paternal preconceptional radiation exposure in the nuclear industry and leukaemia and non−Hodgkin's lymphoma in young people in Scotland"*.

Laurence Barton(1992), Crisis in Organizations: *Managing and Communicating in Head of Choas*, College Division South−Western Publishing Co.

Matthews, RAJ(1995), *"Tumbling toast, Murphy's Law and the Fundamental Constants"*. European Journal of Physics16 (4): 172~176.

Ostrom, E.(1990), Governing the Commons: *The Evolution of Institutions for Collective* Action, Cambridge University Press.

Pew Research Center(2011), *"Japan Crisis Overtakes Social Media"*, 2011. 3. 24. http://http://pewresearch.org/pubs/1939/japan-earthquake-nuclear-reactors-blogs-twitter-you-tube

Putman R. David(1993), Making Democracy work: *Civic Traditions in Modern Italy, Princeton*: Princeton University Press.

Siy, R,Y, Jr.(1982), Community Resource Management: *Lessons from the Zanjera*, University of the Philippine Press.

Small. D. A., Loewenstein, G., & Slovic. P(2007), Sympathy and callousness: The impact of deliberative thought on donations to identifiable statistical victims. *Organizational Behavior and Human Decision Processes.* 102. 143-153.

Sugiman, T. Misumi, J.(1988), Development of a new evacuation method for emergencies: *Control of collective behavior by emergent small groups.* Journal of Applied Psychology, 73, 2-10.

Vincenti, Walter G.(1993), *What Engineers Know and How They Know It: Analytical Studies from Aeronautical History.* The Johns Hopkins University Press. Japan by Komiyama Printing Company.

Yamori Kastuya(2007), *Disaster risk sense in Japan and gaming approach to risk communi-cation*, International Journal of mass Emergency and Disaster, 25, 101-131.

"Disaster Reporting and the Public Nature of Broadcasting"(2004): Japan Broadcasting Corporation(NHK), Broadcasting Culture Research Institute, Printed in Japan.

『NHK』ANNUAL REPORT(2010/2011).

『The Washing Post』「*Scholar Says Arrest Will Lead Him To Explore Race in Criminal Justice*」, By Krissah Thompson, Washington Post Staff Writer, Wednesday, July 22, 2009.

『Washington Post』, September 12, 2001.

松本宣郎(2015), 『防災学』 東北学院大学.

三隅良平(2014), 『気象災害を科学する』 ベレ出版.

TBSメディア総合研究所(2011), 「東日本大震災と放送メディア」『調査情報』(7月号).

多々納裕一(2014), 「大規模災害と防災計画－総合防災学の挑戦－」、『安心・安全と地域マネジメント』.

NHK出版(2011),「総力特集、東日本大震災とそのときメディアは」『放送文化(5月)』 (夏号).

田中幹人外2人(2012),『災害弱者と情報弱者』、筑摩選書.

田中孝宣・原由美子(2011),「東日本大震災発生から24時間テレビが伝えた情報推移」『放送研究と調査』(12月号)、NHK放送文化研究所.

日本放送協会(2015),「NHK放送ガイドライン2015」.

村上陽一郎(2000年),『安全学』, 青土社

中邨章・市川宏雄(2014),『危機管理学』, 第一法規株式会社.

吉川肇子(1999),『リスク・コミュニケ-ション』, 福村出.

外岡秀俊編(2001),『9月11日メディアが試された日』, 本とコンピュータ叢書.

林春夫(2014),「災害をうまくのりきるために －クライシスマネジメント入門－」『防災学講座 第4巻 防災計画論』京都大学防災研究所編.

NHK放送文化研究所(2011),『放送研究と調査』(5月号~12月号).

NHK放送文化研究所(2012),『放送研究と調査』(3月号~4月号).

NHK放送文化研究所(2012),『放送研究と調査』(5月号).

NHK放送文化研究所(2012),『放送研究と調査』(6月号~12月号).

矢守克也(2009),「再論－正常化の偏見」『実験社会心理学研究』(第48巻, 第2号)、京都大 学防災研究所.

本條晴一郎外1人(2013),『災害に強い災害と社会心理』、NTT出版.

広井脩(2004),『災害情報と社会心理』北樹出版.

李錬・宋宗炫(2011),「韓国における災害報道システム: 放送、インターネット、携帯などを中心として」,『韓・日両国の災難報道システムの問題点と発展方案』、第17回韓・日国際シンポジウム発表資料2011年9月17日.

原子力災害対策本部(2011－06－07),「原子力安全に関するIAEA閣僚会議に対する日本国政府の報告書について」(Report).

『時事通信』, 2014年11月23日付け.

井上裕之(2012),「命令調を使った津波避難の呼びかけ」『放送研究と調査』(3月号)、NHK 放送文化研究所.

村上圭子(2011),「東日本大震災・安否情報システムの展開とその問題－今後の議論に向けて－」『放送研究と調査』(6月号)、NHK放送文化研究所.

NHK放送文化研究所メディア研究部番組研究グループ(2011),「東日本大震災発生時・テレビは何を伝えたか」『放送研究と調査』(5月号)、NHK放送文化研究所.

奥田良胤(2011),「東日本大震災の災害報道発災後2週間のテレビとラジオ」『放送研究と調査』(5月号)、NHK放送文化研究所.

渥美公秀(2005),「災害に強いコミュニティのために」『CEL』Vol. 73(エネルギー研究所).

執行文子(2011),「東日本大震災・被災者はメディアをどのようにりようしたのか」『放送研究と調査』(9月号)、NHK放送文化研究所.

NHK出版(2010年),「災害報道と公共性」『放送文化』(春号), NHK放送文化研究所.

矢守克也(2009),『防災人間科学』, 東京大学出版部.

内閣府政策統括官(防災担当)(2011年),「わが国の防災対策」. 中央防災会議のホームページ, 2011年7月20日付け. http://www.bousai.go.jp/soshiki1.sosshiki1.html総務省.

宮城雅子(1986),「Incident Reporting Systemについての試行的研究」『航空法務研究』 (Vol. 16~17)有斐閣.

NHK放送文化研究所(2010),『放送文化研究所年報』.

井上裕之(2012),「命令調を使った津波避難の呼びかけ」『放送研究と調査』(3月号)、NHK放送文化研究所.

河田惠昭(2014),「危機管理論 −安心/安全な社会を目指して−」、『防災学講座 第4巻 防災計画論』.

河田惠昭(2003),『防災と開発』、国際協力事業団 国際協力総合研修所.

春原昭彦(2007),『日本新聞通史』, 新泉社.

田中孝宣・原由美子(2012),「東日本大震災発生から72時間テレビが伝えた情報の推移」『放送研究と調査』(3月号), NHK放送文化研究所.

堀井秀之(2014),「地域社会の安全・安心を実現するための社会技術」『安心・安全と地域マネジメント』.

水谷武司(2002),『自然災害と防災の科学』、東京大学出版会.

後藤真澄・高橋美岐子編(2014),『災害時の要介護者へのケアいのちとくらしの尊厳を守るために』、中央法規出版.

中谷内一也(2012),『リスクの社会心理学』有斐閣.

吉川肇子(1999),『リスク・コミュニケーション』福村出.

NHK出版(2009年),『NHK気象災害ハンドブック』.

渥美公秀(2005),「災害に強いコミュニティのために」『CEL』Vol. 73(エネルギー研究所).

気象庁(2009年),『気象業務はいま』.

NHK廣報室(2007),『NHKポケット事典(内部用)』.

NHK廣報室(2013),『NHKポケット事典(内部用)』.

NHK廣報室(2015),『NHKポケット事典(内部用)』.

防災行政研究會編(2005),『災害對策基本法』, ぎょうせい.

佐々木一如(2014), 「一時避難所と集落別防災マニュアル～自治会活性化に向けて～」 鹿嶋市 『第10回鹿嶋市まちづくり市民大会資料』(鹿嶋市まちづくり市民セン ター).

岡田憲夫(2014), 「住民自らが行う防災−リスクマネジメント事始め−」『防災学講座第4巻防 災計画論』.

「最悪の事態、神のみぞ知る」『産経ニュース』、2011年3月28日字, 経財産業省副大臣が参院予 算委で発言.

『毎日新聞』, 2015년 6월 23일자.

『毎日新聞』, 2015년 6월 23일자.

이 연, 「메르스 사태를 통해서 본 국가재난과 위기관리시스템」, 한국재난정보미디어포럼 하 계연구발표회, 제주KBS대회의실, 2015년 6월 30일.

이 연(2015), 『재난상황, 언론대응 및 수습과 홍보』, 국민안전처.

이 연(2012), 「2011년 도호쿠 칸토 대진재(東北関東大震災)와 NHK의 재난방송」『국제학논총』 (제16집), 계명대학교 국제학연구소.

이 연, 「글로벌 위험사회에 있어서 한·일 언론보도 시스템의 비교」, 한국언론학회봄철학술 발표대회자료, 2014년 5월 17일.

이 연(2011), "3·11 동일본 대지진과 일본의 재난방송", 2011 재난방송 컨퍼런스, 방송통신위 원회.

이 연(2011), 「NHK 재난방송의 시사점과 KBS재난방송 체계 강화 방안 모색」『긴급점검 대 한민국 국가 재난방송』한국재난정보미디어포럼 기조연설, 국회의원회관, 2011년 4월 19일자.

이용태 외 5인(2011), 「터널 및 지하공간용 T−DMB 재난방송 기술 개발」, 한국방송공학회 하계 학술대회 발표 논문.

이 연(2010), 『정부와 기업의 위기관리 커뮤니케이션』, 박영사.

이 연(2009), 「재난과 재난방송시스템에 관한 연구」『방송공학회지』, 한국방송공학회.

최성종(2009), 「재난경보방송 소개」『방송공학회지』, 한국방송공학회.

이 연(2008), 『재난홍보시스템 강화방안 연구』, 행정안전부.

이 연(2008), 「허베이 스피릿 호 기름유출사고와 재난보도준칙」, 충청언론학회세미나 발표 자료.

이 연(2006), 『위기관리와 매스미디어』, 학문사.

김민주(2011), 『경제법칙 101』, 위즈덤 하우스.

이정춘(1996), 『언론연구』, 중앙대언론연구소.

이병국(1999), 「미국 재난관리체제가 주는 시사점, 『'99 재난관리정책 워크샵, 국가재난관리

정책발전방향, 행정자치부.

『조선일보』, 2016년 1월 9일자.

『조선일보』, 2015년 6월 29일자.

『조선일보』, 2015년 6월 25일자.

『조선일보』, 2015년 6월 18일자.

『조선일보』, 2012년 6월 28일자.

『조선일보』, 2012년 5월 27일자.

『조선일보』, 2011년 3월 16일자.

『조선일보』, 2011년 3월 12일자~15일자.

『중앙일보』, 2015년 11월 19일자.

『중앙일보』, 2015년 6월 23일자.

『중앙일보』, 2015년 6월 5일자.

『중앙일보』, 2011년 3월 12일자~15일자.

『동아일보』, 2016년 1월 20일자.

『동아일보』, 2015년 7월 13일자.

『동아일보』, 2015년 7월 13일자.

『동아일보』, 2015년 6월 20일자.

『동아일보』, 2012년 6월 28일자.

『동아일보』, 2011년 4월 5일자.

『동아일보』, 2011년 3월 12일자~15일자.

『주간경향』, 2016년 3월 15일자.

『경향신문』, 2011년 3월 12일자~15일자.

『한겨레신문』, 2012년 9월 13일자.

『한겨레신문』, 2011년 3월 11일자.

『한겨레신문』, 2011년 3월 12일자~15일자.

『서울신문』, 2012년 10월 15일자.

『세계일보』, 2012년 1월 24일자.

『문화일보』, 2011년 12월 19일자.

『문화일보』, 2011년 12월 20일자.

『문화일보』, 2011년 12월 21일자.

『국제신문』, 2015년 5월 19일자.

『연합뉴스 TV』, 2014년 8월 3일자.

『한국기자협회보』, 2011년 5월 14일자.

『뉴 시스』, 2012년 9월 27일자.

『뉴 시스』, 2011년 3월 16일자.

『헤럴드경제』, 2012년 7월 9일자.

『rudgidtlsans』, 11 May 2015.

『Bloomberg News』, 4 August 2014.

『everynews』, 9 July 2011.

『Ohmy News』, 21 May 2014.

『The Daily Mail』, 9 July 2012.

찾아보기

저자 약력

이 연(李 鍊)

이연 교수는 현재 선문대학교 미디어커뮤니케이션학과에 재직하고 있으며, 한국재난정보미디어 포럼 회장과 재난방송중앙협의회 위원을 맡고 있다. 그가 위기관리 커뮤니케이션에 관심을 갖게 된 것은 1984년 日本上智大學 大學院 新聞學研究科에 유학하면서이다. 그 후 동 대학 修士, 博士課程(新聞學博士)을 졸업하고 1995년 고베지진을 계기로 본격적으로 '위기관리'에 대해 연구하게 된다. 특히, 東京大学 히로이 오사무(広井脩)교수와 함께 '관동대지진과 조선인학살사건'을 공동연구하면서 위기관리와 재난보도 연구에 주력하게 된다. 경력으로는 선문대학교 사회과학대학장, 중앙도서관장, 대학언론사 주간, 행정안전부 자문교수·기획위원, 소방방재청 자문교수, 기상청 자문교수, 방송통신위원회 책임교수, 한국기자협회 재난보도준칙제정위원장, 언론중재위원, NHK(릿포로) 자문교수, 日本上智大學 신문학연구과 객원교수 등이 있다.

<저서 및 관련 연구서>
- 『위기관리와 커뮤니케이션』(2003, 학문사)
- 『일본의 방송과 방송문화사』(2006, 학문사)
- 『위기관리와 매스미디어』(2007, 학문사)
- 『정부와 기업의 위기관리 커뮤니케이션』(2010, 박영사)
- 『신문, 텔레비전의 소멸』(2010, 아카넷, 역서)
- 『일제강점기 조선언론 통제사』(2013, 박영사)
- 『재난상황, 언론대응 및 수습과 홍보』(2015, 국민안전처)
- 『재난 홍보시스템방안 연구』(2008, 행정안전부)
- 『재난방송과 홍보의 이해』(2008, 국립방재교육연구원)
- 『한국적인 재난방송시스템에 관한 연구』(2004, 방송위원회)
- 『일본의 케이블TV』(1997, 영풍문고: 공저)
- 『일본 대중문화 베끼기』(1998, 나무와 숲: 공저)
- 『朝鮮言論統制史』(2002, 日本 信山社)
- 『グローバル社會とメデイア』(2003, ミネルバー: 共著)
- 『サッカー文化の構図』(2004, 道和書院: 共著)
- 『マス・メディアと冷戦後の東アジア』(2005, 学文社共著)
- 『メディアと文化の日韓関係』(2016, 新曜社: 共著)

국가위기관리와 재난정보

초판인쇄	2016년 8월 8일
초판발행	2016년 8월 22일
지은이	이 연
펴낸이	안종만
편 집	배근하
기획/마케팅	박선진
표지디자인	조아라
제 작	우인도·고철민
펴낸곳	(주) **박영사**
	서울특별시 종로구 새문안로3길 36, 1601
	등록 1959. 3. 11. 제300-1959-1호(倫)
전 화	02)733-6771
f a x	02)736-4818
e-mail	pys@pybook.co.kr
homepage	www.pybook.co.kr
ISBN	979-11-303-0330-7 93350

copyright©이연, 2016, Printed in Korea

정 가   28,000원